Pour Joël et Guy PATOUREAU,
en hommage à leurs parents.

QU'EST-CE QUE PARLER?
Langue et société en Sarthe et en Mayenne

SOCIÉTÉ D'ÉTUDES LINGUISTIQUES ET ANTHROPOLOGIQUES DE FRANCE
16
NUMÉRO SPÉCIAL

Frank ALVAREZ-PEREYRE

QU'EST-CE QUE PARLER?
Langue et société en Sarthe et en Mayenne

Publié avec le concours du
CENTRE NATIONAL DE LA RECHERCHE SCIENTIFIQUE

ISSN: 0240-2041
ISBN: 2-85297-155-0
SELAF-PARIS, 1983

Dépot légal: Mai 1984

SELAF-5, rue de Marseille, 75010 PARIS
(France) - Tél. 208-47-66

QU'EST-CE QUE PARLER?

SOMMAIRE

RÉSUMÉS

Frank ALVAREZ-PEREYRE — Qu'est-ce que parler? Langue et société en Sarthe et Mayenne.

L'ouvrage s'efforce de répondre à la question suivante: quelle est l'identité linguistique de la Sarthe et de la Mayenne? Cette question n'est pas saugrenue puisque ces deux départements ne se sont jamais vu assigner une place identique dans les différentes histoires du français et des parlers romans. Quant à leur identité même, elle n'avait pas fait l'objet de travaux systématiques.

Le premier chapitre de l'ouvrage présente la démarche d'ensemble qui a sous-tendu une recherche dont la présente publication rend compte en partie. Il propose aussi une image d'ensemble, complexe et nuancée, des systèmes et des pratiques linguistiques locaux, dans le cadre d'une entreprise de description qui s'intéresse aux aspects différents de l'identité linguistique «objective» (celle qu'établit le chercheur) et «subjective» (celle que proposent les locuteurs eux-mêmes).

Deux chapitres contiennent alors l'étude de matériaux linguistiques (éléments phonétiques et lexicaux) dont la source principale est représentée par les relevés disponibles dans l'*Atlas linguistique et ethnographique* de la région. Les matériaux bruts subissent une analyse linguistique qui englobe des préoccupations pour la diachronie, et pour les facteurs géolinguistiques et sociolinguistiques de l'identité.

Les résultats d'ordre linguistique sont alors complétés par un chapitre qui traite des éléments non linguistiques de l'identité. Les parallélismes entre les données de divers ordres s'avèrent frappants tant dans la définition globale de chacun des deux départements que dans l'analyse de leurs particularités internes.

Le dernier chapitre s'ouvre par une synthèse des chapitres précédents. Il s'achève par une comparaison entre les résultats acquis jusqu'alors et les quelques travaux linguistiques récents ou plus anciens qui ont été consacrés, souvent de façon marginale, à l'ancienne Province du Maine.

Le lecteur ne pourra manquer d'être alors frappé par la permanence des traits essentiels de l'identité, du XIIIe siècle à nos jours. Il comprendra aussi le bien fondé d'une démarche qui permet aussi bien de rendre compte des facteurs de l'homogénéité linguistique que des aspects nombreux et variés de la différenciation linguistique et sociale. Il saisira enfin que la démarche suivie tout au long de l'ouvrage porte en tout cas ses fruits quand elle est appliquée à des zones géographiques que l'on pourrait croire sans personnalité ou trop proches apparemment de modèles linguistiques et culturels centraux ou dominants. C'est justement la vie intime et particulière de cette même zone qui s'exprime alors.

Frank ALVAREZ-PEREYRE — What does it mean to speak? Language and Society in the Departments of Sarthe and Mayenne.

This work is a search for the linguistic individuality of the departments of Sarthe and Mayenne. This is a meaningful purpose insofar as no two histories of French or the Romanic dialects have treated these two departments in the same way. Furthermore, no systematic study has ever been made of their individualization.

The first chapter is a general presentation of the research of which this volume represents only a part. It also contains a complex and refined overview of local language systems and speech habits as part of a description of the differences between «objective» linguistic individuality (as observed by the investigator) and «subjective» ones (as perceived by the speakers themselves).

The following two chapters examine the linguistic data (phonetic and lexical features) taken primarily from the regional *Linguistic and Ethnographic Atlas*. The raw data are subjected to a linguistic analysis centering on diachronic change and the geolinguistic and sociolinguistic features of linguistic individuality.

The linguistic results are complemented by a chapter on the non-linguistic features of this individuality. There is a striking correspondence between the various types of data, both in the overall definition of each department and in the analysis of their internal particularities.

The final chapter begins with a summary of the preceding ones and concludes with a comparision of the results with several recent or older linguistic studies (often mere passing remarks) of the former Maine Province. The reader will surely be struck by the persistence of the essential features of this linguistic individuality from the XIIIth century to modern times. It will also become clear how research can account for both the similarity of linguistic features and the many diverse aspects of linguistic and social differentiation. He will also see that this kind of research can be fruitful when applied to geographic regions which might be assumed to lack a personnality of their own or too closely to resemble centralized or dominant linguistic and cultural models. It is in just such cases where the features of life on a regional scale will appear.

Frank ALVAREZ-PEREYRE — Was heisst sprechen? Sprache und Gesellschaft in Sarthe und Mayenne.

Das Werk bemüht sich die folgende Frage zu beantworten: Welches ist die sprachwissenschafliche Identität der Sarthe und der Mayenne? Diese Frage ist nicht ungereimt, nachdem diesen beiden Bezirken niemals ein identischer Platz in der Geschichte der Sprachen des Französischen und des Romanischen gegeben wurde. Was deren Identität selber anbelangt, gab sie nicht den Anlass zu systematischen Arbeiten.

Das erste Kapitel des Werkes stellt den einheitlichen Gang dar, welcher teilweise eine Forschung der gegenwärtigen Veröffentlichung aufweist. Es schlägt ebenfalls ein einheitliches Bild vor, zusammengesetzt und auch stufenweise, der örtlichen sprachwissenschaftlichen Ausführungen, im Rahmen einer Unternehmung der Beschreibung, welche sich in den verschiedenen Seiten der sprachwissenschaftlichen Identität «objektiv» (welche der Forscher selber festsetzt) und «subjektiv» (welche die Mitsprecher selber vorschlagen) interessiert.

Zwei Kapitel enthalten folglich die Studie der sprachwissenschaftlichen Gegenstände (phonetische und wörterkundliche Elemente), bei welchen die Hauptquelle dargestellt ist durch die verfügbaren Verzeichnisse im *sprachwissenschaftlichen und ethnografischen Atlas* des Bezirks. Das Rohmaterial wird einer sprachwissenschaftlichen Analyse unterzogen, welche die diachronischen als auch die geolinguistischen und soziolinguistischen Faktoren der Identität miteinbezieht.

Die Ergebnisse sprachwissenschaftlicher Art werden nun in einem Kapitel vervollständigt, welches nichtlinguistische Elemente der Identität behandelt. Die Parallelismen zwischen den Angaben verschiedener Art bewähren sich auffallend, sei es in der umfassenden Erklärung in jedem der beiden Bezirke, als auch in der Analyse ihrer internen Eigenheiten.

Das letzte Kapitel öffnet mit einer Synthese der vorangegangenen Kapitel. Es endet mit einem Vergleich zwischen den Resultaten, welche sich bis dahin ergeben und einigen neueren oder älteren sprachwissenschaftlichen Arbeiten, welche, oft am Rande, der alten Provinz von Maine gewidmet waren.

Der Leser wird dann sicherlich über die Beständigkeit der wesentlichen Züge der Identität, vom 13. Jahrhundert an bis an unsere heutige Zeit, überrascht sein. Er wird auch die Unternehmung verstehen, welche erlaubt, sowohl Rechenschaft der Faktoren der sprachlichen Gleichartigkeit als auch der zahlreichen und mannigfaltigen Aspekte sprachlicher und gesellschaftlicher Unterschiedlichkeit abzulegen. Er wird schliesslich begriffen haben, dass das im Laufe der Arbeit verfolgte Unternehmen Früchte trägt, wenn es an geografische Zonen angewandt wird, von welchen man annehmen könnte, dass sie ohne Charakter sind oder zu nah zum zentralen oder dominierenden sprachlichen und kulturellen Modell. Es ist gerade das geschlossene und eigentümliche Leben derselben Zone, die sich darin ausdrückt.

Frank ALVAREZ-PEREYRE — ¿Qué es hablar? El idioma y la sociedad en Sarthe y Mayenne.

La obra trata de responder a la siguiente pregunta: ¿cuál es la identidad lingüística de Sarthe y Mayenne? La pregunta no es absurda porque las distintas historias del francés y de otras lenguas romances nunca han asignado un lugar idéntico a estos dos departamentos. En lo que respecta a su identidad, nunca habían sido objeto de trabajos sistemáticos.

El primer capitulo de la obra presenta los pasos de conjunto tomados para llevar a cabo una investigación cuyos resultados presenta en parte esta publicación. Propone también una imagen de conjunto, compleja y matizada, de los sistemas y prácticas lingüísticas locales, en el cuadro de un proyecto de descripción que atañ a los distintos aspectos de la identidad lingüística «objetiva» (la que establece el investigador) y «subjetiva» (la que proponen los propios habitantes).

Otros dos capitulos contienen el estudio de materiales lingüísticos (elementos fonéticos y léxicos) cuya fuente principal viene dada por los datos disponibles en el *Atlas lingüístico y etnográfico* de la región. La materia prima se somete a un análisis lingüístico que engloba preocupaciones por la diacronía y por los factores geolingüísticas y sociolingüísticas de la identidad.

Los resultados de tipo lingüístico se completan en un capítulo que trata de los elementos no lingüísticos de la identidad. Los paralelismos que se dan entre los datos de distintos órdenes son muy llamativos tanto en la definición global de cada uno de los departamentos como en el analisis de sus particularismos internos.

El último capítulo se inicia con una síntesis de los capítulos precedentes. Termina con una comparación entre los resultados adquiridos hasta ahora y los pocos trabajos lingüísticos que se han consagrado, a menudo de forma marginal, a la antigua Provincia del Maine.

El lector no podrá por menos de asombrarse de la permanencia de los rasgos esenciales de la identidad desde el siglo 13 hasta nuestros días. Comprenderá también lo bien fundados de los pasos seguidos a lo largo de la obra, que logran en todo caso sus objetivos cuando se aplican a zonas geograficas que se podrían creer sin personalidad o demasiado próximas en apariencia a los modelos lingüísticos y culturales centrales o dominantes. En este caso, es precisamente la vida íntima y particular de la propia zona la que queda expresada.

INTRODUCTION

Le présent ouvrage est le reflet partiel d'une étude en cours qui a pour cadre géographique l'ancienne province française du Maine. Globalement cette étude vise à rendre compte de l'identité linguistique et socio-culturelle de cette région. Concrètement on s'est attaché à présenter et confronter les caractères linguistiques de l'expression orale ou écrite, les contenus véhiculés par le biais du langage et les conditions plus ou moins générales qui président, dans cette zone, à l'acquisition, la transformation ou la disparition des compétences linguistiques individuelles ou collectives.

Les limites géographiques de notre étude d'ensemble sont celles qui correspondent au contact entre les deux demi-provinces du Haut-Maine et du Bas-Maine, au nord de celles-ci. C'est pourtant l'identité de l'ancienne province dans son ensemble qu'il nous a fallu rechercher dans un premier temps, afin de mieux apprécier la pertinence des informations recueillies dans une portion de celle-ci.

L'essentiel du présent ouvrage contient justement les résultats des études préliminaires consacrées à l'ancienne province du Maine. On a fait cependant précéder ces résultats d'un chapitre qui présente dans le détail les objectifs, les méthodes et les résultats généraux de notre recherche globale.

Ecrit volontairement dans un style non universitaire ce chapitre initial est pourtant l'expression d'un enjeu de taille en matière de description linguistique et anthropologique. Qu'est-ce que décrire une langue, une situation linguistique? Question que l'on peut prendre par un tout autre bout mais qui ramène aux mêmes interrogations: qu'est-ce que parler?

Pour notre part on s'est d'abord refusé à ne s'en tenir qu'à un des niveaux de la structuration linguistique. Chaque niveau en effet ne se développe peut-être pas de la même façon, à l'intérieur d'une même langue, et ce pour deux raisons. D'une part, la nature des phénomènes linguistiques n'est pas identique quand on considère successivement les niveaux phonétique, phonologique, lexico-sémantique et syntaxique. D'autre part l'impact de l'environnement non linguistique ne peut être comparable si la nature même des phénomènes linguistiques diffère d'un niveau à l'autre.

A moins que l'on ne réserve le terme de linguistique aux seules phonétique, phonologie et syntaxe sur la base de l'hypothèse que ce qui a trait aux significations ne serait plus de l'ordre du linguistique. C'est faire là un dangereux pari. Certes les phénomènes syntaxiques paraissent ne pas renvoyer systématiquement à des référents du même type que ceux auxquels on a affaire en matière de lexique et de sémantique. Cette dernière n'étudie pas seulement les significations quand celles-ci mettent en jeu des référents concrets et identifiables à la vue et au toucher. Il est rare, pour le moins, de voir de ses propres yeux et de toucher Dieu, le sens de l'honneur ou la crainte de l'au-delà. De la même façon, dans ses agencements toujours parfaitement organisés, la syntaxe est un certain type de codage de l'expérience, expérience peut-être d'un autre ordre que ce qui découle du côtoiement d'une table, d'une planche à voile ou d'une divinité, mais expérience tout de même. Il n'est que de voir comment constructions syntaxiques et morphologie peuvent différer d'une langue à l'autre, d'un groupe humain à un autre, pour des types d'expérience considérés — peut-être à tort d'ailleurs — comme équivalents (l'orientation spatiale, la conception du temps ou, plus essentiellement les relations entre le verbe, le sujet et le complément), pour se convaincre que syntaxe et morphologie ont quelque chose à voir avec des référents d'un certain type qui n'ont rien de neutre ou de vide.

Même s'il ne restait à la linguistique que la phonétique et la phonologie, le débat ne s'arrêterait pas. C'est encore un pari que de croire qu'une fois une langue décrite, cela implique que tous les locuteurs de cette langue ont le même système phonétique ou le même système phonologique. Les systèmes d'une part évoluent ; et puis les locuteurs sont inscrits dans une infinité de réseaux de détermination qui jouent chacun et ensemble sur les matériaux linguistiques disponibles. Bien plus, les systèmes décrits le sont sur la base de choix initiaux quant aux corpus ; choix qui n'ont rien de linguistique proprement dit, ce qui signifie bien que tout système décrit n'est que le reflet partiel d'une partie d'un continuum verbal.

On comprendra par là notre souci de ne pas privilégier l'un ou l'autre des niveaux de structuration linguistique. A ce premier souci, cette première précaution, il faut en ajouter deux autres du même ordre. On a voulu d'abord confronter code oral et code écrit. C'est une expérience éclairante que d'entendre des élèves de collège parler librement dans une salle de classe en usant d'un vocabulaire et de tournures qui ne les feraient pas distinguer a priori d'élèves de différentes autres classes ; et puis étudier leurs copies ou cahiers de brouillon, où l'on comprend alors que ces élèves-là entendus peu avant ont été mis dans une classe de préapprentissage, de filière courte et à vocation professionnelle et non pas dans une filière longue, de celles qui mènent au baccalauréat et, plus loin, à des études d'infirmière, voire à l'université. Enorme différence entre code oral et code écrit, au point qu'on peut se demander s'ils parlent la même langue ; et pourtant ils sont dits parler français.

Enfin, et cela n'est pas anodin encore une fois, on n'a pas voulu privilégier un type d'expression linguistique particulier. Bien sûr on peut décrire le français sur la base des seuls textes de littérature — et encore ce dernier vocable est-il plein de connotations positives et négatives puisque cela sous-entend qu'on insère plus volontiers tel écrivain dans la littérature et qu'on en exclue un autre considéré comme mineur, de par ses thèmes ou son style justement. A l'inverse, on peut vouloir étudier des conversations qu'on a quotidiennement à propos de tout et de n'importe quoi, dans un contexte disons familier : les époux qui font des projets de vacances, envisagent d'acheter une maison ou discutent de leurs finances ; les commères qui se livrent, comme nous tous d'ailleurs et peut-être pas plus que nous, leurs impressions sur leur voisin. On a délibérément choisi de multiplier les types de matériaux linguistiques. Nous changeons quotidiennement de situations et de registres. Peut-on enfermer la langue dans un de ses registres ? Mais, à l'inverse qu'en est-il exactement des différences supposées entre plusieurs registres, aux plans de la forme et des significations ?

On le voit donc : ne pas privilégier a priori un niveau de structuration linguistique ; ne pas privilégier l'un ou l'autre registre, à propos duquel on postulerait plus qu'on ne pourrait vraiment en dire. Ceci ne signifie pas qu'on peut rendre compte de tout. Mais, simplement, on peut essayer de décrire une langue, ou une situation linguistique sans faire trop de paris restrictifs qui videraient de sens et dès le départ l'entreprise même à laquelle on s'attelle.

C'est là qu'on revient dans le fond à la question à laquelle tout ceci renvoie : qu'est-ce que décrire une langue ? Ou plutôt : où est la langue ; qu'est-ce que cette construction intellectuelle que nous échafaudons plus ou moins explicitement et qui va nous conduire à privilégier par la suite, et souvent à notre insu, tel registre ou tel niveau de structuration linguistique, tel outil d'analyse ? Autant le dire, je n'en sais rien ; ou bien encore on peut dire que toute cette recherche tente de répondre à ces questions.

Mais si je voulais faire semblant de savoir ? Combien de temps peut-on faire semblant ? A dix kilomètres de distance, deux individus semblent parler la même langue : même système phonologique mais réalisations phonétiques différentes, renvoyant chacun des locuteurs à une étape différente de l'histoire du français. Ces deux mêmes individus ont en commun toute une partie de leurs vocabulaires. Mais au-delà de cette communauté linguistique apparente, que partagent-ils réellement puisque chacun des locuteurs est inscrit dans des sphères d'activités sociales et dans des systèmes de référence différents ?

A dix kilomètres d'intervalle, deux autres individus aux sphères d'activité identiques, cette fois, au métier identique, aux systèmes phonétique et phonologiques identiques. Que faire alors de la remarque de l'un d'eux qui dit que l'autre ne parle pas comme lui ? A leur apparente communauté linguistique «objective» s'oppose une diversité postulée, un discours sur soi-même et sur l'autre que l'on peut d'ailleurs expliciter. Mais on ne sera pas sorti d'affaire parce que l'on aura expliqué les raisons du discours. L'explication, si elle permet de donner du poids à la communauté objective, n'enlève rien au fait qu'en dehors des sytèmes phonétiques et phonologiques, caractères lexicaux, sémantiques et syntaxiques diffèrent quelque peu entre les deux. Or c'est justement sur des arguments phonétiques que se fondait le discours de l'un d'eux à propos d'une éventuelle différence entre les deux locuteurs.

Au niveau des outils de détail les certitudes foisonnent mais elles se contredisent ; à moins qu'elles ne se complètent, en dépit des exclusives dont les discours scientifiques ne sont pas exempts? Devra-t-on étudier la subordination dans le cadre d'une phrase considérée selon un modèle cardinal qui excluerait par là-même des faits de langue pourtant statistiquement avérés? Au contraire, le discours est-il le contexte permanent et obligatoire d'une telle étude de la subordination, quand ce discours est polymorphe et polyvalent? Le discours, certes, implique sans détour sens et stratégies de la signification. Mais on n'a pas tout dit ou résolu une fois le sens accepté comme ingrédient inévitable de l'analyse syntaxique.

Si l'on passe de la subordination à des analyses lexico-sémantiques, on peut se livrer au même va-et-vient. Une étude étymologique est pertinente en soi, mais jusqu'où rend-elle compte du langage vécu ici et maintenant? A l'inverse, l'étude des contextes d'usage, parfaitement pertinente en soi, aussi, ne permet pas de suivre le poids éventuel de l'étymologie dans la signification postulée par l'émetteur, consciemment ou implicitement. Si le sens est dans les termes il est déjà, là, une superposition de couches de sens qui renvoie à l'histoire des termes et à leur insertion dans des réseaux plus ou moins complexes de compatibilités syntagmatiques. S'il est également dans les contextes d'usage il implique le paralinguistique et alors l'étude de l'impact exact des différents facteurs en jeu dans le sens vécu ici et maintenant. Et en plus des termes et des contextes d'usage, en plus du poids représenté par les contraintes d'ordre syntagmatique il y a encore cette sphère des reconstitutions du référent : descriptions ou rappels qui complètent plus ou moins systématiquement ce que le signe linguistique et les contextes d'usage ne peuvent dire du référent.

Pour notre part on a pris le parti de ne pas s'en tenir à une seule optique théorique. Non pas que chacune de ces options soit a priori une impasse en soi. Notre hypothèse tient dans la juxtaposition des outils parce qu'acceptant au préalable le fait que plusieurs séries de déterminations sont en jeu dans les faits de langue ; et que l'articulation de ces séries est à redéfinir régulièrement sur la base de descriptions qui doivent s'efforcer de ne pas mélanger les constituants d'ordre différents.

Voilà les enjeux de notre étude d'ensemble, du moins dans le cadre de la linguistique et de l'anthropologie. On comprendra par ce qui vient d'être dit et par la lecture du premier chapitre qu'on a voulu confronter données «objectives» et données «subjectives» de la description. Cette confrontation répond à deux finalités. La première revient à une démarche d'ensemble que l'on vient de présenter, qui vise à ce que la description d'une situation linguistique ne soit pas trop entachée de paris restrictifs au départ. En deuxième lieu on veut essayer de répondre à une double question: celle qui concerne la nature du concept langue comme construction intellectuelle et comme outil au sein du discours scientifique.

A la suite du premier chapitre on en trouve quatre autres qui forment un tout cohérent. Ils sont une contribution à la connaissance des identités linguistiques et socio-culturelles de la Sarthe et de la Mayenne. On l'a déjà dit: si notre étude d'ensemble porte plutôt sur une portion des territoires de la Mayenne et de la Sarthe, cette étude contient une radiographie des deux départements dans leur ensemble. C'est cette radiographie d'ensemble qui constitue l'essentiel de l'ouvrage. Elle concerne deux départements qui ont toujours été considérés comme secondaires d'un point de vue linguistique parce que beaucoup moins différenciés que d'autres ou plus vite soumis aux modèles linguistiques centraux ou dominants. Au plan socio-culturel cette radiographie ne fait pas double emploi avec des études historiques qui ont bien porté sur les deux départements conjointement, mais sur une durée telle qu'on ne peut y trouver ce qu'on a tenté de faire: expliquer la nature de la relative homogénéité pour chacun des deux départements et, en même temps décrire les multiples nuances que l'on peut repérer à l'intérieur de chacun d'eux. Une telle tentative a bien été réalisée pour la Sarthe (cf. Bois P. 1971), mais sans confrontation systématique avec les données propres à la Mayenne et sans liaison avec de rigoureuses analyses linguistiques, que celles-ci concernent la Mayenne ou la Sarthe.

Les matériaux utilisés dans ces quatre chapitres ne proviennent pas ou très peu d'enquêtes personnelles. Pour une bonne part ils sont issus de l'*Atlas linguistique de la Bretagne romane, de l'Anjou et du Maine* (*cf.* la bibliographie des chapitres linguistiques). Pour le reste il s'agit de tout un ensemble d'études plus ou moins ponctuelles effectuées aux XIXe et XXe siècles par des géographes, des historiens, des démographes, des sociologues et des économistes. Il faut enfin y ajouter les travaux plus ou moins récents que dialectologues et linguistes ont consacré à cette ancienne province, le plus souvent de façon allusive, sauf dans quelques cas, trop rares.

Si tous ces matériaux nous sont bien extérieurs leur sélection, leur articulation, les analyses dont ils ont été l'objet et les résultats obtenus nous reviennent entièrement. Pourquoi un tel recours à des matériaux extérieurs? A l'évidence d'abord, il était difficile d'apprécier l'identité linguistique et socio-culturelle de la

Sarthe et de la Mayenne sur la base d'enquêtes personnelles nécessairement limitées dans le temps et l'espace. En deuxième lieu il nous importait de traiter des matériaux qui d'une part couvraient la totalité ou la majeure partie des deux départements; qui d'autre part, recueillis ou analysés par d'autres chercheurs n'étaient pas susceptibles au départ d'être entachés par nos propres options de recherche.

Ceci ne signifie pas que chaque matériau ne présente pas ses propres limites. Cela nous a conduit à multiplier les sources pour le chapitre non strictement linguistique. Pour les données de l'atlas cela nous a conduit à expliciter les limites exactes à l'intérieur desquelles les matériaux proposés peuvent être utilisables. En matière d'atlas, si l'enquête dialectologique n'est pas une nouveauté, l'exploitation des données n'est pas une entreprise absolument systématique. Plus précisément on devrait dire que quelques traditions parallèles existent, qui connaissent des faveurs différentes dont les critères trop souvent d'ailleurs sont la mode ou le cloisonnement de la recherche et des publications.

A la lecture des chapitres consacrés aux données de l'atlas, on constatera que le chapitre dévolu aux indicateurs phonétiques est loin de mettre en jeu tous les développements qu'on rencontre au sujet des indicateurs lexico-sémantiques. C'est qu'en matière de phonétique les choses sont apparemment plus établies et moins sujettes à controverse. Par contre, en matière d'analyse des significations les consensus sont peu nombreux. Dans le cadre de nos études deux types de contraintes nous ont guidé. D'une part il a fallu tenir compte des caractères parfaitement précis qui définissent les données de l'atlas. D'autre part nous pensons que les études du sens se doivent d'articuler des préoccupations de divers ordres, qui sont explicitées dans le corps de l'ouvrage.

Ce qui surprend alors, d'une certaine manière c'est que, malgré la diversité — voulue —, des matériaux de base et malgré la diversité des options théoriques et méthodologiques qui ont présidé à leur établissement on constate des consensus récurents, chapitre après chapitre. Quant aux résultats de nos analyses on dira qu'ils convergent tous pour définir une situation complexe: aux éléments de similitude s'opposent bien des traits de différenciation. Bien entendu ces différents traits ne pèsent pas tous du même poids. Si l'on doit faire état de tels résultats c'est qu'en partie cela est dû à la démarche suivie. Mais c'est justement la multiplication des indicateurs et leur nature différente qui conduit en fait non pas à une image embrouillée mais à une image nuancée où les convergences ou divergences possibles — entre départements, ou à l'intérieur de chacun d'eux —, prennent leur meilleure place. Il est alors possible de comprendre comment la Sarthe et la Mayenne peuvent être en même temps similaires et différentes; surtout cela permet, au-delà des décomptes stériles, de suivre à la trace l'impact de chaque ressemblance ou différence, et donc la dynamique que chacune instaure, à l'intérieur de chaque département, au niveau des deux départements ou pour chaque département quand celui-ci est relié aux ensembles plus vastes que sont l'Ouest français ou le territoire métropolitain pris dans son entier.

Il faut pourtant insister fortement sur le fait que la mosaïque de nuances relevées à l'intérieur de contours plus nets tient pour une grande part à la spécificité même de la Sarthe et de la Mayenne dans l'ensemble français. Départements situés à la croisée de régions fortement différenciées, ils sont bien divers par plusieurs de leurs traits. C'est justement cette diversité essentielle qui justifie par ricochet le type d'analyse que nous avons appliqué à cette zone. Type d'analyse qui se justifie régulièrement, pensons-nous, et qui peut donner des résultats précieux dans le cas de régions de transition par ailleurs plus ou moins délaissées par les chercheurs.

Pour finir on dira que cet ouvrage est moins l'affirmation de certitudes que l'exercice ou l'apprentissage renouvelés pour une entreprise éminemment problématique, soit la tentative de rendre compte d'autrui — et donc de soi —, quand on n'est pas cet autre et que de soi-même, on vit souvent autre chose que ce qu'on peut en dire soi-même.

Une fois cette préoccupation posée, à l'issue de cette introduction, on ajoutera qu'on réserve à l'étude d'ensemble de poursuivre explicitement une réflexion sur les outils utilisés dans une telle entreprise. On dira simplement que tout le présent ouvrage illustre parfaitement une notion — la notion de frontière — qui, comme outil, fait écho à une des activités permanentes du discours spontané de chacun d'entre nous quand nous ne cessons de définir ce qui est «nous» et ce qui est «les autres»*.

(Février 1981)

* Le premier chapitre de cet ouvrage a été rédigé en Décembre 1977 ; le second en Septembre 1979 et les trois derniers en Septembre 1980.

CARTE I

MAYENNE ET SARTHE

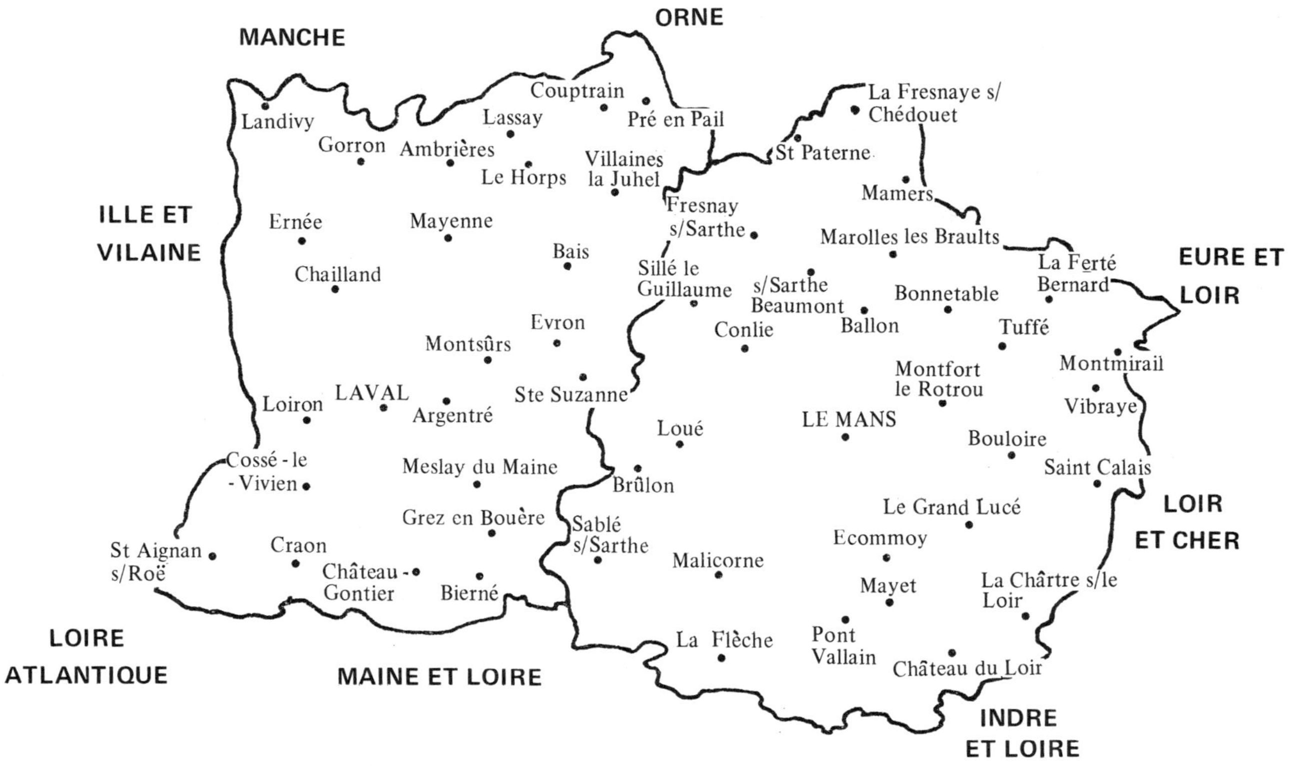

CARTE II

Préfectures et chefs-lieux de cantons

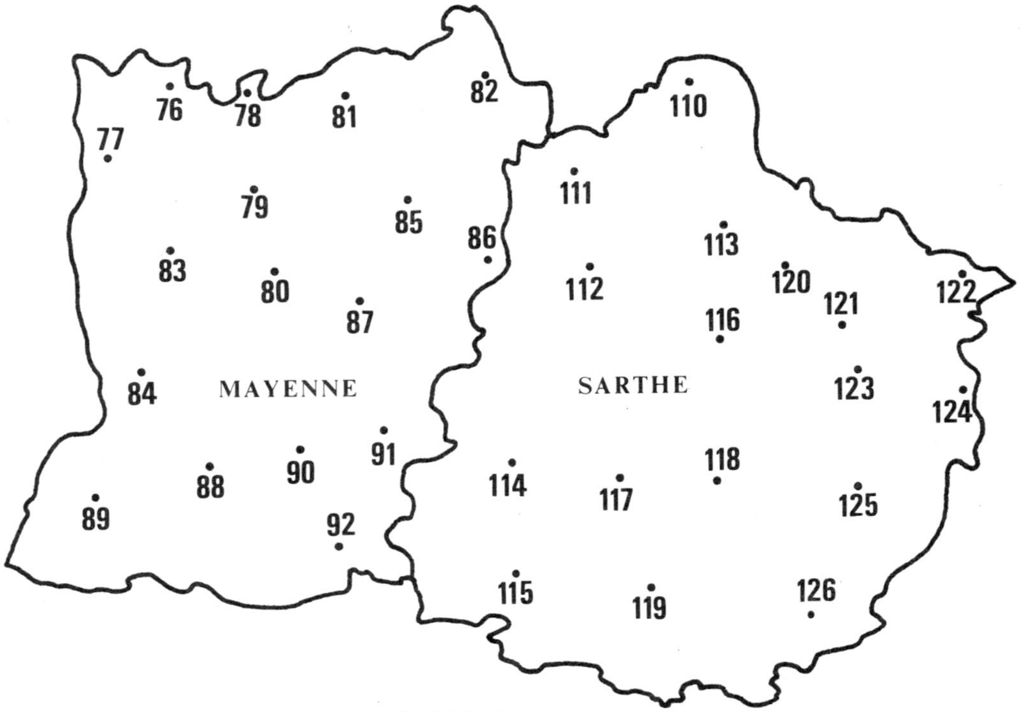

CARTE III

*Points d'enquête de l'*Atlas linguistique de la Bretagne romane, de l'Anjou et du Maine

TABLEAU 1

SYSTÈME DE TRANSCRIPTION PHONÉTIQUE UTILISÉ DANS L'*ATLAS LINGUISTIQUE DE LA BRETAGNE ROMANE, DU MAINE ET DE L'ANJOU*

á	comme la 2e lettre de m**â**che: *máȼ*
à	comme la 3e lettre de gl**a**ne: *glàn*
ã	comme les 3e—4e lettres de pl**an**t: *plã*
	comme les 6e-7e lettres de topin**am**bour: *tòpinãbʉr*
	comme les 5e-6e lettres de pati**en**ce: *pàsyãs*
b	comme la 1e lettre de **b**lé: *blé*
ȼ	comme les 1e-2e lettres de **ch**ardon: *ȼàrdõ*
ç	comme les 4e-5e lettres de l'allemand Frü**ch**te: fruits: *fruçtė*
d	comme la 1e lettre de **d**igitale: *dijitàl*
é	comme la 7e lettre de girofl**é**e: *jiròflé*
è	comme la 2e lettre de f**è**ve: *fèv*
	comme les 2e et 7e-8e lettres de s**e**rpol**et**: *sèrpòlè*
	comme les 2e et 7e-8e lettres de p**e**rsic**ai**re: *pèrsikèr*
ė	comme la 3e lettre de gr**e**nu: *grėnu*
	comme la 2e lettre de f**e**nouil: *fėnʉi*
ẽ	comme les3e-4e lettres de th**ym**: *tẽ*
	comme les 4e-5e lettres de jac**in**the: *jàsẽt*
	comme les 4e-5e lettres de chi**en**dent: *ȼỵẽdã*
	comme les 6e-7e-8e lettres de plant**ain**: *plãtẽ*
f	comme la 1e lettre de **f**ougère: *fujèr*
g	comme la 1e lettre de **g**ratteron: *gràtrõ*
	comme les 1e-2e lettres de **gu**imauve: *gimóv*
h	comme la 1e lettre de l'anglais **h**ay: foin: *héi̯* ou de l'allemand **H**eu: foin: *hòi̯*
i	comme la 3e lettre de ép**i**: *épi*
	comme (le premier son noté par) la 3e lettre de br**y**one: *briỵòn*
j	comme la 1e lettre de **j**avelle: *jàvèl*
	comme la 1e lettre de **g**erbe: *jèrb*
k	comme les 1e et 5e-6e lettres de **c**olo**qu**inte: *kòlòkẽt*
	comme la 1e et (le premier son noté par) la 5e lettres de **c**are**x**: *kàrèks*
	comme les 3e-4e lettres de li**ch**en: *likèn*
l	comme la 1e lettre de **l**iseron: *lizrõ*
l̯	comme les 3e-4e lettres de l'italien ti**gl**io: tilleul: *til̯ó*
m	comme la 1e lettre de **m**aïs: *màis*
n	comme les 1e et 3e lettres de **n**é**n**uphar: *nénufàr*
n̯	comme les 3e-4e lettres de oi**gn**on: *òn̯õ*
	comme les 7e-8e lettres de champi**gn**on: *ȼãpin̯õ*
ṅ	comme la 3e lettre de l'anglais pi**n**k: œillet: *piṅk*
	comme les 4e-5e lettres de l'allemand Ste**ng**el: tige: *ȼtéṅėl*
ó	comme la 1e lettre de **o**seille: *ózèi̯*
	comme les 3e-4e lettres de ch**au**me: *ȼóm*
ò	comme la 1e lettre de **o**rge: òrj
	comme la 3e lettre de ar**u**m: *àròm*
õ	comme les 2e-3e lettres de j**on**c: *jõ*
	comme les 1e-2e lettres de **om**bilic: *õbilik*
œ́	comme les 6e-7e lettres de scabi**eu**se: *skàbỵœ́z*
œ̀	comme les 3e-4e lettres de fl**eu**r: *flœ̀r*
	comme les 2e-3e lettres de c**ue**illir: *kœ̀ỵir*
œ̃	comme les 4e-5e lettres de pét**un**: *pétœ̃*
p	comme la 1e lettre de **p**oireau: *pwàró*
r	comme la 1e lettre de **r**utabaga: *rutàbàgà*
s	comme les 1e et 5e lettres de **s**éne**ç**on: *sènsõ*
	comme la 3e lettre de pé**t**iole: *pésỵòl*
t	comme la 1e lettre de **t**rèfle: *trèfl*
u	comme les 2e et 5e lettres de c**u**sc**u**te: *kuskut*

u comme les 3ᵉ-4ᵉ lettres de ch**ou**: *ɛu*
comme les 2ᵉ-3ᵉ et 5ᵉ-6ᵉ lettres de c**ou**c**ou**: *kuku*

v comme la 1ᵉ lettre de **v**iolette: *vyòlèt*

w comme les 4ᵉ-5ᵉ lettres de ren**ou**ée: *rènwé*
comme (le premier son noté par) les 2ᵉ-3ᵉ lettres de m**oi**sson: *mwàsõ*

ẅ comme la 3ᵉ lettre de gl**ui**: *glẅi*
comme la 10ᵉ lettre de millepert**ui**s: *milpèrtẅi*

x comme les 4ᵉ-5ᵉ lettres de l'allemand Fru**ch**t: fruits: *fruxt*

y comme la 2ᵉ lettre de m**y**osotis: *myózòtis*
comme la 2ᵉ lettre de n**i**elle: *nyèl*
comme la 4ᵉ lettre de bru**y**ère: *bruyèr* (ou) *brẅiyèr*
comme (le dernier son noté par) la 3ᵉ lettre de mo**y**ette: *mwàyèt*
comme les 3ᵉ-4ᵉ lettres de mi**ll**et: *miyè*

z comme les 1ᵉ et 3ᵉ lettres de **z**i**z**anie: *zizàni*
comme la 5ᵉ lettre de chry**s**anthème: *krizãtèm*

— La palatalisation est marquée par l'arc‿placé au-dessous d'une consonne.
— Les diphtongues croissantes ont été notées après consonne bilabiales ou labiodentales, par exemple **o͡e**.
— Les diphtongues décroissantes sont notées par l'arc souscrit‿ placé sous le deuxième élément plus faible.

CHAPITRE PREMIER

QU'EST-CE QUE PARLER?

ENTRÉE EN MATIÈRE

Véronique travaille chez des gens de la ville, nobles peut-être. «Véronique», dit la dame, «apportez la chemise à l'office». Peu de temps après, ne retrouvant pas la chemise à l'endroit escompté, la dame découvre que Véronique est allée, avec la chemise, à l'église. «Véronique», dit le monsieur, «le baromètre est à la pluie». Véronique prend le baromètre et le suspend dehors où la pluie vient bientôt l'arroser. Le monsieur, quelques temps après, cherche en vain le baromètre. «Je ne savais pas», dit Véronique, «que le baromètre est à la pluie avant qu'il ne pleuve». Véronique fait ensuite une autre confusion — entre plancher et justice —, car elle a mal compris le terme parquet. Enfin un soir, elle prévient le monsieur qui rentre, que sa femme boude, «car elle est dans son boudoir».

La conteuse, heureuse, se retire de la scène sous les applaudissements nourris des auditeurs qui ont ponctué le récit de rires francs et renouvelés.

La fête des vieux continue et l'on attend avec impatience le spécialiste des récits «patois». Tout le monde attend d'entendre une nouvelle fois «la potironnée», «la trompette», «la bourrique à la Mère Chaumont», et bien d'autres récits facétieux.

Qui sont les auditeurs? De quoi, de qui rient-ils?

Le conteur est arrivé. Sans attendre il a commencé à raconter «la trompette». Les premiers rires fusent: **œlá mà trõpèt kyé ɛutė là dã ki sékœrki l kœnyó...** Ils ne cessent pas: **pãsé bẽ là màrɛãdiz èl bɯɛé l tẅiyò$_{\hat{u}}$**.

Quelle étrange chose que d'entendre ces rires. Parmi les auditeurs, combien d'entre eux, tous gens de la région, n'ai-je pas rencontré? Combien de temps ne m'a-t-il fallu pour les dérider, quand les entretiens ne se terminaient pas sans qu'on ait pu aborder le sujet?

Ici, les voilà complètement débridés. Et quels rires quand ils entendent des mots «patois» ou ce qu'ils appellent l'accent patois, ici une diphtongue. Chez eux, en face de celui qui essaye de savoir comment ils parlent, comment ils ont parlé, c'est le mutisme pendant longtemps, très longtemps quelquefois.

Combien d'entre eux m'ont ouvert leur histoire personnelle au bout de une, deux et même trois années de fréquentation? Et combien peu m'ont autorisé à enregistrer leur langage, immédiatement différent dès que l'enregistreur se met à tourner.

Et pour dire quoi? Pour dire «qu'ils parlent mal», mais aussi qu'«en Mayenne, ils parlent encore plus mal»; «qu'à Marolles, ils n'ont pas le même accent». Pour me donner quelquefois des listes de mots qu'ils disent ne plus utiliser.

Ainsi de cet ancien agriculteur âgé, de Pezé-le-Robert, qui tente de me fournir une liste de mots «patois» ou anciens. «Tenez», me dit-il, «il y a aussi **vãtyé**. Ça veut dire, oui bien sûr.» Je lui demande s'il emploie encore ce mot, et il me répond que non. Evidemment je ne vais pas lui dire qu'il l'a employé quatre ou cinq fois depuis que notre entretien a commencé, voilà dix minutes.

A Marolles ou Ballon, à vingt ou trente kilomètres de la fête des vieux, à vingt ou trente kilomètres de Pezé-le-Robert, les gens du lieu me disent aussi qu'ils parlent mal. Mais on ne me parle pas des gens de la Mayenne, qui parleraient plus mal.

Quel écheveau? Et comment le dévider? Pourquoi et comment les gens peuvent-ils en même temps refouler leur langage spontané et rire du «patois» qu'ils emploient, qu'ils employaient? Pourquoi disent-ils mal parler? Pourquoi nient-ils leur propre langage? Pourquoi les Mayennais, — lesquels —, parleraient-ils plus mal que les Sarthois ou certains d'entre eux? Pourquoi ce fait aurait-il une réelle importance pour les gens de la région de Sillé-le-Guillaume et pourquoi cela ne vient pas à l'esprit de ceux de Ballon, Piacé, Marolles, à vingt, trente kilomètres à l'est?

Mais aussi: comment savoir comment tous parlent, s'ils travestissent leur langage lorsque je m'intéresse à eux, comme ils le travestissent, pour certains, quand ils vont en ville, ou chez le boucher ou le boulanger? Ils parlent alors un peu différemment, ils changent quelque chose. Un **r** grasseyé tente de remplacer un **r** roulé; une diphtongue disparaît pour moi et réapparaîtra quelques heures plus tard dans la conversation entre familiers. Ils changent ce qu'ils peuvent, mais ils ne maîtrisent pas tout. Quoi et pourquoi?

Ils. Qui ils? Il y a les agriculteurs, il y a l'instituteur, le professeur, les enfants, les parents, les commerçants. Il y a ceux qui lisent, et ceux qui ne lisent pas. Il y a cette dame qui écoute la radio très régulièrement et me dit: «j'écoute beaucoup la radio. Il faut écouter la radio. Je ne comprends pas ce qu'ils disent mais ça parle bien».

Il y a ceux qui ne sont encore allés qu'une fois au Mans, siège de la préfecture; ceux qui y vont tous les jours. Il y a ceux qui ont été à l'école avant guerre, quand la ferme ne les retenait pas, pour qu'ils y aident. Il y a ceux qui ont vécu l'école en même temps que la guerre. Ceux qui vivent sur dix ou vingt hectares, ceux qui vivent sur plus. Ceux qui sont pour les engrais; ceux qui sont contre les engrais, mais pour la terre, la poésie, les mots anciens.

«Qu'est-ce que ça veut dire hétéroclite? Comment ça s'écrit?», demande le père aux enfants. Et se tournant vers moi au-dessus du repas pris en commun: «c'est pas les hiéroglyphes?» Je ne répond pas et feuillette le dictionnaire que l'on vient de me tendre. Pendant que je cherche la bonne page, celle où l'écriture et le sens auront force de loi, page qu'ils veulent absolument voir, j'entends le père qui s'adresse à sa femme en termes virulents: «Quand même, on leur enseigne l'anglais, les langues étrangères; et on ne leur enseigne même pas bien le français».

La voilà la quadrature du cercle pour certains: forcés de ne plus parler «patois»; ayant mal appris le français.

Sillonner la campagne et les bourgs du Maine, c'est entendre et découvrir les facettes de ce monde tiraillé dans ses références: et cela se sent dès qu'on écoute. On le sent en découvrant l'instabilité de la prononciation qui n'est pas seulement due au fait que la phonétique varie pour un même locuteur au gré des interlocuteurs. On le sent en découvrant la façon dont une logique linguistique des éléments de relation (coordination et subordination) tient d'une part aux possibilités intrinsèques du système linguistique, d'autre part à la permanente situation d'apprentissage d'une langue seconde (le français) qui prévaut ici; avec toutes les nuances que peuvent provoquer de multiples facteurs non linguistiques, facteurs démographiques, sociologiques et autres...

Que dire encore de ces références contradictoires au passé, où l'on «parlait mal», ne «prenait pas de vacance»; mais où contes et chansons «avaient un sens»; où il n'y avait pas «toutes ces charges sociales» qui font qu'on ne peut plus avoir de personnel dans une ferme à la superficie agricole utilisable qui grandit? Que dire enfin de ces échanges linguistiques particuliers, fortement attachés à un type de relation sociale, — la relation de dette —, échanges qui disparaissent très vite, tout comme les systèmes spécifiques d'adresse et de référence?

Un monde change et, avec lui, langue et langage. Un monde change, où langue et langage ont, à côté de leur définition linguistique, un impact social réel, un rôle dans les mythologies locales aussi.

Etranger rarement accepté et paradoxalement accepté dès le moment où je fais la preuve auprès d'eux que j'ai réussi à comprendre et à les comprendre, à décrire sans artifice ni trop de fautes; et même si ce que je leur dis d'eux les surprend ou les révèle à eux-mêmes.

Mais quel danger aussi! Je suis, à ce qu'ils disent, celui qui a fait des études, qui parle bien ou mieux. Et alors, fulgurante, vient la question: mais pourquoi donc s'intéresse-t-il à nous et notre langage, nous qui avons eu tant de misère parce qu'on nous a forcés à le perdre pour apprendre le français? Pourquoi reparler de tout cela avec lui?

Plusieurs mois d'efforts sont alors nécessaires pour rétablir le contact; expliquer que je veux savoir et comprendre. Et la confiance, toujours ambiguë, se retrouve, parce que j'aurai travaillé avec eux plusieurs jours ou plusieurs semaines, côte à côte lors de la moisson, à rentrer et «tirer» les vaches, montrant mon incompétence en matière d'agriculture. Mais aidant à faire comprendre les quelques mystères des filières scolaires dans le secondaire; à donner des informations — qui quelquefois apparaissent comme autant de bons conseils, malheureusement —, sur les partis et activités politiques, bien loin d'eux; ou les rouages des marchés économiques mondiaux, pendant que, de nouveau côte à côte, on est à chercher la paille en Beauce pour la ramener aux bêtes qui n'ont plus rien à manger en Sarthe, l'année de la grande sécheresse.

Intégré alors, pour quelques temps, je suis moins l'objet de suspicion ou de crainte. En général objet de multiples interrogations, souvent tout juste toléré, quelquefois invité; peu souvent présent et oublié, — assimilé? —. Presque un meuble alors, qui entend.

Venu pour savoir quelle est leur langue, quel est leur langage, je me vois refuser par eux, et par tous les moyens, la possibilité de connaître leur identité linguistique et ethnolinguistique. Par contre ils m'abreuvent de théories sur leur langue, leur langage, celui des voisins.

C'est en entendant comme ils égrènent leurs années d'apprentissage, les conflits avec l'instituteur ou la religieuse qu'on comprend. C'est en entendant les lettrés du coin, souvent issus eux-mêmes du milieu agricole, qu'on comprend. Et tant d'autres choses encore, à suivre maintenant, à dérouler, relier entre elles, patiemment. Les contradictions, frustrations et autres perplexités n'en seront pas abolies! Peut-être expliquées? Peut-être. Mais celui qui explique, ici, parle lui aussi; a eu ses années d'apprentissage; des conflits avec l'instituteur; il fait encore des fautes d'orthographe; il a des théories sur la langue et les langues; et même une façon de les décrire! De cela aussi il faut tenir compte dès qu'on se pose la première grande question: comment parlent-ils, comment écrivent-ils? Quels sont leurs langue et langage?

Identité linguistique et ethnolinguistique

Il n'y a vraisemblablement pas de description linguistique qui ne soit en même temps un parti pris sociolinguistique et plus généralement ethnolinguistique. En a-t-on toujours tiré les conséquences?

Comment établir une systématique linguistique quand les données phonétiques, phonologiques et lexicales par exemple, sont systématiquement variables en fonction des lieux d'enquête, des types de locuteur et des situations d'échanges?

Les systématiques linguistiques seront-elles celles du «patois» ou d'un français dit traditionnellement régional? A moins que la notion de patois ne s'avère être à peu près qu'une fiction, si l'on entend par là un système linguistique complet et autonome.

Il y a des traits régionaux, d'autres moins. Et le nombre de ces traits régionaux va en décroissant avec le temps. Mais tout cela n'est-il qu'une question de référence géographique ou historique? Ne devra-t-on pas parler aussi en termes de niveau de langue?

Comment élucider toutes ces questions quand, de plus, les gens rencontrés se sont systématiquement refusés à parler spontanément leur langue de tous les instants les plus familiers, les plus communs? Quand ces gens vous ont autorisé à les enregistrer, pour changer de registre. Comment faire quand tout à coup vous entendez ce parler spontané échangé entre deux agriculteurs perchés sur une charette et qui vous envoient les bottes de paille que vous devez ranger dans le grenier? Ces agriculteurs côtoyés, un an auparavant, pendant des journées et des semaines entières et qui vous ont parlé alors autrement, qui se sont parlé autrement à cause de votre présence?

Enfin, la langue à décrire est-elle celle de la Sarthe, de la Mayenne, des deux à la fois? S'il faut s'intéresser aux départements c'est que les gens rencontrés disent, pour les Sarthois, qu'en Mayenne on parle différemment. On verra plus tard ce que recouvre exactement cette référence géographique ainsi que le fait d'invoquer justement des critères linguistiques. Cette réaction est si fréquente cependant, dans la bouche de certains sarthois, qu'il est absolument nécessaire d'avoir une vue linguistique globale, même si elle est incomplète, des deux départements.

1

Nos enquêtes directes ne nous ont mené que dans une partie des deux départements (voir carte 1). Ces enquêtes permettent d'avoir une vision assez précise du système linguistique utilisé, et ce à tous les niveaux. Avant d'aborder cet aspect proprement dit de l'étude, comment avoir une vision en même temps linguistique, géolinguistique et sociolinguistique des deux départements? Un certain nombre de documents extérieurs nous y aident, tous élaborés selon des objectifs précis (dialectologie, sociologie, économie) et sans concertation bien sûr. Une partie de ces documents d'ailleurs nécessite une réélaboration des données brutes pour qu'on puisse y trouver les réponses que l'on cherche. C'est le cas du premier tome de l'*Atlas linguistique et ethnographique de la Bretagne romane, de l'Anjou et du Maine*, qui couvre intégralement Sarthe et Mayenne [1].

Seuls des enseignements de types lexical et phonétique sont ici disponibles. Encore faut-il procéder à l'établissement systématique des zones lexicales et des zones phonétiques, à partir des données brutes fournies par chaque carte. L'analyse linguistique des données est une étape intermédiaire entre l'analyse minutieuse de la répartition des zones et l'étude des rapports entre zones linguistiques et zones non linguistiques établies sur la base d'autres documents extérieurs.

Le vocabulaire concerné par l'*Atlas* est essentiellement floral; il est aussi relatif à un certain nombre d'activités agricoles, aux maladies des plantes... L'étude précise de soixante-quinze cartes nous renseigne sur une centaine de référents et sur leurs dénominations.

Du strict point de vue linguistique on remarque plusieurs tendances. Elles concernent genre et nombre, d'une part, constitution formelle des syntagmes de l'autre. Selon les points d'enquête, le référent sera singulier ou pluriel: **du pàvó / dé pàvó**; **là pul grás / lé pul grás**. Un référent identique sera masculin **lė lizrõ** ou féminin **là vèyė̂**. Les dénominations, pour un même terme, seront constituées, selon les points d'enquête, d'un terme: **blé**, **grẽ**, **fròmã**, **òrj**; ou de plusieurs **òrj bèeèt**, **òrj d prẽtã**. Chaque dénomination est à étudier en termes formels et en termes sémantiques. Il est difficile par ailleurs de laisser de côté l'évolution de ces termes dans le temps.

Du point de vue géolinguistique une grande diversité autant qu'une grande homogénéité peuvent régner sur toute la zone. Pour l'orge comme pour le blé, plusieurs dénominations sont possibles. L'une prédomine largement pour l'orge (**òrj**), les autres étant parfaitement isolées. Si deux points d'enquête connaissent la même dénomination ils peuvent être assez éloignés l'un de l'autre: c'est le cas du nord-est de la Mayenne et du sud-ouest de la Sarthe dans le cas de **èskurjõ** ainsi que dans d'autres cas d'ailleurs. Il faut ajouter à propos de cet exemple que l'un des points ne connait que le terme **èskurjõ** alors que dans le sud-ouest de la Sarthe deux termes sont utilisés.

La présence d'une ou plusieurs dénominations pour un même référent dans une même zone peut être analysée en termes d'évolution dans le temps. Enfin ce sont assez systématiquement les mêmes zones qui sont concernées par un chevauchement des dénominations (nord-ouest de la Mayenne; centre-est et sud de la Sarthe).

A l'inverse il est des zones où la dénomination unique est bien établie: une dénomination, de type moins récent souvent (centre-ouest et ouest de la Sarthe; centre de la Mayenne); ou une dénomination, de type plus récent comme dans le sud-est de la Sarthe, en contact avec certains départements du Bassin Parisien.

De l'ensemble des cartes se dégage le caractère essentiel suivant: selon les termes considérés on verra Sarthe et Mayenne tout à fait identiques. A l'autre extrême on aura une fragmentation multiple et aussi toutes les situations intermédiaires possibles: homogénéité respective de la Sarthe et fragmentation plus ou moins importante de la Mayenne et vice et versa. A l'usage cependant on relève la présence de trois grandes zones en Mayenne, organisées selon l'horizontal (nord, centre et sud) alors que les zones lexicales de la Sarthe se définissent plutôt par référence à un axe nord-est sud-est, les formes traditionnelles étant en majorité dans la partie gauche du département, vers la Mayenne.

On remarque aussi le cas intéressant de zones frontières. Ainsi par exemple, à l'extrême nord-est de la Mayenne, le lexique suit-il les tendances de l'Orne ou de la Sarthe voisines. De même pour la zone de Sarthe qui jouxte au nord-ouest (zone de Sillé-le-Guillaume) le département de la Mayenne.

Quant au niveau phonétique/phonologique, là encore aspects diachroniques et géolinguistiques sont fortement liés.

L'évolution des traits phonétiques/phonologiques vers ceux du français standard est nette bien que la rapidité de cette évolution ne soit pas sensible partout. Il y a des zones de la Sarthe et de la Mayenne où la diphtongaison par exemple est encore en vigueur alors qu'elle a disparu aux franges du Bassin Parisien. Le premier **a** de **kàràbẽ** est un **a** d'avant, dans le centre et le sud de la Mayenne et au sud-est de la Sarthe. Il est d'arrière au nord de la Mayenne et au nord-ouest de la Sarthe, zones souvent parallèles dans un comportement linguistique plus local. Encore faut-il faire très attention. Car la fragmentation des deux départements en zones phonétiques est en général beaucoup plus grande que la fragmentation en zones lexicales.

Que dire des rapports entre zones linguistiques et zones définies selon d'autres critères? Pour la Sarthe il est intéressant de remarquer dans un premier temps comment on retrouve pour les zones linguistiques l'opposition entre deux zones socio-économiques que P. Bois analyse longuement (voir Bois P., 1971).

Un axe nord-est sud-ouest sépare ces deux grandes zones qui présentent par ailleurs chacune un certain nombre de nuances.

Concrètement on constate qu'une grande homogénéité linguistique règne sur l'ensemble composé de deux parties distinctes par ailleurs, — le plateau calaisien et la vallée du Loir —; parties distinctes géographiquement où prédominent cependant également les productions céréalières. Cette région sud et sud-est de la Sarthe, en contact avec le Bassin Parisien connait souvent les mêmes caractères linguistiques que les régions est. Mais, quand il y a des différences au plan linguistique, elles apparaissent souvent parallèles à d'autres distinctions, fondées sur d'autres critères (nature des sols, types de culture, etc.).

En Mayenne on retrouve des phénomènes de même type: ainsi du rapport entre la relative spécificité linguistique du nord de la Mayenne et le fait que cette partie est aussi celle de la petite, voire très petite propriété.

Recourir à l'*Atlas* c'est donc avoir, par une exploitation spécifique des données brutes, une vision de la géographie linguistique des deux départements. C'est ensuite pouvoir rapporter les éléments de la géographie linguistique à des aspects non-linguistiques, découvrir des parallélismes, des superpositions, des oppositions. Une identité linguistique n'est pas abstraite. Elle tient à des lieux, identifiables par de multiples caractères. On verra l'importance de ces premiers résultats en découvrant les théories spontanées des gens de la région sur leur pratique linguistique et celle de leurs voisins.

2

Qu'en est-il maintenant de l'identité linguistique proprement dite? Ici, ce ne sont plus les deux départements entiers qui sont concernés mais une partie des deux, celle où il y a eu enquêtes directes de notre part (voir carte 1).

S'il y a des différences à noter, celles-ci sont moins à relever entre des points différents de la zone qu'entre différents groupes d'âge. Cela ne signifie pas que chaque groupe d'âge utilise un système linguistique différent. Les jeunes de quinze à vingt ans parlent un français qui, dans sa structure, est proche du français «standard» et ce à tous les niveaux du système. Leurs parents peuvent parler souvent comme eux, mais ils peuvent aussi utiliser un système dont les traits sont différents, surtout au niveau phonétique, lexical et morphologique. Pour cette génération on pourrait parler de deux systèmes linguistiques: le système plus récent est cependant moins bien maîtrisé dans son usage quotidien, même si les règles en sont connues. Ce système plus récent est bien souvent parasité par une phonétique et des éléments de lexique plus anciens et locaux.

Enfin la génération la plus ancienne est celle dont les aspects phonétiques de la langue sont résolument anciens, les aspects du lexique étant pour eux plus faciles à faire évoluer.

Mais si les jeunes sont loin de posséder la totalité du vocabulaire de français «standard», les plus âgés ne possèdent qu'une frange très étroite de ce vocabulaire. A l'inverse, ils en savent long sur les vocabulaires traditionnels (botanique, techniques, vêtements, par exemple), beaucoup plus long que les jeunes. La génération intermédiaire connaît aussi assez bien les vocabulaires traditionnels. Mais il s'agit d'une connaissance plus passive. C'est cette génération intermédiaire qui finalement possède le plus de capacités linguistiques potentielles, car à cheval sur deux systèmes linguistiques. Mais les performances effectives de cette génération sont les plus «pauvres» car les gens de cet âge emploient moins souvent les vocabulaires traditionnels et emploient difficilement les vocabulaires récents, par exemple, acquis de façon non systématique. La syntaxe apparaît être la plus homogène sur les trois générations.

Encore faut-il insister sur le fait que nos résultats portent sur la langue qu'on a bien voulu nous parler. Certes, de nombreux relevés ont été faits en situation et sont utilisables. Mais ces relevés ont pâti de la contrainte suivante: les gens, en notre présence, ont parlé le parler pour «gens de ville» selon l'expression utilisée par les habitants des fermes. Ce parler est bien sûr un aspect de leur compétence linguistique, mais il n'est pas toute leur compétence. Pour les systèmes plus anciens ou parallèles, ce sont souvent les relevés en situation et les discussions avec certains informateurs qui nous ont éclairé sur leur fréquence d'usage et leurs caractères généraux.

Enfin, un dernier élément extralinguistique a des conséquences sur l'état des systèmes en vigueur. Selon les occupations des gens, le système présentera des nuances: le vocabulaire des agriculteurs de cinquante ans n'est pas celui de l'ancien chef de gare du même âge et du même village. Ce fait n'est peut-être pas aussi tranché dans les jeunes générations.

En résumé, la description ne peut porter que sur un état du parler, celui qui est largement répandu chez les plus jeunes et celui, — le même? — qu'utilisent les plus âgés en parlant dans un contexte non familier. Enfin, l'analyse de détail montre et montrera qu'il faut peut-être moins parler de systèmes linguistiques autonomes et successifs que de paliers, de gradations, inégales et toujours fonction des contextes, selon les niveaux du système considérés. Ce qui est autre chose encore que la question des niveaux de langue. Ici, de nouveau, de nombreuses nuances apparaîtront.

L'étude des corpus recueillis lors des enquêtes directes précise et confirme les tendances linguistiques évoquées plus haut.

La diphtongaison disparaît à mesure que s'éteignent les générations les plus âgées. Le **r** roulé suit le même régime. Le **a** d'arrière devient un **a** d'avant. Dans les termes comme «bête», «fête», le **e** placé entre deux consonnes n'est plus fermé mais ouvert.

Les aspects morphologiques suivent les tendances de la phonétique dans l'évolution vers le français «standard». La forme unique, à la première personne du singulier, pour le présent et le subjonctif du verbe être, par exemple, **sè**, disparaît complètement chez les jeunes, ainsi que l'attribution du genre masculin à un terme féminin en français «standard» et vice versa.

Du point de vue du lexique, on assiste à une transformation assez profonde de celui-ci, parallèle aux transformations de la vie quotidienne, des types d'activité... Le lexique proprement local — substantifs, verbes, adjectifs — disparaît au bénéfice d'un lexique de français dit standard. La transformation et l'acquisition du lexique ne se passent pas sans problème. Les phénomènes d'interférence phonique par exemple sont une des causes de ces problèmes. «Il viendra bien nous reléguer», dit une jeune agricultrice qui voulait expliquer qu'au moment où elle et sa famille partiraient en vacances, un voisin viendrait vraisemblablement les relayer. Ayant une mauvaise connaissance conceptuelle de deux termes phoniquement proches, l'agricultrice énonce un type de «faute» extrêmement fréquent dans la zone.

La syntaxe est peut-être la plus homogène pour toutes les générations, y compris donc dans la difficile maîtrise de certains de ses aspects. Il s'agit en particulier de la difficulté à maîtriser la logique linguistique de la relation. Les relatives et autres subordinations sont le cadre de nombreuses «fautes», tant chez les personnes plus âgées que chez les plus jeunes. Ainsi des énoncés suivants:

— «A la période que mon mari est mort,...»;

— «Je fais une pochette dont je brode autour»;

— «Le précédent du blé, les haricots sont bons» (en parlant de l'assolement et de l'ordre des cultures d'une année sur l'autre).

Ce type de phénomène mérite qu'on s'y attache car il est persistant, y compris chez les tous jeunes. En effet on peut comparer les efforts et les réussites que les locuteurs déploient et obtiennent quant à la phonétique ou au lexique, et certaines difficultés pour les éléments de syntaxe. Il faut dire aussi que les aspects phonétiques sont explicitement considérés dans les théories spontanées des gens sur leur parler, alors que les aspects syntaxiques, ou dits tels, n'apparaissent jamais dans ces théories linguistiques spontanées. De manière plus fondamentale, il faudrait peut-être ajouter qu'à notre avis lexique et syntaxe ne renvoient pas du tout aux mêmes types de référent.

Le lexique renvoie à des éléments très nettement identifiables dans le cas des référents concrets. Pour ce qui est des référents abstraits on a affaire à des faits d'expérience que l'on peut relativement bien décomposer et qui, de toute façon, s'opposent relativement bien les uns des autres. On ne peut cerner aussi facilement les référents sens de l'honneur, fierté ou intuition que les référents main, table ou oiseau. Mais le sens de l'honneur s'oppose, dans un paradigme facilement identifiable, à d'autres signes linguistiques et le paradigme lui-même s'oppose facilement à d'autres paradigmes du même type. A l'inverse, il semble que la syntaxe renvoie à des types d'expérience d'un autre ordre. A notre avis, avec la syntaxe on a affaire en même temps à des éléments de l'expérience humaine beaucoup plus intimes et diffus, et aussi à des éléments qui sont pris en charge, aux niveaux social et culturel, d'une toute autre façon que ne peuvent l'être les faits de lexique.

Cela expliquerait en même temps que les faits de syntaxe présentent un caractère beaucoup plus homogène, qu'ils s'acquièrent de façon plus solidaire et aussi, que des «fautes» syntaxiques très particulières peuvent perdurer d'un système à un autre, en fonction des types fondamentaux d'expérience que les locuteurs sont amenés à traverser en changeant de sphère sociale et culturelle.

Quoi qu'il en soit de notre hypothèse, on doit se demander si les «fautes» dont on a donné des exemples plus haut sont spécifiques du Maine. Elles le sont peut-être plus que l'habitude de reprendre le sujet de la proposition, habitude largement répandue non seulement dans les récits mais également dans les usages quotidiens. L'exemple suivant porte sur cette habitude et renseigne aussi sur d'autres aspects linguistiques: «Je me demande comment que le monde ils vont faire pour payer».

Tout ce qui a été dit jusqu'ici de la situation linguistique concernait l'expression orale. Qu'en est-il de l'expression écrite? Cette question est normale du point de vue du linguiste. Elle est, de plus, nécessaire pour l'analyse et l'étude des théories linguistiques des gens.

Que disent nos documents, recueillis auprès de deux classes fort différentes du Lycée de Sillé-le-Guillaume (une classe de préapprentissage et une classe de 5e classique), ainsi qu'auprès d'une dame très âgée ayant passé le plus clair de son existence à vendre les chaussures que son mari faisait, à la frontière des deux départements qui nous intéressent? Que disent les listes de «fautes» relevées par un enseignant de lettres classiques dans les copies de français de ses élèves de second cycle?

Elèves de second cycle et élèves de cinquième classique ont à peu près la même expression écrite. La grande différence tient au nombre de fautes d'orthographe, plus nombreuses en cinquième, quoiqu'en nombre absolu assez faible. Ces fautes d'orthographe sont par contre très nombreuses dans la classe de préapprentissage, aux élèves plus âgés qu'en cinquième. Ici interviennent des phénomènes sociolinguistiques qu'il ne faudra pas laisser dans l'ombre (origine sociale de ces élèves; recrutement des classes de premier et second cycle dans les établissements scolaires ruraux).

Bien des «fautes», en classe de préapprentissage et en cinquième, viennent de la grande disparité entre code écrit et code oral en français. Cette disparité complique en fait les phénomènes d'acquisition. Si l'on peut dire, dans bien des cas, que le français est une langue étrangère pour beaucoup des gens du Maine, il l'est doublement: à l'oral et à l'écrit.

Dans le secondaire, les «fautes» que l'on rencontre souvent sont de nouveau ces fautes de syntaxe, fautes qui débordent d'ailleurs la simple référence à la syntaxe:
— «On arrive aux vraies causes que l'on se drogue»;
— «Les adolescents aiment bien faire tout ce dont ils veulent».

Ces «fautes» de syntaxe ne sont pas les seules. On retrouve, avec l'exemple suivant, un type d'énoncé rencontré à l'oral: cette réalité est bien réconfortable.

Quant à la morphologie, l'expression écrite est très parallèle à la situation rencontrée à l'oral, dans une zone où, traditionnellement, genre et nombre n'ont pas correspondu à la systématique du français «standard» (neutralisation de l'opposition masculin/féminin à l'indéfini; neutralisation de l'opposition singulier/pluriel à la troisième personne dans la conjugaison verbale, **ilétẽ** il était ils étaient).

Grande diversité phonétique; diversité lexico-sémantique qui ne recouvre pas toujours la précédente en termes géolinguistiques. La syntaxe est la plus homogène sur toute la zone d'enquêtes directes, phonétique et lexique tendant fortement vers ceux du français «standard».

Cela est flagrant chez les plus jeunes, qui ne savent plus grand chose d'un parler local à peine préservé chez les générations les plus anciennes. Mais les jeunes n'en maîtrisent pas pour autant complètement le français «standard»: français écrit, français parlé, codes distincts, «langues étrangères», dont les niveaux de langue existent bien, parallèles quelquefois à l'existence de groupes sociologiques, comme on va le voir maintenant à l'analyse des conditions d'échanges et des contenus et chemins de la transmission linguistique et ethnolinguistique.

Échanges et transmissions

Parler c'est user de sons, de mots, de constructions qui n'ont jamais notre âge; qui nous rapprochent de voisins auxquels l'on ne ressemble pourtant jamais complètement. Parler c'est aussi «choisir» son langage selon l'interlocuteur auquel on parle; à moins qu'il n'y ait pas de choix entre niveaux linguistiques ou même entre systèmes linguistiques différents. C'est aussi transmettre sa langue et ses nuances, ses niveaux aussi à d'autres; c'est échanger et transmettre contenus et préoccupations.

Mais qu'est-ce que langue et langage sont et peuvent transmettre de ce que le locuteur souhaite transmettre à un tiers qui n'entend que ce qu'il peut ou veut? De plus, qu'est-ce que les locuteurs disent à leur insu?

L'échange linguistique est-il d'abord possible? Avec qui et dans quelles conditions?

1

On a un peu évoqué ce que sont les compétences linguistiques des différents acteurs du milieu étudié. On peut les répartir en trois catégories en fonction de l'âge.

Il y a ceux d'avant la guerre de 1914-1918 qui sont arrivés à une très relative maîtrise du français sans perdre leur capacité à user d'un système plus local. Il y a ceux d'entre les deux guerres dont la maîtrise du français est meilleure que celle des précédents mais dont la maîtrise du «patois» est moindre. Les plus jeunes enfin ont une maîtrise maximum du français, ne sachant plus que quelques mots du «patois».

Encore faut-il nuancer immédiatement tout cela. Cet ancien chef de gare né dans un petit bourg est capable d'aligner des centaines de mots «patois» sur un carnet qu'il confectionne pour nous. Mais il est incapable de parler ce «patois», contrairement à cet agriculteur du même âge qui est resté, sans éducation scolaire, dans une ferme minuscule.

A âge égal, les anciens des villes ou bourgs ont souvent connu le «patois» sans l'utiliser. Pour les anciens, ceux d'avant 1914, l'opposition ville-campagne était aussi une frontière linguistique. Pour ceux d'après la guerre, cette opposition a énormément joué, encore, mais avec des caractères différents. Les citadins connaissaient de moins en moins un «patois» qu'ils n'utilisaient que rarement. Les ruraux utilisaient de plus en plus un français «écorché», comme ils disent. C'est cette génération de ruraux qui se trouve comme «entre deux chaises», ayant dû refouler le langage spontané pour utiliser un français toujours éloigné par rapport à la norme du français «standard».

Chez les plus jeunes on retrouve l'opposition ville-campagne, mais dans un tout autre contexte. Les ruraux ne connaissent plus que par bribes infimes le parler local traditionnel, tout en possédant un français moins «riche» que celui des enfants des bourgs et des villages. L'évolution des compétences est surtout sensible pour le monde rural pour qui un français plus ou moins «riche» remplace un «patois» dont il ne reste que des bribes. Le changement est beaucoup moindre pour les urbains dont la seule évolution est une évolution interne au français, celle qu'a connu cette langue au cours du siècle, dans ses caractères linguistiques liés à l'évolution générale des aspects socio-culturels.

On vient de parler de français plus ou moins «riche». Cela signifie qu'au cours des temps, le français en tant que système, mais en termes de niveaux de langue aussi, a varié considérablement. Quelle comparaison entre le français de cet agriculteur de quatre-vingts ans, habitant de Rouessé-Vassé, resté dans sa ferme jusqu'à maintenant; et celui de l'ancienne vendeuse de chaussures, de Rouessé-Vassé aussi, ayant appris un français de citadins dès l'âge de dix-huit ans et l'ayant perfectionné depuis? Quelle comparaison encore entre le français de l'agriculteur de quatre-vingts ans et le français de l'agriculteur de quarante ans, venu de Mayenne, installé à Crissé? Dans ce dernier cas l'usage du français est quotidien et diversifié en fonction des interlocuteurs. Pourtant, rien de comparable encore avec le français de cet élève du secondaire, venu de Bernay-en-Champagne et qui, après sa terminale, se retrouve à l'Ecole Normale d'instituteurs, au Mans.

Les différences concernent bien sûr le phonétisme et tous les aspects structurels du système. Mais il faut insister sur un autre aspect, celui des niveaux de langue. C'est une chose que de maîtriser peu ou prou la systématique du français. C'en est une autre que d'avoir la possibilité de situer sa propre expression verbale selon les niveaux de langue différenciés.

Ainsi, l'agriculteur de quatre-vingts ans, habitant de Rouessé-Vassé, ressemblet-il beaucoup, à ce sujet, à l'agriculteur de quarante ans, voire aux enfants de cet agriculteur. Car si il y a des différences phonétiques et lexicales, par exemple d'une génération à l'autre, c'est par ailleurs un seul niveau de langue que les trois générations ont à leur disposition; cela contrairement à certaines autres personnes, de quarante ans ou moins.

Dans la série des inégalités de compétence, cette distinction à faire entre systématique linguistique et niveaux de langue paraît très importante. Car de nombreux locuteurs, la majorité en fait, n'a pas le choix entre plusieurs niveaux de langue. On peut dire en gros que plusieurs citadins ont souvent ce choix. Quelques ruraux l'ont aussi, qui n'ont pas eu pourtant des conditions, au départ, très différentes de l'ensemble des autres ruraux: ainsi de la dame de quatre-vingts ans qui écrit à un autre niveau qu'elle ne parle. Ainsi de cet agriculteur de quarante ans, de Pezé, qui écrit des poèmes que l'on dirait droit venus du XVIe siècle, alors que sa langue parlée, quoique imagée, n'est pas bien différente de celle de sa femme et de ses voisins agriculteurs de la génération de l'entre-deux guerres.

Mais pour le reste, pour la grande majorité donc, le seul choix est entre le **r** que l'on roule et celui que l'on voudrait ne pas rouler. Le seul choix c'est, dans l'utilisation d'un mot français, essayer de ne pas l'écorcher, intervertir deux syllabes ou ne pas être sûr de son sens. A ce stade on est bien loin des niveaux de langue. On en est encore à l'apprentissage des bases d'une langue seconde, apprentissage à tâtons.

Les différents aspects linguistiques présentés ici se retrouvent très liés aux types d'échanges.

Actuellement, depuis la deuxième guerre en fait, la situation est assez différente de ce qu'elle pouvait être avant 1914 et bien souvent entre les deux guerres. Actuellement on peut dire que chaque groupe socialement constitué, selon des critères divers (âge, sexe, profession, milieux urbain et rural), est amené à côtoyer un autre groupe que lui-même. Même cette famille nombreuse aux conditions de vie extrêmement pauvres, de Douillet-le-Joly, est amenée à ne pas rester dans sa solitude, sollicitée par l'assistante sociale par exemple. Bien qu'éventuellement originaire du village voisin et du milieu agricole, — beaucoup de filles d'agriculteurs se destinent aux carrières sociales —, cette assistante sociale aura perfectionné une langue et acquis certains réflexes d'intellectuelle à l'Ecole d'assistantes sociales de Tours, Rennes ou Alençon.

La famille pauvre côtoiera le démarcheur, témoin d'une institution encore fort en vogue dans le milieu rural local.

Cette famille pauvre est un cas extrême actuellement: car elle ne veut et ne peut frayer avec gens plus aise. A l'inverse, ces gens plus à l'aise voient d'un mauvais œil cet éventuel côtoiement.

En général, ceci dit, les relations entre groupes sont généralisées, avec des intensités diverses de l'un à l'autre cependant. Car il y a les affinités électives. On verra, au sujet des conversations dans la vie quotidienne, comment des gens qui se rencontrent par ailleurs ont en fait des références si étrangères l'une à l'autre que l'on comprend comment le lien social est en fait entièrement utilitaire, avec toutes les conséquences que cela introduit dans l'échange linguistique.

Combien de fois l'agriculteur-poète de Pezé ne rencontre-t-il pas le technicien des élevages de poulet. Qu'échangent-ils? Combien de fois l'agriculteur de Crissé ne va-t-il pas chez chez le kinésithérapeute? Qu'échangent-ils? Et combien de fois ces familles ne regardent-elles pas la télévision? Car tout le monde ou presque possède radio et télévision.

En fait l'échange linguistique est généralisé. Mais il est fait aussi de méfiance ou de spontanéité selon les cas. Il ne concerne pas non plus le même bagage linguistique, quand encore le choix entre deux systèmes ou niveaux existe pour le même locuteur.

La situation n'était pas la même avant la deuxième guerre quand on avait des groupes qui ne se côtoyaient pas ou très peu. Les seuls côtoiements étaient d'ailleurs assez pénibles si l'on en croit les récits faits par de nombreux habitants de la région. Certains enfants de la commune allaient à l'école de la ville et l'on se moquait d'eux. Ce sont les enfants de la ville qui se moquaient d'eux, mais aussi les enseignants des écoles, libres ou laïques.

Et quand ces enfants du bourg revenaient à la maison, que devaient-ils parler? «Il y a ceux qui parlent patois chez eux, français à l'extérieur. Mais si quelqu'un parle français chez lui, les gens pensent: il nous échappe un peu, car il parle français». Une enseignante originaire de Marolles décrit une situation encore actuelle et tellement courante entre les deux guerres. Et comment ne pas relever le parallélisme entre deux déclarations, la première faite par une jeune lycéenne de dix-sept ans, originaire de Piacé, l'autre par une dame de cinquante-cinq ans qui vit à Marolles? «Si tu as des parisiens chez toi, tu vas essayer de parler français, puis un jour c'est arrivé comme ça, on dit toujours le **vyò**$_{u}$ pour dire un veau et puis ma foi, y avait la fermière, là, eh, elle osait pas dire quand même un **vyò**$_{u}$, alors elle a dit le **vyó**. Alors ça faisait pas tellement bien quoi». «De sortie il faut resembler à tout le monde», dit la dame de Marolles. «On faisait en sorte qu'on ne se moque pas de nous (au marché). On n'allait pas dire de gros mots».

Dire qu'actuellement l'échange linguistique entre les divers groupes est généralisé n'implique pas que l'on use de la même langue en fonction des situations. Quand le choix existe entre un «patois» relatif et le français régional, le premier est parlé entre gens plus âgés et du même milieu socio-professionnel, le milieu agricole. Encore une fois ce sont les gens de l'entre-deux guerres qui ont le plus de latitudes. Il est courant d'entendre la fermière s'adresser d'une façon au citadin, d'une autre à son ouvrier agricole, et ce dans le même souffle. «**étu bẽn àlé vwàr si**

là vàɛ àvé pwɛ̃ vèlé», demande-t-elle à l'ouvrier. Le **r** roulé disparaît pour le citadin, le plus souvent. La construction entière de la phrase est changée pour le citadin, l'expression interrogative pouvant prendre trois formes: est-ce que vous pensez...; pensez-vous; vous pensez, suivi d'une phrase à la courbe intonative montante. La négation quant à elle voit apparaître les deux membres du syntagme ne... pas, le terme **pwɛ̃** disparaissant pour être remplacé par **pà**.

Une autre fermière converse avec un voisin à elle dans un parler incompréhensible pour le citadin, mais parle le français régional quand ce citadin arrive: français régional non exempt on l'a vu, de caractères lexicaux ou syntaxiques locaux.

En fait c'est ce parler incompréhensible au citadin qui est absolument refoulé au point que malgré bien des efforts on n'a pas réussi à en connaître la moindre parcelle. Ce parler est exclusivement utilisé entre des agriculteurs assez âgés qui ont voulu ou ont pu le garder.

A un deuxième degré, ce qui est refoulé c'est non seulement le désir de parler ce parler local et antérieur, mais aussi la disponibilité à en parler et enfin tout simplement la disponibilité à parler en présence de certains interlocuteurs.

Ce refoulement est la trace du développement géographique du français «standard» au détriment des parlers locaux. Ce refoulement est la conséquence de ce hiatus entre villes et campagnes, de cette époque, encore présente, où il ne faisait pas bon parler «patois». Cette situation de refoulement, c'est celle, quotidienne, de la majorité des ruraux, y compris les plus jeunes.

Combien d'entre eux alors, ne m'ont accepté qu'à condition qu'on ne parle pas de «ça»; quand d'autres, comme en Mayenne, me renvoyaient les uns aux autres prétextant leur «incompétence» en la matière.

En fait, ceux qui ont accepté d'emblée de parler du «patois», sont en général ceux qui ne l'ont jamais vraiment parlé. Ceux qui ont refusé, ou accepté après d'énormes réticences, sont ceux, ruraux agricoles, qui ont été montrés du doigt par les commerçants du bourg ou de la ville, par les maîtres, par les camarades de la ville.

2

Cette situation d'antagonismes persiste, ainsi que les conflits entre groupes de référence. L'école est le lieu privilégié de ces conflits.

Une vieille coutume encore connue en Mayenne ou d'anciens Mayennais est utilisée par une dame de Rouessé-Vassé: la conservation du cordon ombilical. Ici l'usage est différent de ce qu'il était jadis. Destiné à être placé sous un buisson, le cordon, s'il était en bon état encore au bout de quelques jours, indiquait que l'enfant chanterait bien ou aurait une bonne santé, selon les informateurs. La dame de Rouessé-Vassé, elle, coupe le cordon sur des livres de classe afin que son tout jeune enfant réussisse plus tard à l'école. Plusieurs années après, l'adolescente est bachelière, que le cordon y soit pour quelque chose ou non.

Enfant d'agriculteurs peu aisés, la jeune fille est l'exception de sa commune, comme peuvent l'être les rares enfants des communes avoisinantes à se retrouver encore en terminale, avec les enfants de la ville voisine, en très grande majorité par contre.

Et quelle difficulté pour entreprendre les élèves sur leur comportement et leur identité linguistiques. La difficulté est peut-être moindre quand on les interroge en dehors des murs du lycée. Mais à l'intérieur! «Ils sont au lycée pour apprendre le français», me dit cet enseignant de classe de sixième. «Pourquoi veux-tu les lancer sur le 'patois'? Ils n'y comprendraient rien». C'est le même enseignant qui confirme ce que les études de copies disent: «Dans les meilleurs des cas, les élèves ont une bonne maîtrise d'un stock minimum d'unités et de règles».

Depuis la guerre, peu d'enfants échappent en général à l'école, contrairement à leurs aînés plus souvent occupés aux champs qu'à l'école à la demande de leurs propres parents. Pourtant l'enseignement, obligatoire, n'est pas réservé à tous les sarthois et mayennais. Si le taux d'analphabétisme des recrues sarthois a bien diminué entre la classe 1827 et la classe 1913 — passant de 64,31 % d'illettrés à 3,37 % —, en 1962-63, 44,3 % seulement des enfants en âge d'être scolarisés en classe de sixième prennent effectivement le chemin de l'école. La situation est identique en Mayenne, où le taux d'enfants scolarisés en sixième en 1962-63 est plus bas, avec 33,8 %.

Ces simples chiffres, ajoutés à ce qui est dit un peu plus haut, permet tout d'abord de penser qu'il y a une inégalité dans la scolarisation effective des enfants selon leur origine sociale. Surtout ils permettent de compléter les conditions externes de la pratique linguistique elle-même ainsi que les conditions de son évolution.

On a vu quels étaient les caractères linguistiques du système écrit utilisé par les adolescents des classes de préapprentissage d'une part; par les élèves des «bonnes» classes d'autre part. Ne serait-ce qu'à l'intérieur de l'école, il y a des différences. Quelles différences encore plus grandes entre scolarisés et non scolarisés!

Pourtant l'enseignement est obligatoire, non seulement au regard de la loi, mais tel est encore le désir de très nombreux parents. Ces derniers ne veulent pas voir rester à la terre des enfants qui ne savent pratiquement plus distinguer les éléments de la botanique locale sans aller chercher l'encyclopédie des fleurs qui leur apprendra pour celles-ci des noms que n'ont jamais utilisés leurs parents. Les enfants avouent par ailleurs facilement leur ignorance grandissante en matière d'agriculture.

Consensus des parents et des enfants sur les objectifs; consensus sur les moyens aussi. L'enfant ne lira souvent que les livres directement reliés au savoir officiellement obligatoire. Il n'est donc pas question de lire de la littérature, d'acheter des livres pour le plaisir. En auraient-ils toujours les moyens et quels types d'ouvrage choisiraient-ils? D'une certaine façon on retrouve ici le clivage qui existe entre ceux qui peuvent user de niveaux de langue différents et ceux qui ne le peuvent pas. Il y a ceux qui peuvent lire et ceux qui ne le peuvent pas. Il y a aussi ceux qui le veulent et ceux qui le refusent: «lire, c'est perdre du temps».

S'il y a un consensus entre parents et enfants sur les objectifs et les moyens, il y a une conséquence inévitable de ce consensus: les mondes de référence des uns et des autres n'ont plus le même contenu. On a dit que jusqu'à la dernière guerre le clivage principal était, aux plans linguistique et socio-culturel, un clivage entre ville, ou bourg, et campagne. Actuellement, si ce clivage n'a pas disparu, il semble qu'il s'y ajoute un clivage absolument déterminant: celui qui sépare parents et enfants, enfants nés depuis la guerre.

Une partie de leurs conversations leur est commune; mais une grande partie ne l'est plus. C'est surtout dans les références quotidienne que la différence se fait sentir.

Les conversations quotidiennes des parents et grand-parents dépassent rarement le cadre du canton, plus souvent de la commune: vie sociale, alliances, accidents, maladies, entraide... La télévision, fort répandue, présente des choses encore très lointaines. Et les décisions politiques ou économiques qu'elle transmet sont accueillies comme est accueillie la pluie ou la neige: avec une acceptation qui tient pour eux tout à la fois de l'évidence et de la résignation.

Pour une partie des enfants, les choses n'en vont pas toujours ainsi. A l'école, l'horizon s'élargit, du fait des cours et du fait de l'idéologie souvent volontariste de nombreux enseignants aux options politiques d'ailleurs diverses et opposées: la Culture, l'ouverture sur le monde sont les objectifs d'enseignants dont un certain nombre est issu précisément du milieu rural.

Milieu rural, milieu urbain, idéologie, conversations, vie sociale, canton... Notions de plus en plus familières aux enfants faisant, semaine après semaine, de l'économie, de la philosophie. Pans entiers de préoccupations peu partagées par les parents. Les conséquences sur les échanges et les contenus sont indéniables, de même que sur la pratique linguistique. Enfants et parents ont-ils en partage d'autres éléments ancrés dans la langue et le langage, transmis par ceux-ci?

3

Les urbains, installés à la ville ou au gros bourg depuis plusieurs générations connaissent mais utilisent rarement les formes linguistiques spécifiques que sont termes d'adresse et de référence. Dans la ville seuls les ruraux venus de la campagne continuent à utiliser ces systèmes d'adresse et de référence. Les enfants, en général, s'ils ont une connaissance passive de tout le système, n'en utilisent que des portions restreintes tout en faisant évoluer d'autres portions du même système.

Systèmes communs à la Sarthe et à la Mayenne, les systèmes d'adresse et de référence en disent long sur l'identité de la région.

Un système limité de pronoms et de syntagmes à plusieurs composantes, obligatoires ou facultatives, permet d'organiser les échanges linguistiques entre interlocuteurs selon un critère spatial de base. Ce terme spatial recouvre en fait plusieurs caractères attachés à la notion d'espace: espace géographique, espace social, proximité objective et subjective, éloignement ou proximité dans le temps...

Un premier couple de termes, *-tu/vous-* oppose d'abord ville et village, et campagne. Mais il oppose aussi, dans une même commune, deux générations; ainsi que les deux sexes, à âge égal, mais de résidence géographique différente. Un garçon ne tutoie pas une jeune fille du même âge si elle est d'une commune voisine. Cela peut changer au bout d'un certain temps seulement. Cela change très vite à l'époque actuelle où le tutoiement se généralise en neutralisant bien des oppositions jusqu'alors respectées.

Au couple *tu/vous* s'ajoute le pronom *il* qui n'est pas utilisé seulement comme terme de référence. En tant que terme d'adresse, ce pronom semble utilisé pour distinguer ville et campagne.

L'ensemble du système, pronoms et syntagmes, est utilisé par les locuteurs du milieu agricole. Pour ceux-là, une grande opposition existe entre villes et campagne, opposition traduite par l'usage du pronom *il*. Dans ce sens ce pronom s'oppose tout autant à *tu* qu'à *vous*. Car *vous*, s'il est utilisé par un agriculteur lorsqu'il s'adresse à un citadin, est utilisé par ce même agriculteur quand il s'adresse à quelqu'un d'une génération plus âgée, à sa belle-mère, à sa belle-sœur, à des personnes de son âge mais ayant une activité professionnelle différente de la sienne.

Le système des pronoms est doublé d'un système de syntagmes qui, s'il permet de retrouver les mêmes critères d'opposition, — résidence, profession, famille, âge, et sexe dans une moindre mesure —, ajoute à ces oppositions deux fortes nuances. L'opposition des sexes est plus fortement rendue par le système des syntagmes qu'elle ne l'est par le système des pronoms. De même, le système des syntagmes est organisé de telle façon que l'émetteur peut faire varier à tout moment la distance qu'il veut voir exister entre lui et le récepteur ou la personne dont il parle. Cette dernière possibilité existe dans tous les cas, à des degrés divers cependant et à l'exception absolue des personnes de sexe féminin non mariées et sans enfants (le critère d'âge n'ayant ici aucun rôle). Dans ce dernier cas la distance entre l'émetteur, masculin ou féminin et le récepteur est complètement neutralisée: non pas qu'il s'agisse là d'intimité. Il s'agit en fait d'un processus qui ramène la personne au rang d'objet.

Actuellement ce système raffiné est en complète transformation. Une simplification systématique s'instaure: le pronom *il* disparaît de la liste et les syntagmes, en général, voient le nombre de leurs composantes se réduire au minimum, au seul prénom en fait [2].

Si les anciens avaient trouvé un moyen linguistique pour rendre compte de nécessités socio-culturelles précises, les plus jeunes voient disparaître cette ressource linguistique: est-ce que les nécessités socio-culturelles ont changé? En partie c'est indéniable. Ce qui a changé aussi c'est l'idéologie des rapports humains. L'évolution des données linguistiques rend bien compte de deux types de changements différents mais au poids décisifs tous les deux.

Dans ce contexte ethnolinguistique, deux autres phénomènes peuvent encore retenir l'attention. Ainsi les phénomènes de littérature orale ont-ils subi eux aussi de grandes transformations, moins formelles que de contenu. Les familles et les groupes continuent de respecter l'organisation formelle de l'échange et de la transmission. Aux veillées on chante mais on raconte peu et cela depuis longtemps; et encore maintenant, quand il y a des veillées dans quelques hameaux.

Par contre l'intensité des chants et des histoires persiste là où elle fut toujours grande: aux noces, aux repas familiaux. Mais quelle évolution dans les contenus? On assiste à une évolution relative dans les sources. L'étude des cahiers de chansons et de récits confectionnés vers 1900, 1910 révèle des textes à l'origine urbaine et généralement fortement influencée par Paris. Les sujets en sont peines de cœur, souvenirs de guerre, l'attrait de la ville... La langue ici, est parfaitement urbaine et, de plus, de niveau littéraire. Quelle différence exactement avec les chansons de Claude François, Mireille Mathieu, Enrico Macias, chansons entendues par exemple de la bouche de jeunes enfants, à l'occasion du banquet du comice, à Sillé-le-Guillaume, ou lors d'un repas de famille, un dimanche habituel d'Août à Loupfougères, en Mayenne? La différence est grande; subjectivement, pour ces personnes âgées pour qui les chansons et récits actuels n'ont «plus de sens». Qu'est-ce qu'avoir du sens?

Il y a à côté des termes d'adresse et de référence, à côté de la littérature orale, un aspect encore très intime et profond de cette zone: la question de la dette et de l'intimité, perceptible non seulement dans les échanges économiques mais aussi dans l'échange linguistique.

La règle d'or, dans les relations sociales, est l'obligation de ne pas devoir. La notion de cadeau, dans ce contexte, n'existe absolument pas. Offrir un pot de confiture, c'est s'exposer à se voir retourner le même pot de nouveau rempli de confiture.

En deça de la notion de cadeau, il y a les formes d'entraide dans le travail et l'application mise par chacun à ne pas «être dans la dette d'autrui». Devoir, c'est être lié. L'indépendance objective semble exister pour des agriculteurs isolés souvent les uns des autres du point de vue géographique.

Si certaines formes de coopératives provoquent tant de remous dans la vie villageoise c'est que les gens du cru y voient une forme de dépendance. En fait il y a la dépendance qu'on ne remet pas en question, celle du statut dans le travail (fermage et métayage par exemple). Il y en a d'autres qui sont impensables, ce sont les dépendances de relation. Ici, l'expression linguistique est concernée. Ainsi l'échange linguistique agressif ne semble pas exister, du moins dans un certain nombre de contextes. Il y a ainsi un code qui permet de dire des choses désagréables sous des formes anodines. Ainsi on suggérera à une personne que sa visite a assez duré en lui indiquant que maintenant le temps atmosphérique est tel qu'elle peut s'en aller sans craindre les intempéries. Au contraire, à une personne qui veut s'en aller et dont la présence est appréciée, on suggère de rester, par des formules complètement éloignées dans le contenu de l'effet que l'on recherche effectivement.

Des caractères linguistiques de l'échange aux caractères linguistiques de l'identité socio-culturelle; des conditions sociologiques de l'échange et de la transmission aux contenus de ces échanges: Sarthe et Mayenne semblent moins s'opposer que se ressembler, la dernière accentuant les traits qu'elle partage avec la première. Surtout, à l'opposition entre ville et campagne succède une opposition en termes de générations: ce qui ne signifie pas que les jeunes ruraux ne s'opposent pas par bien des traits aux jeunes urbains.

Théories linguistiques locales et idéologies locales du changement

L'étude des théories linguistiques locales semble devoir être le dernier pan dans cette recherche de l'identité d'une zone à travers son langage et sa langue.

1

Les théories linguistiques spontanées apportent à foison de nouvelles informations sur la situation linguistique ainsi que sur les caractères sociolinguistiques et ethnolinguistiques déjà abordés ou nouveaux.

Une part extrêmement importante et riche de ces théories concerne la langue elle-même et sa constitution. De là découle tout naturellement une classification des langues. Dans les deux cas, les théories reflètent assez correctement une part de la situation linguistique que l'on a décrite. En même temps cependant, on découvre vite les sources d'aspects moins réels ou moins conformes à ce qu'on a cru devoir établir.

Deux termes reviennent inlassablement dans la bouche des gens du Maine: les termes «accent» et «expression».

Le premier terme vient toujours dans le même contexte: les locuteurs identifient leur parler par opposition aux parlers en usage dans les villages ou départements voisins et ce sur la base de ce qu'ils appellent l'«accent» c'est-à-dire presque invariablement les voyelles. «De Sillé à Saint-Pierre c'est pas loin, mais c'est cent pour cent différent dans la façon de parler. Pour **kàfé** ils disent **kàfœ**; pour panier c'est **pœnyé**», dit une agricultrice âgée de Pezé. A Crissé, Sillé, Pezé ou Saint-Rémy, que de fois ne dit-on pas: «A Tennie (**téni** ou **tènni**), ils disent **táni**.

Très souvent les gens qui ne sont pas de Marolles identifient le parler de cette commune sur la base de voyelles fermées: le **à** y est un **á**, le **ò** est un **ó**. Quelquefois, mais beaucoup plus rarement, la différence dans le parler est indiquée par d'autres types d'unités phoniques. «Dans le nord (Marolles) y a un parler qui n'est pas ben ordinaire non plus; ils disent des **filė** pour **fiyė**, **vẽt** pour **vẽ** — le chiffre vingt».

Les mots en tant que tels sont plus rarement invoqués, bien que chaque locuteur ait une claire conscience que des parties entières de son vocabulaire sont éventuellement différentes de ce qu'elles peuvent être dans un village ou un département voisin. «Dans la Sarthe on a un patois: on appuie sur les **r**», dit le vieil agriculteur de Crissé. «On est à la limite de la Sarthe et de la Mayenne. Et en Mayenne c'est pas pareil. Que dans la Mayenne vous prenez par exemple notre mot cuvier — qui est le baquet —, eh bien ils disent le **màrkwé**, qui vient de **màr**. C'est là où on faisait le marc de pomme ou de raisin».

Si l'unité minimale significative est peu évoquée spontanément, la notion d'expression est, elle, aussi valorisée que celle d'accent. Certaines d'ailleurs sont devenues l'emblème linguistique de la région, cité par tout le monde dès qu'on ouvre le chapitre de l'identité linguistique. L'ancien chef de gare transcrit ainsi la principale: «y pieu... rapit t'ai bin à mont la ha pour que la pié qui cheu ne fasse pas côté la bô amont tes chausses» (il pleut; range-toi le long de la haie pour que la pluie ne fasse éclabousser la boue sur tes bas).

L'importance accordée spontanément à l'«accent» et aux «expressions» doit être soulignée. Le mot en tant que tel ainsi que la syntaxe n'apparaissent que rarement et jamais en tant que telle pour la dernière. Mais entre «accent» et «expression» il y a une différence de statut. L'«accent» sert souvent à s'identifier par rapport à d'autres. L'«expression», c'est l'identité absolue. Il faut bien admettre que s'y trouvent regroupés éléments phoniques, syntaxiques et morphologiques.

L'analyse détaillée des nombreux éléments relevés en situations ou fournis spontanément et par écrit quelquefois par les informateurs permet d'aller plus loin dans l'analyse des constituants linguistiques de la langue. La lettre A du dictionnaire confectionné par l'ancien chef de gare regroupe des syntagmes à répartir sous diverses rubriques formelles: «arrocher (jeter avec force); aniclé (mou, sans force), amont (le long de)» écrit successivement en deux puis en un «mot» dans l'expression citée ci-dessus et fournie dans le même dictionnaire. Mais c'est sous la rubrique «Expressions diverses» que l'on trouve les syntagmes suivants: «annuit (aujourd'hui), à l'égrin (en ordre dispersé)». Les traces écrites sont, aussi, instructives de la façon dont le continuum phonique est découpé.

Le dernier aspect de ces théories est l'aspect lexical. En effet, à côté de termes spécifiquement locaux, les informateurs intègrent au vocabulaire «patois» des éléments qui lui sont extérieurs, et ce pour des raisons tout à fait extralinguistiques.

«Bistrot, c'est encore un mot patois» dit la dame de Marolles qui écoute la radio assiduement en avouant ne pas toujours comprendre ce qui y est dit. La même dame énonce par ailleurs ce que l'on a bien souvent entendu exprimer sous une forme ou sous une autre: «On devenait à parler mal: à vivre avec les bêtes on est obligé de se fâcher un peu et c'est pas tout du français qu'on sort».

Le «patois» c'est les gros mots. L'assimilation est fréquente. L'existence de la notion de niveau de langue est ici neutralisée, car il semble inadmissible pour les ruraux que le français contienne de tels gros mots. Et si le français n'en contient pas, c'est qu'ils définissent le patois. On en arrive ici aux critères de définition des ensembles linguistiques que sont «langue» et «patois».

Une des différences cardinales est celle que confère le statut de l'écriture. Une langue s'écrit; le patois, non. «La preuve? C'est qu'on n'y arrive pas. On dit **busõ rõ** et on écrit Buisson Rond... » (**busõ rõ** est le nom d'un lieu-dit. La pancarte installée par les services de la voirie porte Buisson Rond).

Ici les gens semblent oublier complètement les Almanachs de la Maîtresse Piroteau où, chaque année, paraît la lettre de la Maîtresse Piroteau, écrite en «patois». Ils semblent oublier les récits en «patois» qui paraissent quelquefois dans les journaux locaux. En fait ils n'oublient pas. Ils ne sont pas dupes plutôt, car ce patois écrit n'est pas absolument le leur. Il est ce qu'en font des gens qui parlent beaucoup du «patois» sans l'avoir toujours ou beaucoup parlé.

Et pourtant! C'est bien ici, par le biais de l'écriture, que la plus totale des confusions s'installe. Car les ruraux, ou certains d'entre eux, sont extrêmement friands des récits publiés et entendus; eux que l'âge protège de tout sarcasme, eux qui savent lire ou simplement entendre ce que raconte le conteur qui a puisé son talent dans la tradition orale ou écrite.

L'écriture est le critère qui distingue «français» et «patois». Mais c'est aussi le support qui leur restitue leur langue en partie, ou une image très partielle de celle-ci. Or cela, pour eux, compte. Car on a vu depuis le début que bien des ruraux s'arrachent au «patois» comme l'on pèle une peau que l'on jette. Peut-on s'arracher à sa propre identité? Jamais complètement. Il y a donc ces retrouvailles avec soi; et l'on se grise des récits: «Véronique travaille chez des gens de la ville», nobles peut-être. «Véronique», dit la dame, «apportez la chemise à l'office...».

Mais cela est de courte durée, car entre son identité profonde et celle à laquelle on doit aspirer, le choix obligé est fait depuis longtemps. Ambiguïté de l'écriture, pouvoir et limites de l'écriture dans une situation en profonde évolution. C'est ce genre de confusion, ajouté à d'autres, qui alimente sans fin les théories linguistiques locales. A cause de l'impossibilité d'écrire le «patois», celui-ci ne serait pas une langue, au même titre que le français. C'est pourtant une autre série de critères qui permet à certains de dire que, par contre, «les bretons, alors eux, ils ont une langue». Dans ce dernier cas, le critère invoqué n'est pas l'écriture, mais le fait que la langue des Bretons est sentie comme complètement différente du français, et au premier chef parce qu'on ne la comprend pas.

A part l'écriture, c'est le critère de la «beauté» qui est invoqué pour distinguer «patois» et «français». On l'a déjà indiqué, le «patois» serait fait de mots scabreux et de gros mots. Dans ce dernier cas on a vu comment cela s'accompagne de la conviction première que le français ne recélerait pas de tels mots. A ce stade, la pression des conditions sociolinguistiques est telle qu'elle a conduit bon nombre de ruraux à démissionner complètement de leur identité linguistique. Avec l'extrait d'un récit que l'on va lire, on atteint le dernier degré de la dépossession idéologique et on entre de plein pied dans les aspects sociolinguistiques et géolinguistiques des théories locales sur la langue et le langage. Le récit en question, fort connu et apprécié, relate une séance au palais de justice:

> «Et en attendiment que les chapiaux s'oustoient, (le juge de paix) tirit eune grande acte en papier timbré qui s'mint à lire en parluisant comme les gens de Paris. Par devant Nous ont comparu: Louis Derouineau, assiné pour expliquer la conduite de son âne, âgé de trente-cinq ans, fratrès au bourg, qui s'est arroché amont la bique de la femme Trouilla, âgée de quarante ans qui aurait à c'que dit la sus dit plaignante eune patte de guermie sinon cassée...»

Ainsi, le juge de paix «se mit à lire en parlant comme des gens de Paris», un texte qui contient quelques traces du parler local. Mais c'est un Monsieur qui parle, qui a fait des études, qui est juge. Voilà bien quelques-uns des critères du bien parler: avoir fait des études, être de la ville. Ce sentiment, qui est dominant chez les ruraux et que ne démentiront pas commerçants, instituteurs et professeurs du bourg, est tout à fait cohérent par rapport aux conditions sociolinguistiques que l'on a décrites plus haut.

Ces conditions conduisent cependant plus loin. Elles conduisent un certain nombre de ruraux à penser que certains lettrés seraient plus compétents qu'eux en «patois»; lettrés qui ont ou n'ont pas parlé le «patois» dans leur enfance, lettrés qui ont fait au moins des études secondaires dans leur ensemble. Ces lettrés sont bien sûr ceux qui affichent ouvertement leur intérêt pour le «patois».

«C'est le français qui vient du patois», dit cet insituteur en activité à la frontière de la Sarthe et de la Mayenne. Sa formulation n'est pas très éloignée de certaines théories rencontrées dans l'histoire de la linguistique. La formulation de cet instituteur va cependant à l'encontre du sentiment généralement exprimé selon lequel le «patois» serait du français mal prononcé, une déformation du français. Ce sentiment, partagé par les lettrés et les non lettrés, sous-entend que les ruraux du Maine sont tout juste capables de mal prononcer le français.

De Marolles à Montourtiers, de Douillet-le-Joly à Bernay-en-Champagne, en Mayenne comme en Sarthe, les gens déclarent d'emblée mal parler. Ils parlent le français en fonction de leurs propres habitudes linguistiques mais la situation sociolinguistique générale les a conduits à se diminuer. A ce sujet s'ajoute un dernier caractère, lié, dans l'expression, aux aspects linguistiques. Selon les régions de la Sarthe, en particulier, ces gens qui disent mal parler jugent que d'autres parlent «encore plus mal» qu'eux. En fait ce sentiment semble géographiquement localisé à la région frontalière de la Sarthe et de la Mayenne. Les gens de Marolles et de Piacé ne font pas référence à ceux de Mayenne; mais certains d'entre eux ont une claire conscience que ce problème de comparaison linguistique est particulièrement ressenti et exprimé dans la région de Sillé-le-Guillaume.

2

Que dire de ces théories, de leurs aspects linguistiques, sociolinguistiques et géolinguistiques? Dans l'ensemble ces théories sont, à tous niveaux, cohérentes par rapport aux faits analysés même si quelquefois la cohérence a des sources différentes.

Pour certains aspects linguistiques et géolinguistiques ces théories correspondent bien aux données recensées en première partie. La phonétique des deux départements est fort variable, éventuellement entre deux villages voisins. De plus, la part prépondérante donnée aux aspects phonétiques correspond bien au fait que c'est par ces aspects que le parler local ancien reste le plus présent et surtout le plus repérable. Car mots et expressions disparaissent plus facilement de l'échange linguistique dans une situation où il ne fait pas bon parler «patois». Les efforts de refoulement portent en fait tout autant et très explicitement sur les aspects phonétiques. Mais les aspects lexicaux disparaissent plus vite. La maîtrise consciente de l'articulation est moins aisée que celle des mots; de plus, elle concerne, dans le cas du système phonologique, un nombre d'unités beaucoup plus réduit et d'autant plus nécessaire donc.

Tout vocabulaire local disparaît dans la bouche des gens du Maine en conversation avec des étrangers et les gens de la ville. Il peut reparaître entre voisins. La phonétique, elle, est moins facilement gommée, même face à l'étranger.

La notion d'expression regroupe, elle, tous les aspects de l'énoncé linguistique. Cette notion n'est en fait employée que pour invoquer des énoncés qui n'ont plus du tout cours, non seulement en français standard bien sûr, mais aussi en français régional. Mais en même temps alors, l'assimilation entre expression et parler local ancien conduit les gens à laisser de côté tous les aspects strictement syntaxiques ou sémantico-syntaxiques de leur parler actuel ou ancien.

Peut-être n'ont-ils pas tort et à ce sujet il faut faire attention aussi à la façon dont nos propres théories linguistiques peuvent jouer dans l'évaluation que nous faisons des théories locales. En tout cas, dans le découpage du continuum phonique et dans l'analyse formelle des syntagmes, le flou qu'expriment les théories locales est certaines fois très proche du flou ou des controverses qui agitent le monde de la recherche linguistique.

La situation est assez différente en ce qui concerne les aspects sociolinguistiques de ces théories et certains des aspects géolinguistiques.

Les lettrés et les commerçants parlent avec aisance d'un «patois» qu'ils n'ont pas toujours parlé. Les ruraux agricoles se diminuent systématiquement en fonction d'un langage où des traits locaux transparaissent; en fonction du fait qu'ils ont assimilé le «patois» à certains aspects du français dit familier ou grossier.

Il faut s'arrêter sur ce dernier point. Il est certain que chaque langue a ses «gros mots», son comique: une spécificité qui appartient à ceux qu'unit une longue connivence socio-culturelle, linguistique, géographique, etc... Dans un contexte général de déruralisation, dans un contexte où gens de ville et modèles urbains prennent de plus en plus d'importance, l'échelle des valeurs locales en vient à oublier des phénomènes objectifs pour constituer une échelle qui entérine complètement ce que les modèles urbains tentent d'accréditer. Et non seulement les acteurs urbains ont leur stratégie interne; mais les acteurs locaux ont une stratégie qui va dans le même sens quelquefois. Comme ces acteurs sont ceux auxquels les ruraux accordent du pouvoir, on comprend comment certaines théories peuvent naître et évoluer.

Concrètement on peut se référer par exemple à la façon dont les récits locaux publiés depuis le début du siècle rendent compte de façon partielle des systèmes d'adresse et de référence en usage en province du Maine. La partialité de la présentation est instructive car elle oblitère les traits les moins évidents pour les lecteurs urbains: le statut du pronom *il* en terme d'adresse n'est jamais mentionné; le couple de syntagmes *le patron/la patronne* est systématiquement absent. Et pourtant les ruraux taxeront de «patois» ces récits incomplets dont ils raffolent.

Les aspects géolinguistiques des théories sont encore reliés au mouvement de déruralisation. On a noté comment les Sarthois ruraux jugent leur propre langage comme un mauvais langage. Pour certains d'entre eux, ce mauvais langage est pourtant meilleur que celui des Mayennais. Cette théorie est systématiquement répandue dans le canton de Sillé-le-Guillaume, à peine présente dans le canton de Beaumont, inexistante chez les gens rencontrés à Marolles-les-Braults. Plus on s'éloigne géographiquement de la Mayenne moins la comparaison est invoquée.

Il ne s'agit pourtant pas d'un critère strictement géographique. Comment ne pas être frappé en effet par le fait que par un certain nombre de traits phonétiques et lexicaux il y a justement une identité, et non une différence, entre la zone du canton de Sillé et celle qui lui est symétrique au nord-est de la Mayenne, le canton de Bais. Or c'est souvent cette zone à laquelle les gens du canton de Sillé pensent quand ils parlent de «la Mayenne» et dont ils disent bien sûr qu'on y parlent différemment mais encore qu'on y parle «encore plus mal». Pourquoi ces Sarthois refusent-ils cette ressemblance avec certains Mayennais?

Dans la quête de la pureté linguistique plusieurs facteurs interviennent, dans cette zone précise. Les gens du canton de Sillé-le-Guillaume sont confrontés à deux courants, démographique et culturel, en fait très liés. La déruralisation entraîne le départ géographique et la transformation de l'identité profonde. Il se trouve que le canton de Sillé-le-Guillaume voit partir un certain nombre de ses habitants vers des centres urbains plus importants et plus industrialisés, Le Mans, Paris... D'autre part les gens qui se maintiennent dans le même canton de Sillé font tous les efforts possibles pour acquérir les modèles nouveaux de langage, de consommation, de pensée, etc. Mais il se trouve que la Sarthe en général est aussi une zone de transit pour les gens venant de l'ouest de la France, dans leur déplacement vers Paris. Le canton de Sillé est, lui, la zone où s'installent plus particulièrement, définitivement ou de façon temporaire, et ce depuis le XIXe siècle, les Mayennais qui quittent justement les zones du nord-est de la Mayenne.

Voilà les gens de la région de Sillé, — Sarthois de souche ou anciens Mayennais —, pris entre deux feux. Les nouveaux arrivants viennent rappeler pour un temps qu'on a parlé différemment il fut un temps. Il y a, dans les théories locales, un grossissement idéologique explicable de faits simples au départ, à savoir l'identité différente d'un point à un autre.

3

On vient de parler de déruralisation. C'est bien ce terme, et les phénomènes qu'il traduit, qui constituent la toile de fond des théories linguistiques locales. Ces théories sont cependant une partie de théories plus générales sur le changement en général, dans des zones restées longtemps à l'écart du grand mouvement d'industrialisation.

L'aspect essentiel de ces théories générales est leur caractère apparemment contradictoire. On l'a vu, le passé c'était un langage incorrect, les punitions à l'école pour «la mauvaise prononciation d'un mot». Mais c'étaient aussi les veillées de paumée, la confection domestique du beurre, les chansons «qui avaient un sens». Avec quel délice tout cela n'est-il pas raconté?

Le passé c'était pourtant aussi une vie quotidienne dure, exempte de vacances; mais aussi, le rythme des choses était «moins désordonné que maintenant». «On était fort de monde» sur la ferme. Alors que maintenant on ne peut plus s'offrir le luxe d'un ouvrier agricole, à cause du poids des charges sociales.

Tout cela vient pêle-mêle. «En l'temps, l'bon vieux temps...», auquel on avoue ne plus vouloir penser pourtant comme d'un cadre de vie possible. Le parallélisme avec les théories linguistiques est flagrant y compris dans les contradictions apparentes pourtant si explicables.

Pourquoi alors la question linguistique vient-elle si spontanément aux lèvres; pourquoi porte-t-on son attention à refouler si bien sa propre identité linguistique?

En fait, quand tout le monde possède la télévision, la radio, le tourne-disque, la salle à manger moderne et pourtant de style rustique; quand plus personne ne va aux veillées, aux assemblées ou presque; quand de plus en plus de gens voyagent au-delà même des frontières nationales; quand tout le monde a des horaires identiques, même à la ferme où les jeunes fermiers considèrent qu'il faut avoir le rythme de travail que connaît la ville: est-ce que tout le monde se ressemble pour autant?

Le langage, lui, même s'il tend à s'homogénéiser, est cet outil qui trahit immédiatement chacun. Cette caractéristique personnelle et collective renseigne d'emblée sur la nature précise de l'identité linguistique et ethnolinguistique. Et l'on a beau faire, mais avec le temps seulement, viendra l'évolution du système phonétique personnel.

Donatienne dit bien cela, en parlant de sa situation, la plus absurde de toutes: elle n'a jamais roulé le **r**. Elle fut la seule de sa famille et de la zone. «Inexplicable», dit-elle. «Pourtant c'est pas faute d'essayer et d'avoir essayé». Elle a soixante-quinze ans. Elle a essayé de parler comme tout le monde, quand tout le monde roulait le **r**. «C'est pas faute d'essayer, mais je ne peux pas. Ça me tire la langue».

CHAPITRE II

ÉTAT DU FRANÇAIS ORAL EN SARTHE ET EN MAYENNE: INDICATEURS LEXICO-SÉMANTIQUES

INTRODUCTION

Les lignes qui suivent concernent l'identité linguistique des départements de la Sarthe et de la Mayenne, envisagée sous l'angle des faits de lexique.

Deux questions ont guidé nos recherches en la matière:
— quelle est l'identité historique, sociale et géographique du lexique en usage dans les deux départements?
— quelle est l'organisation proprement linguistique du lexique, c'est-à-dire: quelles sont les lois constitutives des termes du vocabulaire?

Dans l'impossibilité d'analyser l'ensemble du lexique en usage dans les deux départements, on s'est attaché au vocabulaire de la flore et à celui des céréales tels qu'on les trouve dans le Tome I de l'*Atlas linguistique et ethnographique de la Bretagne romane, du Maine et de l'Anjou*. Ce matériel est complété des résultats de nos propres enquêtes auprès de trois de nos informateurs adultes et d'informateurs d'âge scolaire à l'époque des enquêtes. Ces dernières ont couvert un moindre espace géographique; mais elles complètent l'identification sociale du vocabulaire retenu.

IDENTITÉ HISTORIQUE, SOCIALE ET GÉOGRAPHIQUE DU LEXIQUE

Dans quelle mesure le vocabulaire de la flore et des céréales en usage dans la Sarthe et la Mayenne est-il spécifique de ces départements? L'ensemble des deux départements est-il lui-même homogène? En bref, les termes que l'on y relève sont-ils d'origine locale; sont-ils identiques à ceux que l'on peut trouver dans les départements limitrophes voire plus éloignés? Par ailleurs, qui maîtrise les termes relevés?

Dans le cas où termes spécifiques et non spécifiques de la zone coexistent, comment ces différents types de termes se répartissent-ils sur l'ensemble des deux départements et en fonction de la configuration sociale que connaît la population des deux départements?

1

a) Dans un premier temps, l'analyse de notre matériel (443 termes pour 79 référents) aboutit à distinguer trois séries de termes:
— la première série (série n.1) regroupe 86 termes que l'on retrouve, avec la même relation du signifiant au signifié, dans les dictionnaires du français contemporain (ainsi du signifiant **orj** pour le signifié «orge»; du signifiant **com** pour le signifié «chaume»; du signifiant **ekler** pour le signifié «éclaire»)[3].
— la deuxième série (série n. 2) regroupe 99 signifiants attestés dans les dictionnaires du français contemporain mais pour des signifiés autres que ceux auxquels ils sont appliqués en Sarthe et Mayenne (ainsi du signifiant **barat** pour le signifié «liseron»; du signifiant **jonis** pour le signifié «éclaire»; du signifiant **grẽ** pour le signifié «avoine»).
— la troisième série (série n. 3) regroupe 258 termes dont on ne trouve pas traces dans les dictionnaires du français contemporain, pas même du seul fait du signifiant. Ces termes se répartissent en deux groupes selon qu'il s'agit de termes attestés dans les dictionnaires antérieurs à ceux du français contemporain (groupe a) ou de termes attestés dans aucun dictionnaire (groupe b). Au nombre de 32 (plus 40 non identifiés, — tels **pekai**, **tremen**, **selo** — , mais présumés appartenir à ce groupe), les termes du groupe *a* voient leur existence attestée au XVIe siècle bien souvent. Ainsi de **pomel**, — référent «orge» — attesté au XVIe siècle pour signifier «l'orge de printemps». Ainsi de **retrẽ**, — référent «blé rétréci dans l'épi» —; le terme **retrẽ** est issu ou bien du latin *restringere* (< *restrictus*?) — on trouve en moyen-français «les fruits se retraignent», O. de Serres —; ou bien du croisement de la première origine possible et du sens technique du verbe rentrer (se resserrer) en parlant d'une étoffe (cf. Tome XXI du FEW de Wartburg, article fruit flétri, ridé...). Non attestés, les 189 termes du groupe *b* sont des créations lexicales aux motivations diverses (ainsi de **grizõ**, référent «nénuphar»; de **unifar**, référent «renoncules»).

En résumé, une faible proportion des 443 termes étudiés appartiendrait au français contemporain. Pour l'essentiel, le vocabulaire de la flore et des céréales serait un vocabulaire local composé de signifiants du français contemporain assignés en Sarthe et en Mayenne à d'autres signifiés que ceux auxquels ils sont assignés en français contemporain; de termes ayant existé, attestés dans les dictionnaires antérieurs de la langue française, étymologiquement ou non; de termes enfin où le signifiant et aussi sa relation au référent seraient créés de toute pièce.

25 sont des termes attestés dans les dictionnaires du français contemporain (série 1). Un seul terme appartient à la série des signifiants du français contemporain (série 2), cinq au groupe des termes attestés antérieurement (groupe *a*, série 3). Il n'y a donc aucune création lexicale qui connaisse une fréquence d'usage élevée.

A l'inverse, les créations lexicales (groupe *b*, série 3) fournissent les deux tiers du contingent des termes à faible ou très faible fréquence d'usage (de une à sept occurrences pour un même terme). S'y ajoutent plus des deux tiers du total des signifiants du français contemporain (série 2) et, tout de même, près de la moitié du total des termes du français contemporain (série 1). 58 termes constituent un cas intermédiaire puisqu'ils connaissent une fréquence d'usage moyenne. On trouve ici à égalité, termes du français contemporain (série 1) et créations lexicales (groupe *b*, série 3), chaque type constituant à peu près un tiers du total. Dans ce groupe, les termes du français contemporain (série 1) connaissent des fréquences généralement plus élevées que les termes d'autres séries.

En somme, les termes de français contemporain (série 1) se répartissent selon les trois types d'usage; si leur fréquence d'usage totale approche de près celle des termes dits locaux c'est grâce aux 25 termes de très haute fréquence d'usage et aux termes de fréquence moyenne.

Les signifiants du français contemporain (série 2) connaissent surtout des fréquences d'usage très faibles, faibles ou très moyennes. C'est le même cas pour les créations lexicales, résolument absentes du lot des termes à très haute fréquence d'usage (voir tableaux 2, 3 et 4, infra).

c) Pour mieux apprécier la spécificité relative du vocabulaire de la flore et des céréales en Sarthe et Mayenne, on doit s'intéresser maintenant aux départements limitrophes.

Y trouve-t-on les mêmes termes attestés en français contemporain? Et surtout, y trouve-t-on les mêmes termes dits locaux? En somme, quel est véritablement le caractère local de termes dits locaux parce qu'absents des dictionnaires du français contemporain?

Le tableau ci-dessous permet de répondre à cette question et nuance quelque peu les catégories générales utilisées jusqu'ici.

Pour près de la moitié d'entre eux les termes du français contemporain (série 1) se retrouvent également dans les départements limitrophes de la Sarthe et de la Mayenne, à l'ouest et au sud. A l'inverse, les créations non attestées dans les dictionnaires du français contemporain ou les termes non attestés antérieurement (série 3, *a* et *b*) sont bien plus spécifiques des deux départements, attestés qu'ils sont, pour un bon nombre d'entre eux, en Sarthe et en Mayenne seulement.

Pourtant il y a plus de termes dits locaux que de termes du français contemporain à être également présents en Sarthe et Mayenne et dans les départements limitrophes. Et pour plus de la moitié des termes plus fréquents en

Toute partie du lexique, — botanique, zoologique, vocabulaire des métiers, etc. —, n'est pas identique à d'autres, souvent, quant à ses attaches à l'histoire de la langue, aux conditions socio-culturelles du moment, aux mille et un facteurs qui contraignent sa constitution et son évolution.

En cela il est difficile d'évaluer la valeur des premiers résultats pour l'ensemble du lexique en usage en Sarthe en Mayenne. Les termes du français contemporain y sont-ils aussi en minorité ? Retrouve-t-on dans une proportion aussi importante un traitement original des signifiants du français contemporain et surtout des créations lexicales complètes ? Au-delà de ces questions nécessaires mais sans réponse, il faut revenir aux vocabulaires de la flore et des céréales. A leur propos deux aspects essentiels doivent encore être considérés :

— quelle est la fréquence d'usage de chacun des types de terme dans les deux départements, puis, par comparaison, dans les départements limitrophes ? Par exemple, les termes du français contemporain, en nombre moins élevé, sont-ils plus, ou moins, utilisés que d'autres ? [4]

— comment chaque type de terme est-il distribué géographiquement dans l'ensemble de la zone : les termes du français contemporain, par exemple, sont-ils en usage seulement dans un des deux départements ou dans certaines zones de ceux-ci ?

b) Là où à de rares exceptions près les dictionnaires ne s'occupent que de définir un terme, les fréquences d'usage renseignent sur l'importance relative de ce terme dans l'ensemble du vocabulaire.

Quelle est l'importance respective de chacune des séries de terme que l'on a distinguées ?

A eux seuls, les termes de la série du français contemporain (série n. 1) sont près de deux fois plus fréquents dans l'usage que les signifiants du français contemporain (série n. 2). Au total ils sont même plus fréquents que les 258 termes attestés antérieurement aux dictionnaires ou pas attestés du tout (sauf, pour quelques-uns, dans des glossaires régionaux). Donc si en chiffres absolus il y a une très forte proportion de mots dits locaux dans le vocabulaire du français régional en Sarthe et en Mayenne, ces mots sont à peine plus fréquents que les termes du français contemporain (la différence est de un cinquième à peu près entre le total des fréquences d'usage des termes du français contemporain et celui pour les mots locaux, c'est-à-dire les termes des séries 2 et 3 confondues).

Tout cela revient à dire que, pour chaque référent, on trouve un ou deux termes français, au maximum (termes de série 1 à la fréquence d'usage élevée), et plusieurs termes locaux, qu'il s'agisse de signifiants du français contemporain, de créations lexicales ou de termes anciens et encore en vigueur bien que non attestés par les dictionnaires du français contemporain.

Très peu de termes ont une fréquence d'usage très élevée. On en relève 33 dont dehors de la Sarthe et de la Mayenne on trouve des mots dits locaux. Certes, dans la plupart des cas, ces termes dits locaux ont une fréquence d'usage faible, voire très faible. On trouve une vingtaine d'exceptions, à la fréquence d'usage élevée en Sarthe et Mayenne aussi bien que dans les départements limitrophes (ainsi de **yãɛ** pour le référent «molinie» ou «carex»; **põsyo** pour le référent «coquelicot»; **parel** pour le référent «patience»; **rãberj** pour le référent «mercuriale»; **ɛnard** pour le référent «colchique»).

Enfin les termes absolument spécifiques des deux départements, quelle qu'en

TABLEAU 2
Fréquence comparée des termes.

Fréquences / Séries	Termes *autant attestés* en Sarthe et en Mayenne que dans les départements limitrophes	Termes *plus souvent* attestés en Sarthe et Mayenne que dans les départements limitrophes	Termes *exclusifs* de la Sarthe et de la Mayenne	Termes *moins répandus* en Sarthe et Mayenne
Termes du français contemporain. Série 1	47	11	6	10
Signifiants du français contemporain. Série 2	21	7	30	6
Termes anciennement attestés. Série 3 Groupe a	17	5	24	3
Créations non attestées. Série 3 Groupe b	23	15	64	5

Nota: Les départements limitrophes dont il est question ici sont ceux de l'aire de la Bretagne romane, du Maine et de l'Anjou, donc à l'ouest et au sud de la Sarthe et de la Mayenne.

soit la série, sont très généralement d'une fréquence d'usage faible, voire très faible. Peut-on dire alors qu'ils sont représentatifs des départements de Sarthe et Mayenne si on ne les trouve qu'à un ou deux exemplaires? Sont-ils représentatifs d'individus ou d'un état linguistique plus général et plus ancien?

Ce n'est pas le matériel d'un atlas linguistique qui peut permettre de répondre à cette question. A moins qu'on ne pose autrement le problème: la spécificité linguistique des deux départements est-elle dans cet émiettement des dénominations, dans cette création lexicale importante où l'individu instaure sa nomenclature dite standard, qu'il maîtrise ou non par ailleurs?

Sans pouvoir trancher on notera un fait. Les dénominations de la flore proviennent avant tout du groupe des créations lexicales (série 3, *b*); dans une moindre mesure, elles proviennent du français contemporain (série 1) ou, encore moins, des signifiants du français contemporain (série 2).

A l'inverse, les termes du français contemporain représentent une faible part des dénominations des céréales et les termes anciennement attestés (série 3, *a*) une forte part (il s'agit bien sûr de calculs absolus et non d'indication de fréquence d'usage).

En somme, pour la partie du monde naturel que les hommes ont côtoyée de la façon la plus intéressée (les céréales) on trouve, dans les dénominations relatives aux céréales elles-mêmes, à leurs maladies, à certains de leurs usages et aux travaux qu'elles entraînent, un plus grand nombre absolu de termes attestés antérieurement; et, en fréquence d'usage, des termes du français contemporain largement prépondérants. Pour cette partie-ci du vocabulaire, on trouve donc deux fois la référence à une norme collective et donc plus générale: la norme ancienne et la norme actuelle.

Pour les dénominations de la flore, si les fréquences d'usage des termes du français contemporain sont importantes, le nombre fort élevé de créations lexicales (série 3, *b*) et d'usages particuliers de signifiants du français contemporain (série 2) font penser que la liberté prise par l'individu pour dénommer a été réelle pour un domaine de la nature que l'homme n'a pas eu à maîtriser systématiquement.

Ceci peut signifier que l'attitude de l'individu par rapport à la norme linguistique n'a pas les mêmes fondements selon que l'on considère le vocabulaire de la flore ou celui des céréales. Dans le cas des céréales la soumission à la norme linguistique peut être envisagée comme de l'intérêt même de l'individu: celui-ci a intérêt à maîtriser avec d'autres un même vocabulaire utilitaire parce que revenant incessamment pour évoquer des activités fondatrices de la société paysanne.

La «rentabilité» éventuelle d'un vocabulaire commun affecté à la flore n'est pas du même ordre. Une plus grande liberté individuelle est autorisée là où un consensus n'est pas obligatoire. Mais si il y a par ailleurs respect d'une nomenclature (en l'occurrence celle du français contemporain à côté du foisonnement des créations lexicales) ce serait moins pour des raisons d'intérêt économique et matériel que par référence à d'autres types de contraintes que nous dirions idéologiques: ces contraintes seraient liées aux conditions sociolinguistiques qui modèlent l'attitude du locuteur face à son bagage linguistique et à celui des autres.

d) Pour résumer, que dire des sources du français régional avant d'envisager la distribution géographique et sociolinguistique des différents types de termes distingués?

S'il y a, en Sarthe et Mayenne, des marques phonétiques et syntaxiques du français régional, il y a également des marques lexicales. Dans le vocabulaire de la flore et des céréales on trouve une forte proportion de termes non attestés dans les dictionnaires du français contemporain [5]. Leur fréquence d'usage est faible, ceci dit, contrairement aux termes du français contemporain, peu nombreux en chiffres absolus.

On a vu que la norme collective semble plus prégnante pour ce qui est du vocabulaire des céréales, nécessairement utilitaire.

Dans l'ensemble pourtant l'émiettement numérique et la faible fréquence d'usage des mots locaux ne sont pas pour favoriser une éventuelle conscience linguistique unitaire.

Dans sa constitution même le groupe des mots locaux est complexe: les créations lexicales y sont très fortement majoritaire et donnent le plus fort contingent des termes spécifiques aux deux départements. Mots anciens et signifiants du français contemporain complètent un groupe qui propose des deux départements une image très émiettée.

Ces données acquises, comment ces différents types de termes se répartissent-ils dans l'espace géographique; qui en fait usage et en quelles circonstances?

2

a) Etant donné l'émiettement linguistique du vocabulaire de la flore et des céréales, la distribution géographique des termes peut se faire de manières très différentes: les termes du français contemporain (série 1) peuvent être répartis sur l'ensemble des deux départements ou plutôt dans une zone préférentielle; de même pour les signifiants du français contemporain (série 2) et les autres types de termes (série 3, *a* et *b*).

Cette alternative n'est peut-être pas la seule bonne dans la mesure où pour chaque série, les fréquences d'usage sont variables d'un terme à l'autre. Un terme français à la haute fréquence d'usage couvrira un ou deux départements; un autre

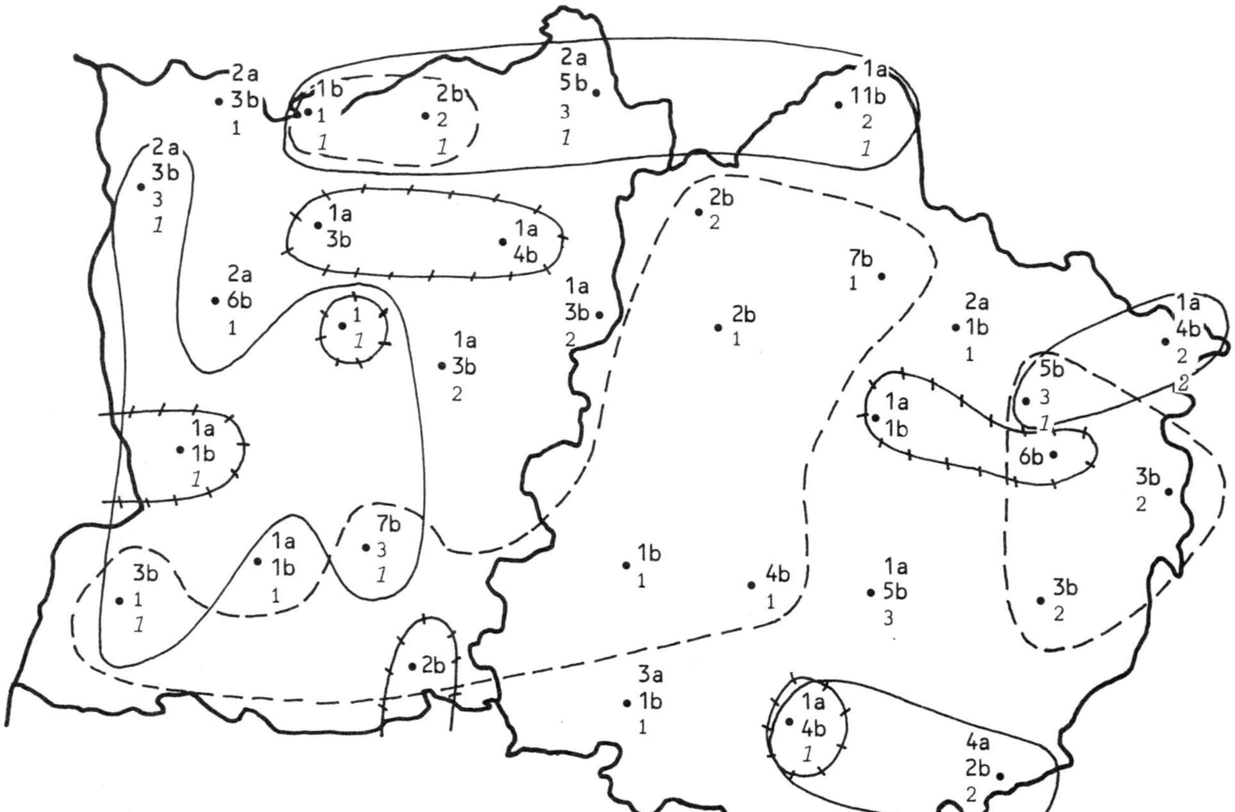

CARTE IV

Localisation géographique des 196 termes à occurrence unique

1) A chaque point les chiffres indiquent le nombre de termes pour chaque série et groupe.
En gras sont indiqués les termes de série 3, en maigre ceux de série 1, en italique ceux de série 2.

2) Un trait continu définit les zones où les termes de série 1 sont attestés ;
Un trait discontinu définit les zones où, de la série 3, on ne trouve que des termes du groupe *b* (créations lexicales) ;
Un trait barré définit les zones d'où les termes de série 2 sont exclus.

CARTE V (a, b, c)

Localisation géographique des termes à 6 ou 7 occurrences

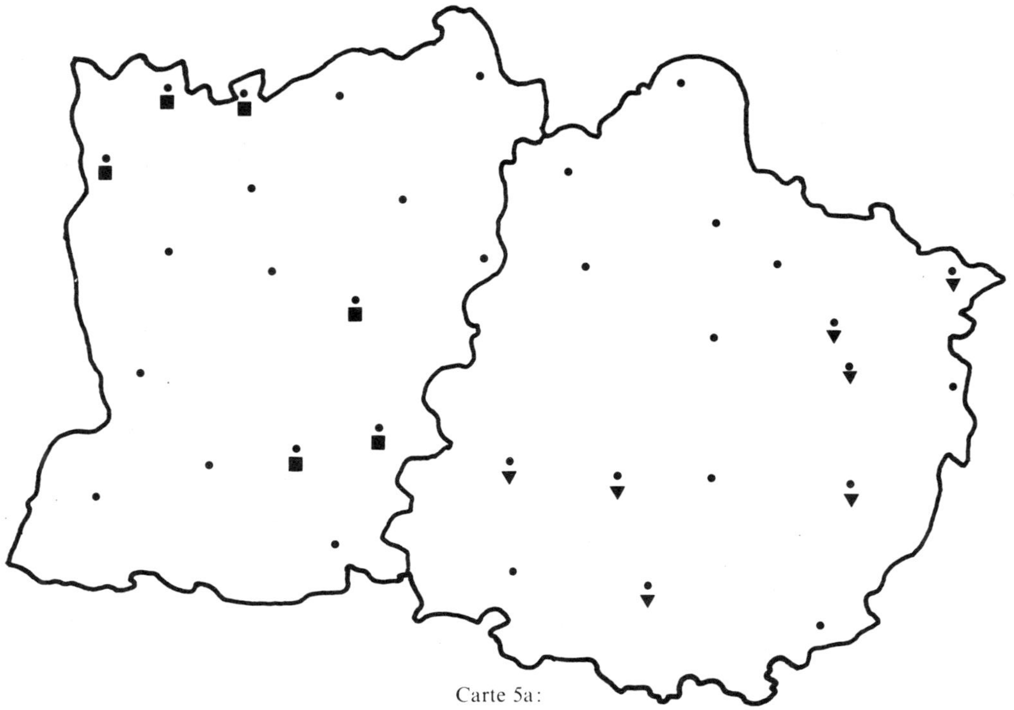

Carte 5a:

Termes du français contemporain

- Les *traits continus* entourent une zone homogène où s'inscrivent les 6 ou 7 occurrences pour un même terme (cartes 5b et 5c);
- Là où pour un même terme les occurrences ne sont pas géographiquement regroupées, un même signe a été utilisé pour toutes les occurrences d'un même terme (cartes 5a, 5b, 5c).

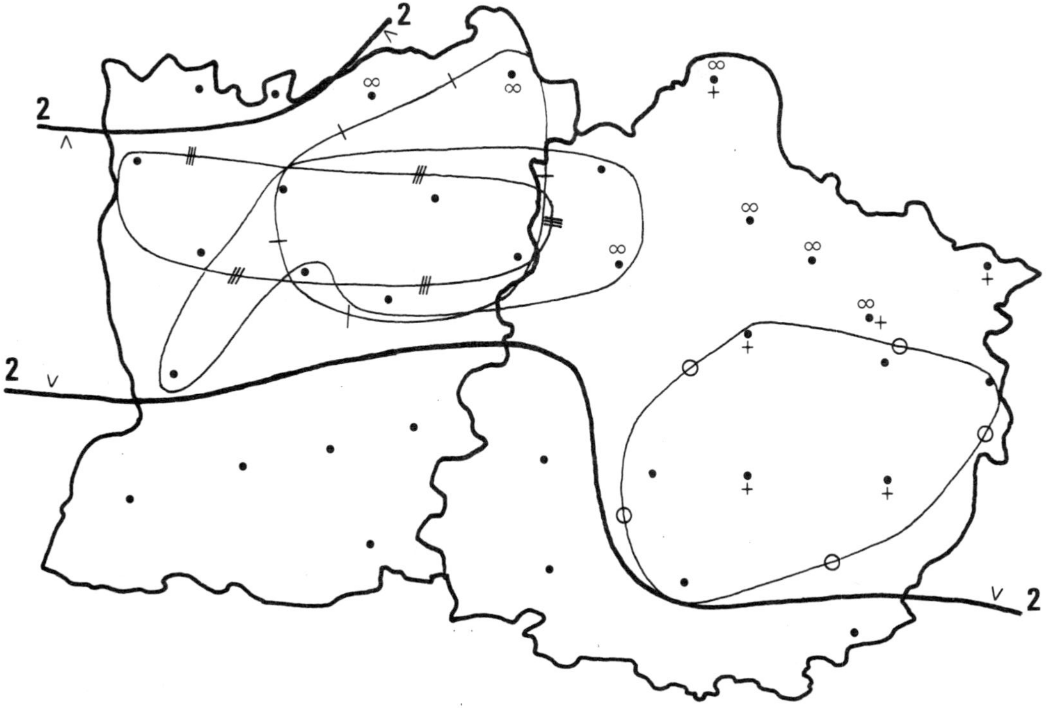

Carte 5b:
Signifiants du français contemporain

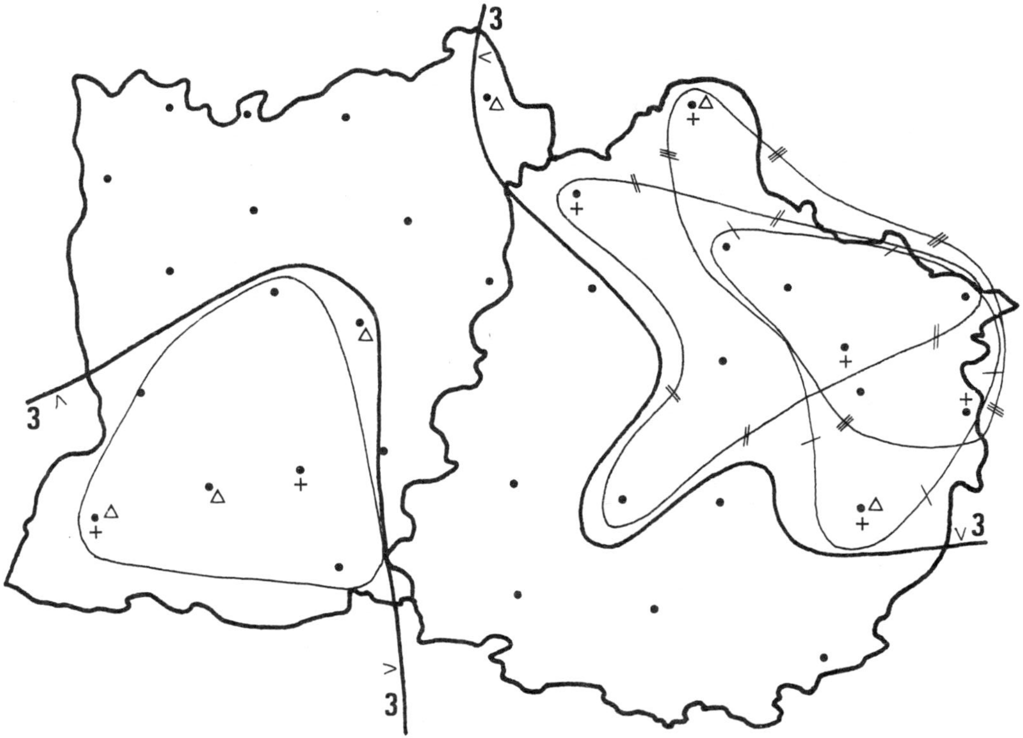

Carte 5c:
Termes anciennement attestés

terme du français de la même série mais à la très faible fréquence d'usage sera localisé dans un ou quelques points des départements considérés. Quels points justement? Les termes français de faible fréquence se retrouvent-ils aux mêmes points, définissant par là même une zone plus spécifiquement «standard» par opposition à d'éventuelles zones où les créations lexicales abonderaient?

A l'analyse on constate trois tendances complémentaires:
— un énorme éparpillement géographique pour 341 termes à faible ou très faible fréquence d'usage (de une à sept occurrences par terme);
— l'existence de zones homogènes à 100 % pour 34 termes. Il s'agit de termes qui couvrent l'ensemble ou presque, des points auxquels une dénomination a été relevée pour un référent donné (on remarquera la très faible proportion de termes à fréquence très élevée);
— pour 34 référents l'existence de zones d'importance moyenne; dans la plupart des cas il y a, pour un même référent, cohabitation de deux ou plusieurs termes à fréquence d'usage moyenne (en tout 58 termes) qui définissent autant de zones plus ou moins homogènes. Pour un même référent ces termes de fréquence d'usage moyenne peuvent ceci dit cohabiter avec des termes de faible ou très faible fréquence d'usage (en tout 210 termes).

Comment ces trois tendances cohabitent-elles? En fonction de ces trois tendances quel est le comportement de chacune des séries? Comment sont-elles localisées à l'intérieur des deux départements? Quelles sont les significations sociolinguistiques de l'ensemble?

Les tableaux et cartes ci-dessous fournissent des éléments qui permettent de répondre aux questions précédentes:
— le tableau 3 concerne les termes à fréquence d'usage faible ou très faible: il en donne le nombre par série et les types de distribution géographique;
— la carte 4 donne la localisation géographique des 196 termes à occurrence unique;
— les cartes 5a, b et c donnent la localisation géographique des termes à six ou sept occurrences;
— le tableau 4 présente les termes à haute fréquence d'usage;
— le tableau 5 présente les référents dénommés par un ou plusieurs termes à la fréquence d'usage moyenne.

Les cartes, les tableaux et les analyses géographiques que l'on a faites de ces derniers permettent de préciser l'émiettement géographique, réel, et de définir tout de même une localisation préférentielle série par série. L'image d'un grand fractionnement linguistique, apparue dès le début, n'en disparaît pas pour autant mais peut être mieux identifiée.

Les termes de très faible fréquence d'usage, majoritaires en chiffres absolus, mais aussi les termes de moyenne fréquence d'usage connaissent une distribution géographique essentiellement dispersée. Les termes à une occurrence sont distribués de la façon la plus dispersée possible; les autres termes de faible fréquence d'usage également (à l'exception des termes à deux occurrences).

A côté de cela le nombre des termes à moyenne et très haute fréquence est assez faible. Mais pour chacun des termes des deux groupes le dessin des zones est bien souvent original. Moins, bien sûr, pour ce qui est des termes à très haute fréquence d'usage qui couvrent également la Sarthe et la Mayenne dans plus de la moitié des cas.

TABLEAU 3
Termes à fréquence d'usage faible ou très faible

Nombre d'occurrences par termes / Séries	1	2	3	4	5	6	7	Total par séries
Termes du français contemporain. Série 1	15	6	5	7	4	1	1	39/86
Signifiants du français contemporain. Série 2	46	14	5	2	5	3	3	68/96
Termes anciennement attestés et créations non attestées. Série 3	135	32	20	13	9	1	5	215/261
Total par nombre d'occurrences.	196	59	30	22	18	5	9	322/443

— Les 196 termes à *1 occurrence* sont répartis sur 33 des 34 points d'enquête.
— Les 59 termes à *2 occurrences* sont répartis sur 52 couples de points.
— Les 30 termes à *3 occurrences* sont répartis sur 30 types différents de regroupements par 3.
— Les 22 termes à *4 occurrences* sont répartis sur 22 types différents de regroupements par 4.
— Les 18 termes à *5 occurrences* sont répartis sur 18 types différents de regroupements par 5.
— Les 5 termes à *6 occurrences* sont répartis sur 5 types différents de regroupements par 6.
— Les 9 termes à *7 occurrences* sont répartis sur 9 types différents de regroupements par 7.

TABLEAU 4

Termes de très haute fréquence d'usage

Signifiant de très haute fréquence/référent	Nombre de points auxquels le terme de très haute fréquence est attesté/Total des points où une dénomination a été relevée pour le référent concerné.	Nombre d'autres signifiants en usage pour le même référent.	Série à laquelle appartient le terme à très haute fréquence d'usage.
/**orj**/ orge	33/34	4	1
/**avoan**/ avoine	34/34	3	1
/**javel**/ javelle	21/21	1	1
/**jerb**/ gerbe	26/26	1	1
/**glane**/ glaner	34/34		1
/**fwẽ**/ foin	34/34		1
/**trefl**/ trèfle	32/34	13	1
/**kɥkɥ**/ primevère	27/27	3	1
/**nyel**/ nielle	15/15		1
/**ʒeraniom**/ géranium	7/7		1
/**ʒirofle**/ giroflée	9/9	3	1
/**mov**/ mauve	5/5		1
/**gimov**/ guimauve	12/12		1
/**põsyo**/ coquelicot	28/34	2	3a
/**yãɕ**/ molinie	31/34	4	3a
/**pavo**/ iris d'eau	29/34	6	2
/**ten̮**/ cuscute	28/34	3	2
/**ekler**/ éclaire	11/11	3	1
/**milpertẅi**/ mille-pertuis	15/15		1
/**molen**/ molène	13/13		1
/**jɥbarb**/ joubarbe	11/11		1
/**parel**/ patience	28/34	1	3a
/**rãberj**/ mercuriale	31/34	1	3a
/**kuraj**/ persicaire	15/15	1	3a
/**ɕenot**/ terre-noix	13/13		3a
/**ivre**/ ivraie	6/6		1
/**ɕardõ**/ chardon	30/34	4	1
/**orti**/ ortie	8/8	11	1
/**bɥraɕ**/ bourrache	7/7		1
/**fɥjer**/ fougère	28/28		1
/**sigu**/ siguë	28/28		1
/**fenɥi**/ fenouil	3/3		1
/**bruyer**/ bruyère	28/34	6	1
/**leterõ**/ laiteron	34/34		1

TABLEAU 5

Référents dénommés par un ou plusieurs termes à la fréquence d'usage moyenne

Séries auxquelles appartiennent les signifiants. Référents	Série 3 Termes anciennement attestés	Série 3 Termes non attestés		Série 1 termes du français temporain		Série 2 signifiants du français contemporain		Total des autres signifiants de faible fréquence
— blé				2		1		
— seigle				1		1		
— blé noir	1		+1		+2			3
— mélange de céréales en semaille		1	+4	1		1	+2	6
— mélange de céréales en mouture			+4		+1	1	+3	8
— blé rétréci			+11			1	+9	20
— blé échaudé			+4	1			+3	7
— charbon			+1	1		1	+4	5
— chaumes au ras du sol. Eteules		1	+1	1			+1	2
— chaume long dans le champ. Glui			+1	1	+1		+2	4
— une passée			+2		+1	1	+5	8
— tas de paille		1		1	+1	1		1
— andain		1	+2	1			+1	3
— petite herbe		1	+8				+2	10
— petit tas de foin		1	+4					4
— gros tas de foin	1		+2		+3		+2	7
— ajonc			+4	1		1		4
— renoncules		1	+8		+2			10
— jonquille narcisse	1		+3		+2		+1	6
— bleuet			+3	1				3
— colchique		1	+2				+1	3
— lentille d'eau		1	+2		+1		+2	5
— liseron			+1	1		1	+2	3
— euphorbe			+5		+1	1		6
— chenopode			+6			2		6
— cousoude	1				+1			1
— renouée des oiseaux			+9	1				9
— chiendent à boules		2	+13		+1	1		14
— chiendent à fils		1	+16	1			+1	17
— graminées		1	+6				+3	9
— avoine folle		1	+5	1	+1			6
— bugrane arrête-bœufs		1	+1	1				1
— bardane		2					+2	2
— ravenelle moutarde des champs			+5	1	+1	1	+2	8
— vesce sauvage			+4	2	+3		+1	8
— vesce cultivée				2	+1			1
Total par série	4 + 17 = 21			22		15		Total des autres signifiants : 210

Si, par contre, les termes à moyenne fréquence d'usage voient s'opposer très souvent les deux départements pour un même référent, c'est rarement sur la base des départements en tant que tels mais plutôt par des zones plus restreintes que le département: des zones aux contours assez souvent originaux pour chaque nouveau référent. S'ajoutent d'ailleurs à ces termes, pour un même référent, de très nombreux termes à faible fréquence d'usage et à la localisation assez peu systématique.

A l'échelle la plus grande donc, celle des départements, les limites administratives semblent bien peu parallèles aux contourages linguistiques. A l'inverse, à l'échelle du village, l'isolement et l'originalité linguistique peuvent être tout à fait justifiées. Ainsi, à regarder de près le comportement des très nombreux termes de faible ou très faible fréquence d'usage, il semble d'abord qu'un trait commun puisse réunir quelques villages. Ainsi des points 78-81-82 (au nord de la Mayenne) et 110 (au nord de la Sarthe) où sont attestés des termes des trois séries, sauf pourtant aux points 78 et 81 où l'on ne trouve pas de termes anciennement attestés. De même, en Sarthe, les points 121-123-124 et 125 peuvent-ils sembler définir une zone plus homogène par l'absence commune de termes anciennement attestés. Mais, par ailleurs, au point 121 seuls sont recensés des termes du français contemporain, comme au point 122 voisin. De même au point 123 il ne se trouve pas de signifiant du français contemporain (comme au point 116 voisin). On pourrait ajouter de nombreux exemples à ce phénomène selon lequel tout regroupement apparent de points se solde par une nouvelle dissociation géographique.

L'émiettement linguistique et géographique n'est pourtant pas une loi absolue. Il faut suivre en détail le comportement des termes, série par série et tous types de fréquence confrontés, pour constater qu'il y a des consensus linguistiques plus généraux. Bien que réels, ces consensus ne s'imposent pourtant pas d'emblée et cela doit influer bien entendu sur l'image que les locuteurs ont de leur parler.

Les croquis ci-dessous permettent de visualiser, pour chacune des séries, les localisations préférentielles des termes de ces séries dans l'un et l'autre département.

Présents sur l'ensemble des deux départements quand ils connaissent une très grande fréquence d'usage, les termes du français contemporain sont, sinon, plutôt localisés dans l'est des deux départements; l'est sarthois étant effectivement au contact de départements où le français «standard» semble beaucoup plus généralement répandu.

Les signifiants du français contemporain (série 2) ont eux aussi un comportement différent selon qu'ils connaissent une faible fréquence d'usage ou une fréquence moyenne. Dans le premier cas ils sont plutôt localisés à l'est de la Sarthe et au nord de la Mayenne (prolongé du nord-ouest de la Sarthe); dans le second

CROQUIS 1, 2 et 3

termes du français contemporain

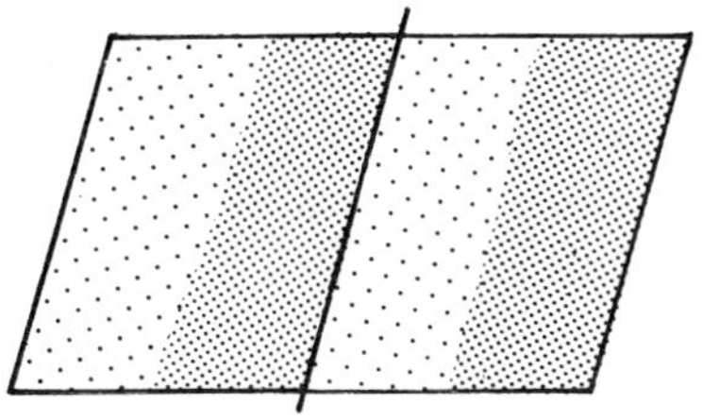

signifiants du français contemporain

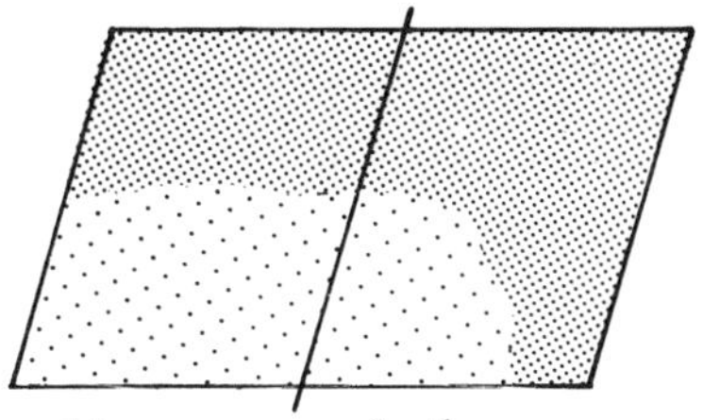

termes anciennement ou non attestés

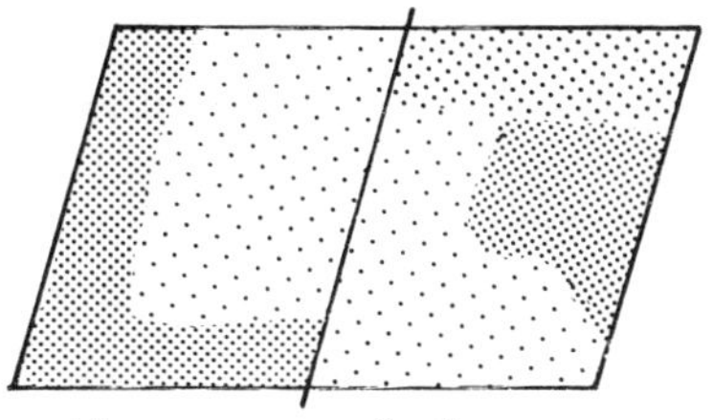

cas on les trouve avant tout à l'ouest et au centre de la Sarthe, le nord-est de la Mayenne (relié au nord de la Sarthe) en étant, pour la Mayenne, le plus dépourvu.

Les créations lexicales et les termes anciennement attestés se trouvent très généralement disséminés au maximum quand ils connaissent une faible fréquence d'usage. Les consensus plus généraux se font selon les axes indiqués par le schéma qui rend compte de cette série.

Toutes séries confondues les consensus les plus systématiques se font avant tout dans la moitié est de la Sarthe (plus ou moins épaisse et augmentée ou diminuée, selon les cas des franges nord-est et sud-est). C'est là que la collectivité a une existence la plus systématique, que ce soit pour user de termes du français contemporain ou pour user de termes plus spécifiques à la région. La Mayenne est plus diverse dans ses tendances.

Enfin il y a souvent des regroupements le long de la frontière commune aux deux départements, surtout dans la portion nord de cette frontière. Ce fait contredit les dires de nombreux informateurs sarthois du nord-ouest de ce département, — anciens mayennais dans certains cas —, qui assurent que leurs voisins mayennais «parlent encore plus mal qu'eux» et en tout cas autrement.

Nos analyses n'ayant porté que sur les vocabulaires de la flore et des céréales, il est difficile de trancher pourtant, ici comme en général.

b) Peut-on maintenant affiner notre connaissance de ces deux départements et de leur spécificité linguistique en rapportant ce qui vient d'être dit à des analyses de type sociolinguistique?

Dans un premier temps il semble nécessaire de confronter ce qui vient d'être dit avec un certain nombre de contraintes et de facteurs extra-linguistiques (milieux naturels, types de propriétés, productions agricoles, etc.): cela permettrait, peut-être, de relever des parallélismes [6].

Dans un deuxième temps il est bon d'envisager la réelle maîtrise qu'ont les locuteurs du vocabulaire de la flore et des céréales. Etant donné la constitution même de ces vocabulaires, quels sont les comportements linguistiques individuels, les critères de choix, les justifications?

Ici interviennent les données linguistiques et sociolinguistiques recueillies auprès de quelques-uns de nos informateurs.

En réalité, et très simplement, le bagage linguistique de base du locuteur peut varier du tout au tout en fonction de son âge. On parle ici, bien sûr, du milieu social le plus apte à maîtriser et les termes linguistiques et les référents relatifs à la flore et aux céréales, c'est-à-dire le milieu agricole.

Dans le cas des informateurs âgés de 40 à 60 ans et plus ce sont et les termes du français contemporain et les termes locaux qui sont assez systématiquement maîtrisés.

Dans le cas des informateurs d'âge scolaire la connaissance des référents est d'abord bien moindre, témoignage d'une insertion géographique et économique bien différente de celle de leurs parents; les termes locaux sont à peine maîtrisés, à l'exception des rares termes qui connaissent une fréquence d'usage élevée sur l'ensemble des deux départements, voire au-delà. A côté de ces rares termes, l'identification exacte des termes qu'ils connaissent semble souvent poser par ailleurs quelques difficultés aux jeunes locuteurs:

— «les [**vànyó**$_{\text{u̯}}$] c'est quoi», demande la fille de petits exploitants, elle-même assez proche des activités de ses parents.

— «C'est un oiseau qui se promène en bande et vont dans les maïs», répondent de ses camarades, enfants d'exploitants agricoles.

— «C'est ce qu'on appelle un [**vànó**]», reprend l'une d'entre eux.

— «Ça existe?» reprend celle qui a posé la question.

— «Oui», disent les autres.

— «... et les [**ràk̯yó**] c'est quoi ce qu'on appelle un [**ràk̯ó**$_{\text{u̯}}$]?» demande celle qui précisait «le vaneau».

— «Oh! j'ai appris le pic-vert; oh, je sais plus... pour le pic-vert, c'est génial» coupe celle qui demandait si les vaneaux existaient.

— «Pour le nom des fleurs aussi il y a des noms spéciaux: l'amour en cage, des trucs comme ça. C'est quoi ça? (regardant sur une flore) le chèvre-feuille c'est le brout de bique (la flore donne brout de biquette), du verbe brouter puis, bique, chèvre. Le buis, ça existe, ça?»

— «Brout de biquette c'est en nom français, et en sarthois c'est brout de bique».

Deux après-midi d'entretiens avec plusieurs adolescents scolarisés ont abondamment illustré leurs hésitations à identifier tel ou tel terme comme français ou «sarthois». Et l'on constate que le vocabulaire de la flore n'est pas le seul concerné.

Ceci dit, d'un informateur de quarante ans à l'autre, le type de vocabulaire proposé en cours d'enquête — vocabulaire local ou français —, peut être fonction assez systématiquement de l'attitude personnelle de cet informateur face à la question du changement linguistique et du changement socio-culturel en général.

Il est patent de voir, dans la plupart des cas, les informateurs âgés exprimer, pour un référent donné, le terme dominant (en fréquence d'usage), terme français ou local, tout en connaissant tous les registres. Ce n'est qu'au bout de quelque temps que le locuteur exprime les termes d'une autre teinture.

Dans un cas pourtant, c'est plutôt les formes locales qui sont proposées le plus spontanément; par un ancien ouvrier agricole, technicien de l'industrie qui a mieux surmonté que d'autres le complexe du rural qu'on repérerait dès qu'il ouvre la bouche. Cette maîtrise est tellement réelle qu'elle s'est transmise à ses deux fils, interlocuteurs précieux et rares, seuls capables de jouer, vis-à-vis de l'enquêteur étranger, le rôle d'initiateur à la douloureuse situation de déraciné.

Les structurations formelles et conceptuelles des signifiants, les signifiés et la constitution des référents : les processus de signification

Tout ce qui a été dit précédemment donne une image relativement extérieure des vocabulaires de la flore et des céréales. Qu'en est-il maintenant de leur constitution proprement linguistique?

Toute dénomination linguistique est faite de la relation étroite qui existe entre sa constitution formelle et sa constitution conceptuelle. Selon quelles lois, conceptuelles et formelles sont constitués les signifiants (ou signes linguistiques)?

Les signifiés eux, sont ce que les dénominations disent du référent [7]. Quelles significations s'attachent donc aux dénominations des céréales et de la flore?

Aux dénominations et signifiés peuvent s'ajouter les commentaires des locuteurs sur le référent, commentaires qui visent, bien souvent, à constituer ou reconstituer un référent — concret ou abstrait —, absent de la situation de communication dans la plupart des cas. Quelle place faire aux commentaires des locuteurs sur le référent, dans cette étude des significations?

1

Approche globale des processus de signification

L'analyse des processus de la signification porte toujours sur les 79 référents dont il est question depuis le début. L'analyse sera d'abord globale, livrant du vocabulaire étudié les axes généraux de sa spécificité linguistique et ethnolinguistique. Dans un deuxième temps, l'analyse de ces processus à propos de quelques référents précis permettra d'en voir plus concrètement les principes et les nuances.

La structuration formelle des signifiants

Les 79 référents de notre liste se répartissent selon trois types:
— deux référents sont relatifs au résultat d'un processus et sont rendus, dans l'intitulé de l'atlas, par des verbes adjectivés (blé rétréci dans l'épi; blé échaudé);
— un référent est relatif à une action et est rendu, dans l'intitulé de l'atlas, par un verbe (glaner);
— 76 référents sont relatifs à des «objets» — céréales et plantes à fleurs —, et sont

rendus, dans les intitulés de l'atlas, par des substantifs (orge, foin, fenouil, primevère,...) très rarement complexes (arrête-bœufs,...).

Les intitulés de l'atlas sont une chose, les dénominations autochtones une autre. Le tableau 6 ci-dessous récapitule les comportements formels des dénominations proposées par les locuteurs interrogés et ce, pour l'ensemble des 79 référents.

L'analyse des signifiants des termes non attestés ou anciennement attestés (termes de série 3) montre combien les locuteurs utilisent la panoplie des ressources formelles pour dénommer de façon très vivante ce qu'on appelle une

TABLEAU 6

La structuration formelle des signifiants

(entre parenthèses, nombre de référents auxquels s'appliquent les signifiants)

Type formel de l'intitulé d'atlas	Solution formelle proposée par les locuteurs	Séries auxquelles appartiennent les signifiants		
		termes du français contemporain (série 1)	signifiants du français contemporain (série 2)	termes non attestés ou anciennement (série 3)
Verbe	-Verbe	1 (1)		
Verbes adjectivés	-Verbe conjugué:			
	+participe passé	2 (2)	10 (2)	10 (2)
	+participe présent			2 (1)
	+3° personne singulier présent indicatif			1 (1)
	+parfait			1 (1)
	-Verbe conjugué (part. passé + négation antéposée)			1 (1)
	-Adjecif		4 (2)	6 (5)
Substantifs	-Substantif ni composé ni dérivé	42 (40)	48 (36)	71 (41)
	-Substantif composé	9 (9)	1 (1)	16 (14)
	-Substantif dérivé	23 (19)	24 (20)	23 (19)
	-Substantif + adjectif	3 (2)		36 (16)
	-Verbe infinitif + substantif	1 (1)		
	-2 substantifs + unité de liaison (du, à...)	4 (3)		51 (31)
	-2 substantifs juxtaposés			10 (6)
	-Substantif + verbe + unité de liaison			1 (1)
	-Substantif + verbe qualifiant			10 (3)
	-Verbe		1 (1)	
	-Qualificatif		7 (5)	4 (3)
	-Verbe conjugué		2 (1)	5 (4)

«chose». Le «gratteron» est **erb gripât** ou **erb ozwazo**; le «chiendent à boules» est **ɛyẽdã nwe**, **ɛyẽdã onõ** ou **masrot**; le «chiendent à fils» **filã**, **persa** ou **ɛyẽdã lõ**. Cette constatation vaut aussi bien pour l'ensemble des termes de cette série que pour les référents pris un à un. Pour un même référent ce sont, bien souvent, plusieurs solutions formelles qui coexistent dans les dénominations (voir exemples ci-dessous). Elles sont la trace des différents points de vue par lesquels on peut saisir et parler d'un référent, tendance que ne démentira pas l'analyse conceptuelle des signifiants et des signifiés.

Une analyse détaillée de ces signifiants de série 3 (termes non attestés ou anciennement) ne fait que renforcer l'image d'une grande variété d'inspiration. Ainsi les substantifs composés le sont de différentes façons: la «persicaire» est **kuraj**, la «renoncule» **kɯrpye** et le «colchique» **krevɛyẽ**. Les substantifs dérivés le sont d'adjectifs, de verbes ou de substantifs: le «colchique» est **ɛnard**, le «chénopode» **ɛniye**; la «renoncule» est **jonyo**, la «digitale» **tokar**. On relève en fait une quinzaine d'éléments de dérivation qui se ramènent à moins d'une demi-douzaine de nuances conceptuelles: valeur générique (**jonyer**, **jonyo**); indication d'une action (**fɯdraj**); indication du genre féminin (**pivardin**); valeur diminutive (**yãɛet**, **veyoɛ**, **butyo**, **gãdle**); constitution d'un objet (**tokar**). D'une nuance à l'autre il n'est pas possible d'accrocher la marque de dérivation n'importe où: la dernière indiquée (constitution d'un objet) suit un verbe, la première (valeur générique) substantifs et qualificatifs. Quant aux autres on les trouve avec des substantifs.

On relève un égal foisonnement de nuances en étudiant les dénominations à deux ou trois unités de cette série 3. Enfin la même souplesse formelle conduit aux mêmes nuances pour les signifiants de série 1 et 2 (termes attestés dans les dictionnaires du français contemporain et signifiants attestés dans ces mêmes dictionnaires mais pour des référents autres que ceux qui sont en cause en Sarthe et Mayenne). Ceci dit les séries 1 et 2 réunissent chacune moins de solutions formelles; elles s'en tiennent certainement aux solutions les plus admises, en français, en matière de dénomination d'objets (substantif ni dérivé ni composé, substantif composé, substantif dérivé).

Si maintenant on ne considère plus seulement les types formels mais aussi leur fréquence d'apparition on constate que les trois séries ont leur maximum de fréquence pour les mêmes types de solutions formelles: participe passé **fayi** et adjectif **karye** pour les verbes conjugués des intitulés de l'atlas; et surtout substantif non composé et non dérivé **ruɛ**, substantif composé **kɯrpye**, substantif dérivé **kɯlœvrin**, substantif suivi ou précédé d'un adjectif qualificatif (**fol avwan**) et substantifs reliés par une unité de liaison (**lãg də pivar**), tout cela pour les substantifs des intitulés de l'atlas.

A côté de ces types formels communs aux trois séries de termes, on trouve des types plus spécifiques d'une série : leur nombre est faible et leur fréquence d'usage très faible. On trouve ainsi pour la série 3 le résultat d'un processus rendu par la troisième personne du présent de l'indicatif (il brûle). En série 2 la dénomination **toke**, qui est un verbe, fait référence à la digitale.

Ce type d'enseignement statistique présente deux conséquences qui ne sont pas anodines.

La première concerne la distinction même faite entre les trois séries sur la base d'attestations ou de non attestations dans les dictionnaires du français contemporain. Les fréquences d'usage des termes avaient conduit à réduire considérablement le nombre des mots locaux. L'analyse formelle de ces termes et les fréquences des types formels obligent maintenant à réduire encore le caractère quelque peu tranché de la distinction initiale entre trois séries. On n'aurait plus affaire à des faits linguistiques appartenant à des sphères géographiques, et culturelles, distinctes mais à des faits à répartir dans les registres différents d'un même système linguistique ?

Ceci n'impliquerait pas qu'il n'y ait pas une distribution sociolinguistique ou géolinguistique différentielle de chacun des registres sur l'ensemble des deux départements : on le verra à la fin de ce chapitre après que l'analyse conceptuelle des signifiants et des significations aura confirmé, en la nuançant, l'hypothèse à laquelle conduit l'analyse de la structuration formelle des signifiants.

La deuxième conséquence vient du fait suivant : pour un même référent plusieurs locuteurs ont recours à des dénominations certes différentes sur le plan du contenu, mais identiques sur le plan de la forme. Ceci explique que l'on trouve plusieurs fois pour une même solution formelle, une fréquence d'usage plus élevée que le nombre de référents auxquels cette solution formelle est appliquée (voir tableau 6 supra). Et cela se constate surtout pour les types formels communs aux trois séries.

On avait parlé d'une impossible identité linguistique (voir supra) ; la retrouverait-on, existerait-elle dans les choix formels faits pour dénommer une chose ? Si identité il y a, à quoi l'attribuer ? A la tentation de modeler la dénomination en fonction de faits linguistiques dominants, en termes sociolinguistiques ? A la souplesse moins grande de tout système morpho-syntaxique où la rentabilité relative d'une solution formelle est d'autant plus grande qu'il y a moins de solutions possibles ? Ou bien encore à des soubassements conceptuels différents à l'œuvre de façon spécifique dans les processus conceptuels proprement dits et dans leur définition formelle par ailleurs ?

Il est d'autant moins facile de répondre de go à ces questions que la linguistique comme l'ethnolinguistique ne semblent pas être encore en mesure de situer précisément les différents niveaux du système linguistique (phonologie, morphologie, syntaxe, lexique...) dans leurs relations au référent en général et aux différents types de référent en particulier.

la structuration conceptuelle des signifiants et les signifiés [8]

Du point de vue formel le foisonnement des termes relevés à propos des 79 référents se ramène à une série limitée de solutions. La même constatation vaut pour l'aspect conceptuel des signifiants et les signifiés; à ceci près que les motifs conceptuels des signifiants et les signifiés ne conduisent pas exactement aux mêmes contenus sémantiques: les sources de la signification sont une chose, l'objet même de cette même signification autre chose (voir supra l'exemple déjà cité des dénominations **milfœi** et **ɛarpãtye**).

Les tableaux 7 et 8 ci-dessous donnent la synthèse des structurations conceptuelles des signifiants et signifiés, pour les référents relatifs à la flore proprement dite.

Six motifs principaux regroupent le détail conceptuel des signifiants, trois celui des significations. A l'intérieur de chacun des motifs les différents aspects du signifiant ou du signifié sont relativement plus ou moins fréquents.

Des six sources de la dénomination, trois prédominent très largement: le monde végétal, le monde animal et le monde humain, sphères étroitement parallèles en fait.

Le monde végétal apparaît avec l'essentiel de ses constituants possibles: Tout ce qui concerne la morphologie de la plante est largement utilisé pour parler de cette même plante: la «renoncule» est **bɐutõ dor**, la «giroflée» **ramodor**. Dans une plus faible mesure les dénominations passent par la mention d'une catégorie du monde végétal: herbe **erb a pɐurso**, ou feuille **milfœi**.

La référence au monde humain montre que les objets culturels y prédominent (**barat** pour «nénuphar», **kloɛet** ou **gãdle** pour les «digitales», **goble** pour le «liseron») à côté d'aspects qui renvoient à d'autres types de comportements (le commentaire porté sur une plante par exemple, avec la dénomination **mi̯nar** — «pour l'iris d'eau» — ou à la constitution même de l'individu physiologique: **fyev ɛod** pour la «primevère»).

Ce dernier aspect fait partie de ceux qui sont communs à deux ou trois des mondes végétal, animal ou humain: constitution morphologique de l'être végétal, animal ou humain; effet ou action de la plante en relation avec l'homme ou l'animal; usages de la plante et usagers animaux ou humains. Ce sont justement ces trois aspects qui permettent les recoupements entre les trois mondes; ce sur la base des constructions formelles substantif suivi d'un adjectif ou d'un verbe conjugué, ou deux substantifs reliés par un élément de liaison (**erb a jõɛe** pour la «molinie» ou «carex»; **erb o gœ** pour l'«éclaire»; **fil dalwet** pour la «cuscute»).

Les motifs du signifié se réduisent, eux, à trois ensembles où prédomine très largement ce qui revient à définir la plante en soi (ses caractères spécifiques, morphologie, attributs...). Dans une très faible mesure les signifiés concernent ce qui a trait aux relations entre plantes ou entre règnes végétal, humain et animal. Cette hiérarchie des signifiés accentue la très faible importance des trois motifs les moins fournis du signifiant (les phénomènes naturels, les rapports au temps et à l'espace) et neutralise relativement les distinctions entre mondes végétal, animal et humain. Seul le monde animal garde une certaine importance dans les motifs du signifié : c'est le monde le plus représenté dans le motif des relations de la plante aux mondes environnants.

Quelles sont maintenant les relations entre les motifs du signifié et les séries auxquelles appartiennent les signifiants ?

TABLEAU 7

Motifs conceptuels du signifiant

— *Les phénomènes naturels*
- élément naturel (1)
- phénomène atmosphérique (1)

— *Le rapport au temps*
- période de l'année (1)

— *Le rapport à l'espace*
- indication ethnique (1)

— *Le monde végétal*
- genre (4); authenticité d'un genre (1); genre constitué arbre (1).
- variété sauvage / cultivée (1); variété mâle / femelle (1).
- milieu végétal (1).
- végétal (herbe) (4); partie de végétal (feuille) (1).
- morphologie végétale (3); aspect morphologique (2); dimensions (2); forme matérialisée (1).
- couleur (2).

— *Le monde animal*
- morphologie (2); partie du corps animal (1).
- effet sur l'animal (1); usagers animaux (1).
- cri d'un animal (1).
- nom d'un animal (4).

— *Le monde humain*
- parenté (1); religion (1).
- appréciation sur la plante (1); sentiment (1).
- morphologie humaine (1); partie du corps (1).
- maladie (2); état physiologique (1).
- objet culturel (4); activité culturelle (1); nombres (2).
- effet et action (2); usages et usagers (2).
- nom d'un homme (1).

Nota : Les chiffres entre parenthèses indiquent la fréquence de chaque motif : (1) correspond à 1 à 2 occurrences, (2) à 3 à 7, (3) à 8 à 12, (4) à 13 à 18. La même échelle vaut pour le tableau 8.

TABLEAU 8

Motifs conceptuels du signifié

— *La plante en soi*

genre (2); genre constitué arbre (1); variétés (4).
plante (règne végétal) (1).
morphologie de la plante (4).
morphologie de la fleur (2).
morphologie de la feuille (2).
morphologie du fruit (1).
couleur (2); couleur de la fleur (2).
couleur et forme d'une partie de la plante (1).
couleur du liquide contenu dans la plante (1).
odeur (1).
époque de floraison (2).
moment du développement de la plante (1).

— *Relations de la plante*

caractère parasitaire (2).
effet de la plante (1); usage humain (1); usage thérapeutique (2).
relations au monde animal (3).
bruit que l'on peut faire avec la fleur (1).

— *Jugement sur la plante*

appréciation portée sur la plante (1).

Les termes français qui entrent dans les dictionnaires du français contemporain (série 1) sont utilisés avant tout pour distinguer les genres végétaux entre eux: serait dictionnarisé ce qui permet de distinguer, donc d'attester des genres spécifiques. Dans une moindre mesure les termes de cette même série portent sur les attributs (couleur et odeur) ou l'effet de la plante. Les signifiants du français contemporain attestés dans les dictionnaires actuels mais pour d'autres signifiés que ceux auxquels ils sont assignés en Sarthe et Mayenne (série 2) sont parfaitement absents quand il s'agit de distinguer genres ou variétés. Par contre ils portent témoignage de la morphologie de la plante. Ils sont descriptifs mais non pas dans le sens distinctif. Les termes non attestés ou anciennement attestés (série 3) sont relatifs aux variétés à l'intérieur de chaque genre, à la morphologie de la plante et à l'indication de relations au monde animal. On le voit, les termes non attestés ou anciennement attestés sont pratiquement les seuls à considérer les relations de la plante et bien souvent aussi les variétés pour chaque genre.

Quelles sont maintenant plus concrètement les relations entre signifiés et signifiants; de même, quelles sont les figures linguistiques et rhétoriques de la signification?

Quelques exemples illustrent les différentes possibilités existentes. Soit le signifié «relation au monde animal» et les dénominations **pẽ a kulœvr** pour l'«euphorbe» et **pye dalwet** et **fil dalwet** pour la «cuscute». Le nom de l'animal suit l'élément concret par lequel s'établit la relation de la plante au monde animal. Le schéma formel de deux substantifs reliés par un élément de liaison produit un type de dénomination analytique.

Le signifié «effet de la plante» et les dénominations **teṉ** pour la «cuscute» ou **grip** pour le «gratteron» offrent des solutions souvent aussi différentes que les étapes successives du processus sous-entendu. Substantif ou élément verbal coexistent ici dans les dénominations à effet d'image plus ou moins poussé.

Le signifié «couleur» (**jonis**, **butõ dor**,...) n'est rendu que par un faible nombre de solutions; le signifiant est lui-même couleur, en tout ou en partie ou bien l'indication d'un phénomène où la couleur intervient (la maladie, par exemple).

Les signifiés «variété» et «morphologie de la plante», en eux-mêmes très chargés de nuances, voient attestés un vaste choix dans les signifiants qui sont à leur source et dans la forme des dénominations: **trenãt**, **gro trefl bratõ** et **avoan sovaj** respectivement pour le «chiendent à fils», le «trèfle» et la «folle avoine».

La constitution du référent

Le référent n'est bien souvent pas plus que l'idée d'un objet concret que l'on peut ou que l'on pourrait toucher (un pichet, un marteau, un puits); ou l'idée d'une entité plus ou moins abstraite et plus ou moins bien définissable (une fée, l'argent, l'honneur).

La flore offre des référents du premier type c'est-à-dire, finalement, des référents que l'on peut avoir besoin de redéfinir régulièrement étant donné les multiples ressemblances qui peuvent conduire à confondre des référents par ailleurs bien différents, identifiés sous des genres spécifiques. Cette redéfinition à laquelle peut se livrer tout locuteur est un complément souvent inévitable de l'acte de communication, à côté d'un stock de signifiants dont il faut croire qu'il n'est pas suffisant pour identifier un référent. En effet, tout signifiant n'est qu'une approche partielle du référent: quand on dit «orge» ou même «orge d'hiver» et «orge de printemps» on n'est pas renseigné et on ne renseigne pas sur l'origine du grain. Toute approche, nécessairement partielle, est à la source de bien des ambiguïtés linguistiques. Les redéfinitions du référent ne sont pas à proprement parler la constitution de ce référent, elles en sont la reconstitution partielle.

L'analyse des précisions apportées par les locuteurs sur les référents de la flore concerne seulement vingt des cinquante-six référents retenus pour la flore proprement dite. Ces précisions et commentaires convergent tous vers le même but: mieux identifier le référent en lui-même, en précisant sa couleur, sa taille, sa configuration, sa consistance, sa localisation et l'époque de floraison; ou mieux le distinguer d'autres variétés ou genres avec lesquels il pourrait y avoir confusion. Les distinctions entre variétés ou genres (thème explicite des commentaires dans certains cas) font entrer en ligne de compte plusieurs types d'opposition: avec fleur / sans fleur; sauvage / cultivé; hâtif / tardif; fausse / vraie; comestible / non comestible mais utilisable à d'autres fins. Beaucoup plus rares sont les mentions relatives à l'effet de telle ou telle plante ou à l'usage qu'on peut en faire.

Tout cela renforce en fait l'impression qui se dégage de la comparaison entre la structuration des signifiants et celle des signifiés.

Autant les sources où puisent les dénominations peuvent être variées, autant les signifiés qui s'attachent aux dénominations vont dans le même sens: on n'en finit pas de contourer une plante, de la décrire, de la préciser. Grâce à la souplesse des procédés rhétoriques et linguistiques le locuteur a une relative liberté de choix pour créer les dénominations; cette liberté cesse devant la nécessité de toujours mieux appréhender un référent qui, même si on le touche, même si on le voit, n'en finit pas de pouvoir être appréhendé de diverses manières.

En somme les dénominations sont un jeu tout à fait relatif où se retrouvent les points de vue par lesquels peuvent être appréhendés et transcrits certains éléments du monde sensible. Mais les signifiés et autres reconstitutions du référent font partie aussi de toute la dynamique des significations: souvent moins nombreux que les sources mêmes des dénominations, les signifiés iraient à l'essentiel du message, en fonction des conditions de la communication, ici et maintenant. S'ils peuvent être si spécifiques, les signifiés le sont aussi parce que les dénominations et reconstitutions du référent offrent bien souvent par ailleurs la définition complémentaire du référent.

Du point de vue de l'analyse, dénominations, signifiés et reconstitutions des référents permettent de se faire une image à peu près complète des conceptions des locuteurs à propos du référent, du moins au niveau linguistique.

Du point de vue du locuteur, dénominations, signifiés et reconstitutions du référent sont les aspects obligés de la double relation du locuteur, au référent d'une part, à un autre locuteur d'autre part. Partiels en tant que tels, dénominations, signifiés et référents sont en même temps la trace de la nécessaire économie qui doit présider à l'échange linguistique et celle de l'inévitable redonance sans laquelle tout référent risquerait de perdre sa spécificité. Ils sont aussi la trace des inévitables réajustements auxquels doivent se livrer les locuteurs, confrontés à un référent toujours extérieur à eux et susceptible d'être appréhendé selon plusieurs points de vue.

2

Les comportements géolinguistiques et sociolinguistiques et les processus de la signification : quelques exemples

La dénomination des céréales

Dans les deux départements on connaît et on utilise le terme **orj** ; à l'exception de l'extrême nord-est de la Mayenne. Le sens donné à ce syntagme est-il généralement indifférencié ? En un seul point il signifie explicitement «l'orge de printemps de culture plus récente».

On ne trouve que quelques rares termes plus spécifiques et moins génériques. A côté d'un terme complexe et analytique **orj də prẽtã** attesté une fois on trouve, pour la même variété, le terme **pomel**, réalisé **pàu̯mèl** ou **pòmèl**. Cette dernière réalisation s'opposait anciennement à **pómèl** «l'orge d'hiver», dit un locuteur. Ceci dit les rares réalisations **pàu̯mèl** et **pòu̯mèl** portées sur les cartes n'ont pas été complétées par l'attribution d'un référent plus précis que le référent «orge». Ces réalisations se trouvent à l'extrême nord-ouest de la Mayenne, au contact d'une zone de réalisations identiques en Ille et Vilaine.

Deux autres termes complètent la série et concernent le référent «orge d'hiver» : **òrj bèɕèt** et **èskʷurjõ** ou **skʷurjõ**. Ils ne sont attestés qu'une ou deux fois.

Parmi ces signifiants seul **eskʷurjõ** est masculin.

A propos de tous ces termes, il n'est pas inutile de relire LITTRÉ et WARTBURG. A l'article «orge» du LITTRÉ on peut lire, remontant au seizième siècle : «Des orges, il y en a de l'automne et du printemps, ceux de l'automne sont appelés chevalins, ceux du printemps sont appelés paumés ou paumoules (Paré, I, 14)» ; mais aussi «orge était autrefois masculin et féminin. L'Académie le fait féminin». L'article paumelle du même LITTRÉ parle d'une espèce d'orge (orge distique) et cite O. DE SERRES qui, au seizième siècle, le définit comme de «l'orge de printemps». Et l'article du FEW de WARTBURG n'atteste-il pas pour le Maine et Loir, voisin méridional de la Sarthe et de la Mayenne, le terme «bechet» de genre masculin et signifiant «orge d'hiver».

Pour le référent «avoine» maintenant, l'homogénéité des deux départements se retrouve, le terme **avoan** étant attesté partout. Et comme pour «l'orge» il y a des attestations complémentaires, mais rares. Dans l'est de la Sarthe s'opposent **làvwèn divè** et **làvwèn dė prẽtã**.

Pour les autres céréales («blé», «seigle», «blé noir», sain ou «plus ou moins dégénéré») la situation linguistique est plus complexe. Employé par ailleurs pour dénommer plusieurs types de céréales à propos des maladies de ces céréales, le terme **grẽ** signifie «blé» en Mayenne (à l'exception du nord-ouest), à l'extrême sud-ouest et à l'extrême-est de la Sarthe. Le terme choisi concentre l'attention sur la partie vitale de la céréale, au risque de confondre plusieurs types de céréales si plusieurs d'entre eux étaient appelés ainsi. Pour le référent «blé» toute la Sarthe connaît le terme **ble**, terme également attesté au nord de la Mayenne et, une fois, au sud-est de ce département.

A ces deux termes, qui opposent à peu près Sarthe et Mayenne dans leurs limites administratives s'ajoute le terme **fromã**, utilisé dans tout le nord de la Mayenne et dans les zones centre-sud et est de la Sarthe.

A propos des termes **ble** et **grẽ** certains locuteurs donnent des séries de termes plus spécifiques qui font intervenir des critères variables de signification (blé dur ou blé tendre; et les variétés **rɥj dė bòrdó**, téverson, **sẽló** et **nòé**): ces critères ne sont pas systématiquement exclusifs puisque l'origine géographique du grain est souvent complémentaire de sa qualité dure ou tendre.

Si le référent «seigle» voit s'opposer à peu près Sarthe et Mayenne c'est par l'usage du terme «seigle» en Sarthe mais «blé» en Mayenne (où le terme grain est donc utilisé pour le référent «blé»).

Quant au «blé noir», il est rarement dénommé comme tel: seulement en Sarthe sur une étroite bande qui court, au centre-sud du département, de l'est à l'ouest de celui-ci. Toute la Mayenne, le nord et le sud-est de la Sarthe ont **karabẽ** dont LITTRÉ dit, dans son article Carabin: «un des noms du blé sarrasin cité dans Ménage et usité encore aujourd'hui en Normandie». Le nord-ouest de la Mayenne se singularise encore avec quelques attestations de **kàrò$_{\text{u}}$** qu'on ne peut rapprocher que de **karro** ou **karraɥ** attestés dans WARTBURG: le premier en ancien gascon pour le référent «méteil», le second, dans le Val d'Arran espagnol, pour les référents «seigle» et «mélange».

La dénomination **sarazẽ** n'apparaît qu'une fois; quant aux dénominations, clairsemées, du «blé noir plus ou moins dégénéré ou fourrager», elles renforcent le caractère exotique contenu dans les signifiants du «blé noir» sain. Ces quelques dénominations du «blé noir plus ou moins dégénéré ou fourrager» ont, ceci dit, un haut rendement sémantique que traduit un jeu d'oppositions où les mêmes termes servent à indiquer des significations différentes.

Aux dires des locuteurs **sarazẽ**, **karabin** et **beri** s'opposent à **ble nwar** d'une part, **karabẽ** à **sarazẽ** d'autre part, comme autant d'espèces moindres mais saines, différentes botaniquement et dans l'usage qu'on en fait. Par contre **tartar** et **karabẽ** sont du «blé noir dégénéré», **karaɥ** et **beri** du «blé noir» sain, qu'elle qu'en soit l'espèce. En réalité **tartar** et **karabẽ** signifient à proprement parler le grain dégénéré; et la céréale entière est alors dénommée à partir de cet élément partiel d'elle-même.

Le tableau 9 ci-dessous regroupe, pour l'ensemble des référents qui viennent

TABLEAU 9

Les dénominations des céréales

Structure conceptuelle des signifiants / *Structure formelle* / *Référents*	genre	genre + type saisonnier	genre + couleur	type saisonnier	partie de végétal	référence ethnique	référence géographique	*Thèmes des reconsitutions du référent*
	lexème	-2 lexèmes + de -2 lexèmes juxtaposés	lexème + adjectif	lexème	lexème	lexème	lexème	
Orge	1 (1)	2 (1, 3a)		2 (1, 3a)				-localisation temporelle -éventuellement : référence diachronique
Blé	2 (1)				1 (2) *-			-variétés de blés (avec leurs noms) -spécification morphologique d'une variété -localisation temporelle
Seigle	1 (1) 1 (2)							
Blé noir plus ou moins dégénéré ou fourrager						2(2) *	1(2)	-spécification de variétés différentes moindres mais saines -distinction du blé noir dégénéré et du blé noir sain
Blé noir			1 (1)			1 (1) *		
Avoine	1 (1)	2 (1)			1(2) *-			-localisation temporelle
Signifiés	x	x	x		x	x	x genre	
		x	x	x variété				

d'être passés en revue: les structures formelles et conceptuelles de tous les signifiants énoncés, la structuration des signifiés et les reconstitutions partielles du référent auxquelles se livrent les locuteurs.

A la lecture de ce tableau on constate qu'indépendamment du référent et au-delà des sources différentes du signifiant c'est la distinction entre genres de céréales puis entre variétés qui est essentielle. Ceci dit, de chaque référent en particulier, signifiants et surtout signifiés disent bien peu: d'où la valeur des commentaires qui visent à reconstituer les infinis détails d'un référent qui n'existerait pas en dehors d'eux; ainsi pour le référent «blé» dont on égrène les variétés: «du **sẽló**, du **bòrdó**, du **jàfé**, du **nòé**, le **blé sègl** qui a remplacé le seigle»; ou encore: «le blé de printemps n'existait pas avant la guerre, (cependant) on faisait du **mànitòbà**, certains disaient **mànitòbã**». Ainsi du «blé noir plus ou moins dégénéré ou fourrager»: «**là kàràbin** (est) plus touffue, plus branchue (que le) **kàràbẽ** qui a la tige plus grosse; le sarrasin, la graine est pointue, le brin vert, on battait ça au fléau pour les poules»; «le **béri** est plus grand, le **kàràbẽ** (le grain) qui est dedans n'a que l'enveloppe, c'est bon à rien du tout; les poules, elles ne le mangent même pas».

Les maladies des céréales

Quelques cartes de l'atlas concernent les maladies ou les défficiences que peuvent connaître certaines des céréales. Pour nos analyses on a retenu les dénominations relatives au «blé rétréci ou échaudé dans l'épi» et à la maladie du «charbon». Incidemment on a tenu compte aussi des dénominations relatives aux «pois n'ayant pas grossi dans la gousse». Le tableau 10 ci-dessous présente, selon les principes utilisés dans le tableau 9, les structurations formelles et conceptuelles des signifiants et la structuration des signifiés.

Pour ces dénominations, motifs du signifié et reconstitution du référent coïncident pratiquement. Les sources du signifiant sont, elles, beaucoup plus nombreuses et variées; et à la diversité d'inspiration sémantique s'ajoutent les nuances des variations formelles. La chaleur trop violente sera cause du dépérissement de la céréale, cause transcrite par un participe passé ou au contraire par un présent de l'indicatif, selon les locuteurs. Un autre signifiant fréquent, — le symptôme d'une maladie —, sera transcrit formellement par un substantif, un adjectif ou un participe passé.

Cette variété conceptuelle et formelle des signifiants rend bien compte en fait de la complexité même du référent à dénommer: la maladie de la céréale. Pour parler d'une maladie on peut en dire les causes, les processus, les conséquences ou encore comment cette maladie se traduit dans l'aspect extérieur de la plante: avec le motif morphologique de la plante nous avons là la liste des motifs du signifié.

Ceci dit, les causes peuvent être multiples; on peut parler d'un processus en

TABLEAU 10

Les maladies des céréales

Structure conceptuelle des signifiants	aspect	chaleur	action de com- primer	symptôme de maladie	état peu développé	entrave	manque de nourriture	mort	taille + partie de végétal
Structure formelle / *Référents*	- verbe conjugué - participe passé	- participe passé - 3e per- sonne pré- sent de l'indicatif	- participe passé	- lexème - adjectif - participe passé	- adjectif	- participe passé - adjectif	- participe passé + négation antéposée	- participe passé	- lexème composé (adjectif + lexème)
Blé rétréci dans l'épi	1 (3a) 2 (2)	1 (2) (*)	2 (2)	2 (2) 1 (3b) *	1 (2)	1 (2) * 2 (3b) (*)	1 (3b)	1 (2) 1 (3b)	1 (3b)
Blé échaudé dans l'épi		1 (3b) 1 (1) (*)				1 (3b) (*) 1 (2) *		1 (2)	
Charbon				2 (2)					
Charbonné				1 (3b) *					
Signifiés	aspect × extérieur	causes × processus	×	×		×	×	× conséquence	× × morphologie

Nota : le signe * indique qu'il s'agit du même terme pour 2 référents distincts. Souligné il signifie que le terme est attesté au même point pour les 2 référents différents. Entouré d'un cercle, il signifie que le terme est en partie attesté aux mêmes points.

TABLEAU 10bis

Structure conceptuelle des signifiants	manque	couleur	couleur et aspect	couleur et matière	Phénomène atmosphé-rique	maladie	Thèmes des Reconstitutions du référent
Structure formelle / *Référents*	- Participe passé	- Adjectif	- Adjectif	- lexème	- lexème dérivé	- participe passé	
Blé rétréci dans l'épi							- causes - conséquences - aspect extérieur - identification botanique de la maladie
Blé échaudé dans l'épi	1 (2) *						
Charbon		1 (2)	1 (2)	1 (1)	1 (3b) 1 (2)		
Charbonné	1 (2) *	1 (2)				1 (3b) 1 (1)	
Signifiés	x———	———	———	———	———	———x causes	
		x———	———x———	———x———	———x	aspect extérieur	

cours ou en rendre compte au passé ; l'aspect extérieur de la plante peut être rendu de façon plus ou moins détaillée.

On le voit, il n'est pas question à proprement parler de dire qu'il y a maladie en tant que telle. Sauf dans le cas des pois, ce dont il est question n'est jamais défini comme maladie : on parle de gale (substantif) pour le pois dans le sud de la Sarthe, comme on parlera de la même **gal**, en Sarthe encore, pour dénommer la «moisissure blanche sur les betteraves, les pommiers».

En fait les dénominations relevées se concentrent avant tout sur la cause de la maladie et aussi sur l'apparente contradiction que la plante serait déjà arrivée à maturité sans avoir suivi le processus normal de développement.

Un coup de froid, un coup de vent au moment de la floraison auront «brimé» la céréale ; un excès de chaleur au début du développement de la plante et le blé, ou l'avoine, sera **eɕode, eɕodwi, morkwi**. Cette entrave dans le développement de la céréale est le thème de plusieurs dénominations : la céréale est **etrãgle, avortone, avorte**. De ces dénominations on rapprochera **pwẽ mɯri** qui type bien le paradoxe déjà énoncé : **pwẽ mɯri** par excès de chaleur au mauvais moment.

La céréale apparaît alors **mègr, rsèré, ràbɯgri, ràtàtiné, ràglẽjé** (devenue toute petite et ratatinée) ; **àmòriyòné** (ridée pour avoir été trop brutalement nourrie) ; **gàlé** (jaunie, le grain ramolli).

C'est dans la Sarthe essentiellement (sauf à l'extrême nord) que se trouvent, avec l'extrême est et l'extrême ouest de la Mayenne, les dénominations relatives aux causes de la maladie. Celles relatives à l'aspect extérieur des céréales atteintes sont réparties à égalité dans les deux départements. Quant aux dénominations relatives au processus même de la maladie, elles se concentrent plutôt en Mayenne ; la Sarthe partageant avec elle la dénomination **avorte**. Enfin les termes locaux **raglẽje, amoriyone, gale** se retrouvent presqu'exclusivement en Mayenne, avec de très faibles fréquences d'usage.

Toutes les dénominations dont il a été question ici étaient relatives aux maladies provoquées par des phénomènes atmosphériques. Avec les dénominations relatives au «charbon» on touche à d'autres types d'entraves : carie du blé, charbon des céréales — surtout orge et avoine —, et nielle du blé. Pourtant les mêmes tendances conceptuelles et formelles se retrouvent, d'un groupe de dénominations à l'autre.

Les termes utilisés pour parler de ce deuxième type de maladie font référence ou bien au seul aspect extérieur : **nwèr, mɯɕeté, ɕàrbõ, òkré, gàlé** ; ou bien à une entrave dans le bon développement de la plante : **gale** encore, ou **brime**, le premier en Sarthe, le second en Mayenne.

Les dénominations relevées font enfin référence à la cause du dépérissement de la plante. Ainsi avec **kari** au nord de la Mayenne ; **ɕãkr** au centre de la Sarthe ; **nœlé** et **nœlè** au nord-est de la Mayenne et au nord de la Sarthe ; enfin avec **ɕarbõ**, dénomination bien répandue dans les deux départements. Une dernière dénomination — **fudr** —, couvre presque l'ensemble des deux départements, tout en étant très majoritaite au sud des deux départements, en Maine-et-Loire et, en Ille-et-Vilaine et Loire-Atlantique, présents aux alentours immédiats de la Mayenne. Dans le reste de ces deux départements c'est la dénomination **carbõ** qui domine largement.

En comparant toutes les dénominations on relève que quelques-unes d'entre elles sont communes ou proches pour des types de référents différents ; ainsi de **gale, brime** et **kari** utilisables pour parler d'une maladie proprement dite ou au contraire d'une entrave due à des phénomènes atmosphériques ; utilisables aussi de façon plus ou moins interchangeables pour des céréales différentes.

De quelques plantes à fleurs

Le trèfle

La dénomination **trefl** est attestée sur l'ensemble des deux départements (sauf à l'extrême nord-ouest de la Mayenne et à l'extrême sud-est de la Sarthe). A côté de cette dénomination générique qui ne semble pouvoir spécifier que le genre, bien des dénominations existent pour signifier les variétés du trèfle. Si genres et variétés sont les seuls signifiés repérables, les signifiants ne s'attachent, eux, qu'à certains des aspects qui permettraient de distinguer les variétés ; au point que, sans le recours aux reconstitutions du référent, on ne saurait pas quelle variété est dénommée. Et encore.

Ainsi quelques signifiants font référence à l'origine possible de la variété ou à sa localisation préférentielle : **trefl du pei, gro trefl brətõ, merikẽ**. Mais en un même point **trefl du pei** est opposé par le locuteur à **trefl ruj** pour dénommer, le premier le trèfle violet, le second le trèfle rouge ou incarnat.

De même en plusieurs points **merikẽ** est-il opposé à **meriko**, le premier étant du trèfle rouge, le second du blanc. Cette distinction ne dirait pas grand chose du référent si, en l'un ou l'autre point, un locuteur n'ajoutait que **merikẽ** est hâtif et **meriko** tardif ; que **merikẽ** est en fait incarnat et **meriko** moins rouge que **merikẽ** (donc blanc...) ; que ce sont en fait les fleurs qui sont rouges ou blanches mais qu'il peut y avoir du trèfle rouge aux fleurs blanches.

Quelle est donc l'identité propre de chaque référent, là-dedans ?

A côté du motif de l'origine ou de la localisation, les autres signifiants relevés ont pour motif la couleur (**trefl blã, trefl ruj, trefl vyole,** le violet, **rusiyõ, blã nẽ**) ; la dimension ou la taille (**blã nẽ, gro trefl**) ; et la spécification d'une variété (**trefl frã, faro** — issu de «farouch ou farouche : trèfle incarnat cultivé en grand comme fourrage et qui se consomme en vert»). A tous ces termes s'ajoutent **tremen**, localisé au nord-ouest de la Mayenne; et **kayet**, seule image du lot à côté des autres dénominations, plus analytiques.

Avec des adjectifs substantivés, avec ou sans dérivation (le violet, **rʉsiyõ, merikẽ** on trouve, en effet, des dénominations plus complexes aux constituants et agencements variés: substantif suivi d'un adjectif (**trefl frã**), adjectifs juxtaposés (**blã nẽ**); substantifs reliés par un élément de liaison (**trefl du pei**).

Signifiants et reconstitutions des référents partagent deux motifs: celui de la couleur et celui de la dimension. Les commentaires des locuteurs insistent, ceci dit, sur d'autres points qui visent à spécifier autant de variétés (consistance, date de la récolte, variétés sauvages et cultivées...). Ainsi la **kayet** «se tient», elle est «semée». Par opposition la **rʉle** est un trèfle «mou» et, implicitement, non cultivé. Le **trefl frã** et le **gro trefl** sont du trèfle «violet»; le premier s'oppose au **trefl rʉj**, «trèfle incarnat», le second au **trefl blã**, «tardif». Et la seule dénomination **trefl** peut signifier en réalité, pour certains locuteurs, «trèfle rouge» ou «trèfle de pâture».

En résumé motifs du signifiant et reconstitutions du référent s'efforcent, sans jamais y parvenir, de recenser et spécifier complètement les variétés, renforçant à chaque fois la notion même de variété comme thème prédominant du signifié.

Ivraie. Graminées et fausse-avoine

Attestée sporadiquement dans les deux départements mais aussi dans les départements limitrophes au sud et à l'ouest, l'ivraie est **ivre** et quelquefois **trõp bonom**: dernière dénomination qu'elle partage — normalement ou induement selon les locuteurs —, avec des graminées auxquelles elle peut ressembler.

Quel trait commun réunit-il ces deux genres de plante sous la dénomination de **trõp bonom**? La signification très indirecte qui s'attache à cette dénomination dans le cas des graminées vient de ce que les locuteurs mettent assez systématiquement en parallèle **trõp bonom** et **berwe** ou brouillard: «c'est fin comme de la pluie fine, c'est le brouillard qui tombe».

D'une variété à l'autre et au-delà des motifs différents du signifiant, c'est bien l'aspect de la plante qui constitue le signifié privilégié: configuration morphologique générale ou plus particulière. Les commentaires des locuteurs y insistent beaucoup qui donnent une certaine cohérence à un ensemble de signifiants un peu disparates: **pʉ d preri, kœ dsʉri, kœ dra, kœ drənar**, les graminées sont aussi **famin**, **panaɛ, lerb nwar**, «brouillard» et «trompe-bonhomme» donc. Il faut ajouter à cette liste deux dénominations peut-être locales, du moins recensées dans le *Vocabulaire du Haut-Maine* de C. R. de Montesson: **flen** qui signifierait faible, flasque, chétif; et **plu**, qui signifierait velu, poilu.

Complétant cette première cohérence dans la signification, les commentaires des locuteurs visent à distinguer des types différents de graminées, en même temps qu'à en préciser quelques caractères.

Les termes **erb nwar**, **trõp bonom**, **kœ dsɯri** et **kœ drənar** dénommeraient le vulpin, la **plu**, le paturin, **fetuk**, **fetuk rɯj** ou **tuk**, la fléole. De ces herbes, on précisera où elles poussent, leur taille, leurs contours. Pour autant, quelques locuteurs n'en oublieront pas la diachronie, au risque de changer les attributions énoncées auparavant ou en d'autres lieux: la **plu** dénommait anciennement ce qu'aujourd'hui on appelle **trõp bonom**. De même de **flen** qui dénommait ce qui est maintenant appelé **panaɛ**. En fait, aux termes locaux, se sont substitués des termes du français, dictionnarisés ou non.

Mais le jeu des ressemblances n'est pas fini. L'ivraie conduisait aux graminées; celles-ci conduisent à la folle avoine: «la **famin** ressemble à l'avoine élevée, à l'avoine folle». Pourtant les motifs et la structure formelle des dénominations de l'avoine folle sont d'une autre inspiration: des dérivés du terme «avoine» (**avenol, avwene, javeyõ**); ou la précision plus ou moins appuyée, quand il ne s'agit pas de la véritable avoine (**fós àvén**, **fòl àvén**, **àvén fòl**). C'est le seul terme apparemment local qui permet de refaire le lien qui est fait par les locuteurs. De **pelẅet**, le *Vocabulaire du Haut-Maine* dit: «pellicule, fragment de peau ou de pelure, furfure, duvet ou poil de dessous des animaux, petite écaille». Signification à rapprocher et de **plu** qui dénomme une graminée et dont le sens est «velu, poilu»; et de ce commentaire d'un locuteur relevé à propos de **javeyõ**, dénomination de l'avoine folle: «c'est de l'avoine folle, il y a une espèce de barbe au bout du grain».

Si tant est qu'elles se ressemblent dans leur morphologie, qu'elles encombrent également les champs et qu'elles soient en elles-mêmes d'une égale inutilité fonctionnelle, et voilà que les plantes entrent aussi dans des réseaux de ressemblances linguistiques, établis au niveau des dénominations ou au niveau discursif.

Mais comme ces plantes ne sont pas finalement les mêmes, il est besoin d'un stock parallèle de dénominations aptes à distinguer et spécifier plusieurs variétés ou genres.

Signifiants et reconstitutions du référent font, défont et refont l'écheveau de l'unique, du différent et quelquefois semblable. Le genre spécifique et les variétés florales ne sont-ils pas les motifs privilégiés du signifié?

Conclusion

Que dire finalement du statut géolinguistique et sociolinguistique des vocabulaires de la flore et des céréales? Que dire des processus de signification à l'œuvre dans la constitution de ces vocabulaires?

Une analyse sociolinguistique initiale avait conduit à relever trois séries de dénomination:

— Les dénominations attestées en tant que telles dans les dictionnaires du français contemporain (série 1);

— Les dénominations attestées dans les mêmes dictionnaires mais seulement sur la base du signifiant (série 2);
— Les dénominations non attestées dans les dictionnaires du français contemporain (dénominations par ailleurs pas du tout attestées ou anciennement attestées dans les dictionnaires, ou encore attestées dans les glossaires locaux; série 3).

Les dénominations de deuxième et troisième séries, que l'on aurait pu croire locales, n'ont pas paru, à l'analyse, systématiquement spécifiques des deux départements. Par ailleurs l'analyse formelle des dénominations a permis de retrouver une convergence formelle entre les trois séries puisque, en fréquence d'usage, ce sont plutôt les mêmes types formels qui sont prédominants d'une série à l'autre.

A l'inverse, deux facteurs conduisent plutôt à dissocier les trois séries. Du point de vue géolinguistique en effet, la distribution des termes en fonction des trois séries est relativement différenciée. Par ailleurs le rendement sémantique de chacune de ces trois séries est différent, rehaussant les nuances formelles perceptibles à côté des convergences formelles déjà signalées.

Comment faire la synthèse de tout cela sinon en introduisant, en plus de l'opposition vocabulaire français / vocabulaire local, la notion de registres du français: notion pour laquelle on aurait établi en cours de route les différents critères nécessairement solidaires qui permettent de les définir et de les identifier (critères formels, critères sémantiques, critères géolinguistiques et sociolinguistiques)?

On sait que les dictionnaires ne prennent pas systématiquement en compte tous les registres d'une langue surtout, comme c'est le cas ici, quand on a affaire à un vocabulaire de spécialité trop spécifique pour qu'il puisse trouver place dans les recueils de termes d'emploi quotidien (c'est du moins ainsi que se veulent les dictionnaires usuels). Par ailleurs il peut y avoir convergence formelle relative entre des termes de registres différents; ce qui n'exclut pas des tendances formelles plus spécifiques d'un registre à l'autre, ainsi que les rendements sémantiques différents: les termes retenus dans les dictionnaires du français contemporain sont plus statiques, moins analytiques que le français commun en matière de flore par exemple et, au niveau sémantique, reflètent plus l'existence de genres différents que la morphologie des plantes.

En somme on aurait un registre du français standardisé ou à considérer comme normatif (selon que l'on se place du point de vue quantitatif ou du point de vue d'une option socio-politique plus ou moins explicite): on aurait là, regroupant les termes attestés dans les dictionnaires du français contemporain, un registre qui n'est pas d'une parfaite homogénéité formelle, ceci dit.

On aurait par ailleurs un registre du français commun (réunissant les séries 2 et 3 — du moins l'essentiel de cette dernière —) qui n'est pas vraiment homogène, tant du point de vue linguistique (constitution formelle et rendement sémantique) que du point de vue géolinguistique et sociolinguistique. Il y aurait enfin un petit ensemble de mots locaux (une faible partie de la série 3) soumis, bien entendu, aux mêmes lois linguistiques, géolinguistiques et sociolinguistiques qui régissent les registres du français.

A côté de ces enseignements à propos desquels il faudrait continuer une discussion plus générale, théorique, méthodologique et pratique, il reste un fait important pour les deux départements : il s'agit de la distribution géolinguistique différentielle d'une série de termes à l'autre. En reprenant à ce propos ce qui est dit dans les deux parties qui précèdent, on peut dire ceci : l'est de la Sarthe apparaît bien comme le plus proche des modèles linguistiques du français contemporain puisque maîtrisant mieux que les autres parties des deux départements l'ensemble des registres énoncés (y compris, dans une certaine mesure, les termes locaux).

A l'inverse, les autres parties font un certain choix dans les registres de ce même français, en maîtrisant un plus spécialement, sans ignorer les autres d'ailleurs.

Quels sont les ressorts de tels choix ? De tels comportements sont-ils spécifiques de ce type de vocabulaire spécialisé ou plus systématiques ? L'analyse des indicateurs phonétiques apportera peut-être quelques lumières ; d'autant plus qu'alors seront confrontées limites linguistiques et limites établies sur des critères socio-culturels non linguistiques.

Après tout ceci, est-il possible de dire qu'il existe tout de même des dénominations proprement locales, extérieures au français contemporain et à ses registres ?

On relève bien des termes, attestés dans des glossaires locaux et qui ne semblent pas faire partie du français contemporain. Ces termes sont-ils locaux bien qu'ayant pu exister à plus vaste échelle anciennement ? Ne faut-il pas considérer plusieurs limites géographiques qui définiraient des zones de plus en plus étendues, ou au contraire restreintes ? C'est certainement le cas pour la petite quarantaine de termes dont certains ne sont pas exclusifs des seules Mayenne et Sarthe, dans l'ouest roman français ; dont certains autres, la plus grande quantité en fait, ne sont attestés qu'une ou deux fois.

Toutes ces questions valent d'ailleurs en grande partie pour l'attribution d'un terme dans le lot des termes du français commun ; car, en définitive, que sait-on en la matière ? Quel est le vocabulaire commun de la flore en français ? Quelles en sont les règles d'usage ?

D'un ouvrage spécialisé à un autre, les dénominations communes pour un même référent sont loin d'être identiques. Pour treize référents on a, de plus, pu comparer les dénominations relevées en Sarthe et Mayenne et les dénominations françaises considérées comme communes. Pour six référents, il n'y a pas de correspondance, sans que l'on puisse définir du tout les dénominations en usage en Sarthe et Mayenne comme locales. Pour les neuf autres référents il n'y a pas d'appellation commune, en Sarthe et Mayenne, en complément de la dénomination inscrite dans les dictionnaires du français contemporain.

Le plus significatif est qu'en fait les dénominations du français commun sont plusieurs fois attribuées, en Sarthe et Mayenne à des référents qui, dans certains ouvrages spécialisés ne se voient pas dénommés par les mêmes dénominations du français commun. On retrouve par là ce qui vient d'être dit des ouvrages spécialisés et de leurs variations pour attribuer, à tel référent, des dénominations du français commun.

En somme on aurait un stock de dénominations dont une partie serait commune à différents types de référents.

En fait, une partie de la réponse aux questions précédentes a été donnée vraisemblablement dans l'analyse des processus de signification. On y a vu en effet le foisonnement des signifiants se ramener à une petite série de thèmes centraux et les motifs des signifiés s'épuiser, en le détaillant, dans un thème central et très dominant.

C'est que, d'une certaine manière toutes ces plantes ont des similitudes fondamentales. D'où la possibilité d'user d'une même dénomination ou de dénominations voisines pour parler de genres par ailleurs différenciés. D'où, aussi, certains flottements d'un ouvrage spécialisé à l'autre.

Mais au-delà de ces inévitables similitudes, il y a les spécificités systématiques.

A cause de cette inévitable contradiction, le locuteur sait ne jamais pouvoir épuiser l'identité de la plante à travers une seule dénomination. Et s'il ne peut cerner l'identité de la plante à travers toutes les dénominations de celle-ci, il sait qu'il peut passer au niveau du discours, essayer de reconstituer le référent autant que faire se peut.

Le signifié n'est d'aucun de ces niveaux à proprement parler; mais il n'existe au minimum que par l'un et l'autre, puisque les commentaires des locuteurs ne sont pas systématiques quoique toujours possibles (le signifiant dit plus que son contenu littéral); et les dénominations consacrées prévues pour qu'il n'y ait pas besoin de commentaires (mais contenu littéral du signifiant et contenu plus large sont toujours en retrait de la totalité du référent).

Nommer est rentable dans la stricte économie de l'échange linguistique quotidien. Mais quand nommer c'est faire des choix formels et conceptuels il peut se faire alors qu'on perde, du référent, son identité et qu'en tout cas on ne garde de celle-ci qu'une de ses facettes, un moment de la vie propre du référent.

Dans ce contexte on doit relever le caractère statique que confèrent aux dénominations de la flore et des céréales les choix formels et conceptuels relevés. Sauf dans le cas des maladies des céréales, la plante n'est pas d'abord un organisme vivant. C'est en fait essentiellement le rapport visuel de l'homme au référent qui est transcrit, tant dans les choix formels que conceptuels: configuration extérieure de la plante, définition spatiale de l'élément végétal en lui-même ou dans son rapport au contexte. A cela s'ajoute que ce rapport visuel est au mieux celui d'un instant; quand on n'a pas le référent «sous les yeux», on ne peut pas en suivre l'évolution sur une plus longue durée.

En dehors de ce rapport visuel de l'homme au référent et en dehors de l'image statique et extérieure qui est donnée du règne végétal, il y a un thème moindre, mais réel: celui du rapport de la plante aux entités du même règne végétal ou des règnes animal ou humain: que ce soit pour mieux définir le contexte écologique général de chaque plante ou au contraire pour préciser la spécificité d'un référent par opposition à un autre.

Ces tendances générales ne doivent pas faire oublier les localisations géolinguistiques différentielles déjà discutées dans ces conclusions. S'il est vrai, on l'a vu, que d'une dénomination à l'autre il y a plusieurs fois convergences formelles, cette convergence est nuancée et rejoint les fortes nuances conceptuelles et théoriques qui existent d'une série de termes à l'autre. Or chacune des séries, attestée certes sur l'ensemble des deux départements, à quoi faut-il attribuer cette différenciation y a bien une relation entre chaque série et son rendement sémantique plus spécifique; s'il y a par ailleurs une localisation préférentielle de chacune des séries sur l'ensemble des deux départements, à quoi fait-il attribuer cette différenciation géolinguistique de rendements sémantiques différents? A des facteurs sociolinguistiques extérieurs à la définition linguistique de chaque série? Ou bien aux caractères mêmes, linguistiques et ethnolinguistiques qui définissent chacune des séries?

CHAPITRE III

ÉTAT DU FRANÇAIS ORAL EN SARTHE ET EN MAYENNE: INDICATEURS PHONÉTIQUES

PRÉLIMINAIRES

Venant après le chapitre consacré aux indicateurs lexico-sémantiques, celui qui est relatif maintenant aux indicateurs phonétiques vise à compléter l'image linguistique des départements de la Sarthe et de la Mayenne dans leur ensemble.

Comme pour les études lexico-sémantiques c'est le Tome I de l'*Atlas linguistique de la Bretagne romane, du Maine et de l'Anjou* (G. GUILLAUME et J.P. CHAUVEAU, 1975) qui a permis de constituer la base de documentation. En effet c'est la seule source qui offre, pour la période récente et de la façon la plus détaillée possible, des matériaux valables pour les deux départements concernés.

A propos de ces matériaux utilisés cette fois-ci à des fins d'analyse phonétique, on doit faire à peu près le même commentaire général que celui que l'on trouve au début des études lexico-sémantiques. Ce commentaire concerne les limites au-delà desquelles les matériaux ne peuvent pas être utilisables. Plutôt représentatifs d'un seul type de milieu, — le monde agricole —, les termes relevés ne sont pas systématiquement accompagnés d'une identification d'ordre diachronique (contrairement à ce qui se fait quelquefois dans certains des atlas linguistiques récents). Pour la majorité des termes attestés il est donc impossible d'avoir une connaissance quant à «l'âge» de ces réalisations: non pas tellement l'âge de l'informateur; mais surtout le fait de savoir si la réalisation proposée vient spontanément à la bouche du locuteur, ou bien si elle vient après de nombreuses sollicitations ou un délai de réflexion. On ne peut pas savoir non plus si un terme d'usage relativement spontané par exemple est utilisé à l'intérieur d'un type de milieu ou de plusieurs.

A l'analyse on constate pourtant bien vite que des zones homogènes se dessinent assez systématiquement à propos des différentes réalisations proposées. De plus on sait que les dialectologues n'interrogent pas seulement un locuteur par point d'enquête. Quand il y a convergence de réalisations pour un même point et pour un même type de phénomène; ou quand au même point et pour des types de phénomènes phonétiques différents on constate une référence à une même étape diachronique, on peut dire que l'on a plus affaire à un document linguistique utilisable qu'à un document dont on ignorerait tout de son rendement potentiel.

La prudence est pourtant de mise et en tout état de cause les convergences ne se révèlent qu'au fil de l'analyse, quand cette dernière peut dire finalement par ses moyens propres ce qu'une grande partie des précieux matériaux bruts n'indique pas quant à leur pertinence linguistique, historique, géolinguistique et sociolinguistique.

Comme pour le lexique, l'analyse phonétique n'a porté que sur une partie du matériel répertorié dans l'*Atlas*. Ce sont les 443 termes utilisés pour l'étude lexico-sémantique qui ont servi de base à l'étude phonétique.

Deux types de phénomène ont tout particulièrement retenu notre attention: parmi tous les «thèmes» de la phonétique articulatoire et de la phonétique combinatoire, c'est sur les phénomènes de diphtongaison d'une part, sur les phénomènes de palatalisation d'autre part qu'a porté l'analyse. Pourquoi ces choix?

A cela, deux raisons convergentes. D'une part ces deux types de phénomènes occupent une place significative dans la spécificité et l'histoire de la langue française ainsi que dans la différenciation interdialectale (cf. P. Guiraud, 1978). D'autre part, en dehors des avatars de la langue dite cultivée, c'est-à-dire en dehors de toute référence à l'image que l'on peut se faire d'un ou de français «standard» ou normatif, en dehors aussi des grandes lois d'évolution déjà établies et présentées (cf. H. Bonnard, 1968; E. et J. Bourciez, 1967; J. Chaurand, 1972; Gamillscheg, 1928; G. Tuaillon, s.d.), ces types de phénomène préoccupent encore les dialectologues du temps présent, et en particulier ceux qui ont à connaître des zones linguistiques limitrophes de la Sarthe et de la Mayenne au nord et à l'est de celles-ci (cf. M. R. Aurembou, 1973; P. Brasseur, 1973). Cette convergence dans les préoccupations est une raison supplémentaire qui explique que l'on se soit attaché à des types de phénomène qui pouvaient alors mieux faire ressortir les comportements linguistiques, géolinguistiques et sociolinguistiques.

Les phénomènes de diphtongaison

Les matériaux disponibles dans l'*Atlas linguistique* permettent d'étudier successivement une série de diphtongues croissantes et plusieurs séries de diphtongues décroissantes.

1

Les diphtongues croissantes

La carte ci-après situe la zone où ont été relevées les réalisations dont on va présenter le détail.

Parmi les 443 termes retenus pour les analyses lexico-sémantiques puis phonétiques on en relève 13 qui présentent des réalisations avec diphtongues croissantes. Ce sont les termes: avoine (référent «avoine» et «avoine folle»); foin; poil (référent «petite herbe»); **veyo** (référent «petit tas de foin dans la prairie»); **vei** («gros tas de foin dans la prairie»); **pwerjõ** («jonquille»); **veye** («liseron»); **kõfe** («consoude»); sauvage (référent «avoine folle»); **pwes** («bardane»); **byeɛ** («ortie)»; bruyère; vesce.

Les réalisations avec diphtongue croissante sont au nombre de 26 qui correspondent toutes au groupe **we** mais où deux voyelles se succèdent distinctement: **oè**, **oė** ou **oẽ** selon les cas. On doit noter dans de rares cas que la diphtongue croissante est réalisée avec un **i** implosif: **f$_{o}$ẽ$_{i̯}$**, **v$_{o}$è$_{i̯}$**, **v$_{o}$ė$_{i̯}$**. Dans 11 cas la diphtongue croissante se présente en position prétonique, dans 15 cas en position accentuée.

En règle générale, les diphtongues croissantes relevées sont issues de voyelles latines accentuées placées:

— après labiodentales (**f** ou **v**) suivies de: *ē* (latin *avēna*, latin *fēnum*); *ī* (latin *vītis*); *ā* (latin *silvāticus*); *ĭ* (latin *vĭsia*);

— après bilabiales (**p** ou **b**) suivies de: *ĭ* (latin *pĭlus*, latin *pix*); *u* (latin *brucus*); *o* (latin *porrum*)[9].

Pour les 13 termes considérés, 3 seulement (foin < latin *fenum*; **vei** < latin *vitis*; **pwes** < latin *pix*) présentent des réalisations où la diphtongue croissante correspond au tiers du total des réalisations pour chaque terme. La diphtongue prend alors plus nettement la place de la voyelle simple — précédée ou non de la semi-consonne **w** — que pour les 10 autres termes.

La carte le montre, les diphtongues croissantes sont attestées à l'intérieur d'une zone homogène qui, s'étendant à l'est de la Mayenne et à l'ouest de la Sarthe, annule la séparation administrative des deux départements. Cette zone homogène s'étend d'ailleurs plus en Sarthe où elle englobe tout le sud-ouest. C'est cependant dans le nord de cette zone homogène que le phénomène de diphtongaison est le plus important quantitativement, ainsi qu'au point 120 (en Sarthe) et au point 91 (en Mayenne). C'est dans cette même partie nord (points 86 en Mayenne et 111 en Sarthe) que l'on relève de façon très prépondérante les diphtongues croissantes de forme **$^{\frown}_{o}$è**. A peu de choses près c'est aussi là que les diphtongues croissantes en

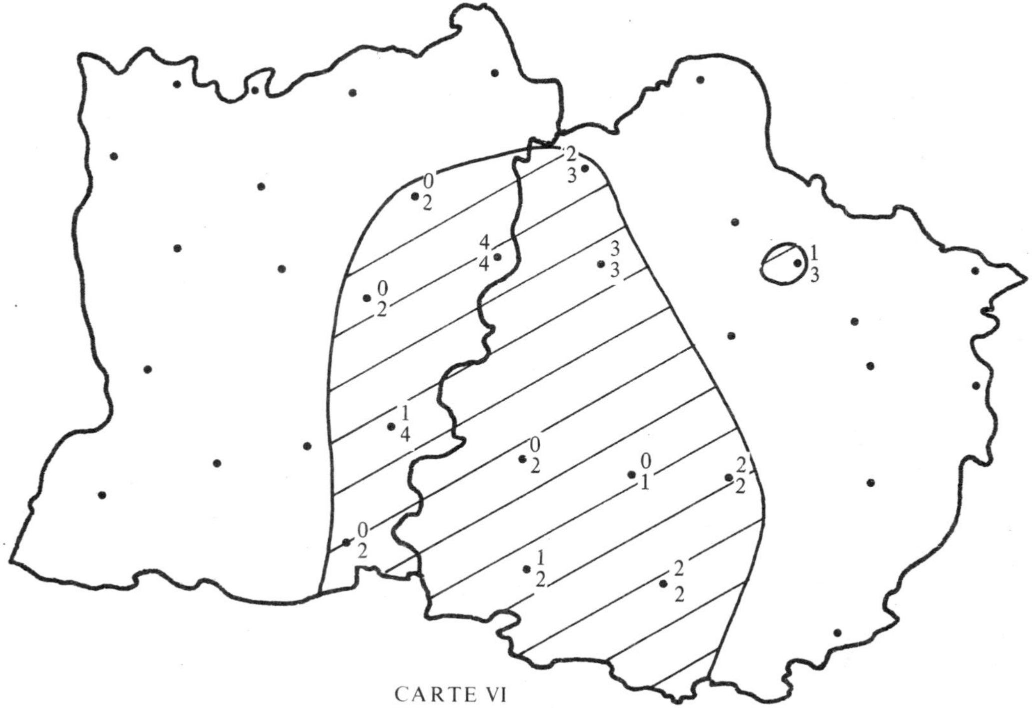

CARTE VI

Diphtongues croissantes : répartition géographique

(Pour chaque point, le chiffre supérieur indique le nombre des diphtongues en position prétonique, le chiffre inférieur celui des diphtongues en position accentuée) position prétonique sont le plus souvent attestées (points 86 en Mayenne et 111, 112 en Sarthe; dans une moindre mesure on en relève aussi aux points 118 et 119 en Sarthe).

Les faits relevés ci-dessus peuvent paraître de peu d'importance sur le plan quantitatif. Leur signification réelle, en synchronie et en diachronie, et d'un double point de vue linguistique et sociolinguistique apparaît pleinement quand on constate que ces quelques diphtongues s'inscrivent, pour chaque terme pris séparément, dans une série plus large de variations phonétiques. En cela ces phénomènes de diphtongaison sont un des exemples parmi tant d'autres de la fragmentation phonétique qui règne sur l'ensemble de ces deux départements. Ce que l'on relèvera pour les diphtongues décroissantes et pour les phénomènes de palatalisation ne contredira pas la constatation générale que l'on vient de faire et que l'on va illustrer maintenant.

Prenons les réalisations relevées dans les deux départements pour le terme «avoine» (< latin *avēna*). Que les réalisations relevées dans l'atlas soient des réalisations spontanées et «naturelles» ou des réalisations exprimées par référence à un modèle linguistique extérieur auquel tel ou tel locuteur aurait pu vouloir se soumettre, il n'en reste pas moins vrai qu'on trouve là une longue série de réalisations diverses. Disons tout de suite que ces réalisations divergentes sont le reflet d'autant d'états transitoires entre le terme latin initial et le terme français tel qu'il peut être réalisé actuellement. Par ailleurs chacun des états transitoires n'est pas géographiquement localisé n'importe où.

Le plus fructueux pour notre propos est sans doute de juxtaposer d'une part les matériaux linguistiques de l'évolution — en l'occurrence l'évolution du **e** fermé long latin en position accentuée; d'autre part les zones où telle étape était attestée ou bien où elle a pris naissance et d'où elle s'est répandu; en troisième lieu, les points d'enquête de l'*Atlas* où différentes étapes linguistiques peuvent être attestées (voir tableau ci-après).

La démonstration faite ici à propos du terme *avēna* et concernant l'évolution d'un **e** fermé long latin en position accentuée est aussi pertinente pour les termes *pĭlus* et *vĭsia* d'une part — à l'exception du statut de la nasale —; cela vaut également pour plusieurs autres voyelles latines étymologiques liées à un yod — c'est le cas pour les termes *pix*, *porrum* et *brucus*.

On doit compléter le tableau précédent en donnant tous les éléments de la fragmentation phonétique pour le terme latin étymologique *avēna*. Les réalisations qui conduisent à cette situation de fragmentation peuvent être regroupées sous quelques rubriques. Quelques réalisations attestent d'un recul du point d'application de la voyelle étymologique accentuée. On trouve ainsi les formes **oè**, **è**, **ò**, essentiellement en Mayenne, au nord — et plutôt au nord-ouest —, et au sud-ouest. En Sarthe c'est au centre qu'on trouve la voyelle **ò** et la voyelle **è**. Certaines

TABLEAU 11

AVOINE (< latin *avēna*)

TABLEAU LINGUISTIQUE ET GÉOLINGUISTIQUE COMPARATIF

Evolution linguistique du **e** fermé long latin en position accentué	**ẹ** ——→ **ẹi** ——	——→ **ọi** ——	——→ **oẹ** → **oę** ——	——→ **ʮę** → **wę** —— (↗ **oa** (parler populaire) ↘)	——→ **wa**
Zones géographiques de réalisation, de maintien et/ou d'origine	maintien en Normandie et dans l'Ouest	évolution dans le Centre et l'Est	attestation en Ile-de-France	attestation en Ile-de-France	état standard et/ou normatif actuel
Points de l'*Atlas* où l'une ou l'autre étape transitoire est attestée (dans avoine)	points 83-80		points 85-86-111 112 et 91	Sarthe + 79-87	absent de Sarthe et Mayenne

de ces mêmes réalisations, et d'autres, attestent d'un changement dans le degré d'aperture: **é** au sud-est de la Sarthe, **è** et **oè** en Mayenne.

On trouve des phénomènes de nasalisation (diphtongue nasale ou assimilation de nasalité) attestés en Mayenne sur une bande horizontale située au centre du département: cela concerne les points 80-83-84-87-91.

Parallèlement à cette instabilité de la voyelle accentuée étymologique, les réalisations indiquent une instabilité de la consonne **v** étymologique. Dans 25 cas la consonne étymologique s'est maintenue sans être suivie de la semi-consonne **w**: cela en Mayenne et aux points 116, 117 et 125 en Sarthe. Dans 18 cas le **v** étymologique, maintenu, est suivi de la semi-consonne. Cela au nord-est, à l'est et au sud de la Sarthe; au centre-nord, au nord-est et au sud-est de la Mayenne. Dans deux cas seulement, au sud-est de la Sarthe, la semi-consonne **w** remplace le **v** étymologique.

En résumé on doit d'abord relever l'absence, en Sarthe et Mayenne, de la dernière étape (forme **wa**) de l'évolution pour le **e** fermé long latin en position accentuée. Est-ce par hypercorrection que cette réalisation, issue du parler populaire parisien, n'a pas été intégrée par les ruraux du Maine? L'état le plus avancé de l'évolution qui soit attesté en Province du Maine (**wè, vwè**) l'est surtout en Sarthe (au nord, à l'est et au sud; en Mayenne, au nord-est et au sud-est). On se rappelle que cet état était au départ attesté en Ile de France.

La Mayenne surtout voit se juxtaposer des réalisations différentes y compris l'état le plus ancien dont on a vu qu'il s'était maintenu en Normandie et dans l'Ouest. A l'heure actuelle cet état se retrouve au centre-ouest de la Mayenne. Enfin c'est sur une zone homogène, à la frontière commune de la Sarthe et de la Mayenne, que l'on trouve trace de l'étape antérieure à la forme **wę**, issue elle aussi de l'Ile de France.

En somme la fragmentation révèle des étapes successives aux origines différentes, étapes attestées actuellement dans des zones qui ne se recouvrent pas.

Profitons de la démonstration que l'on vient de faire à propos du terme «avoine» pour dire que ce terme fait partie de la liste — restreinte —, des termes qui permettent quelquefois d'établir une homogénéité lexicale entre la Sarthe et la Mayenne. Mais on avait déjà dit que l'homogénéité lexicale, très relative, pouvait recouvrir une hétérogénéité phonétique plus ou moins grande.

2

Les diphtongues décroissantes

Trente-quatre termes parmi les 443 retenus présentent des réalisations où l'on relève des diphtongues décroissantes. Sur ces 34 termes, 21 font partie du français contemporain, 13 font partie de la série des termes locaux.

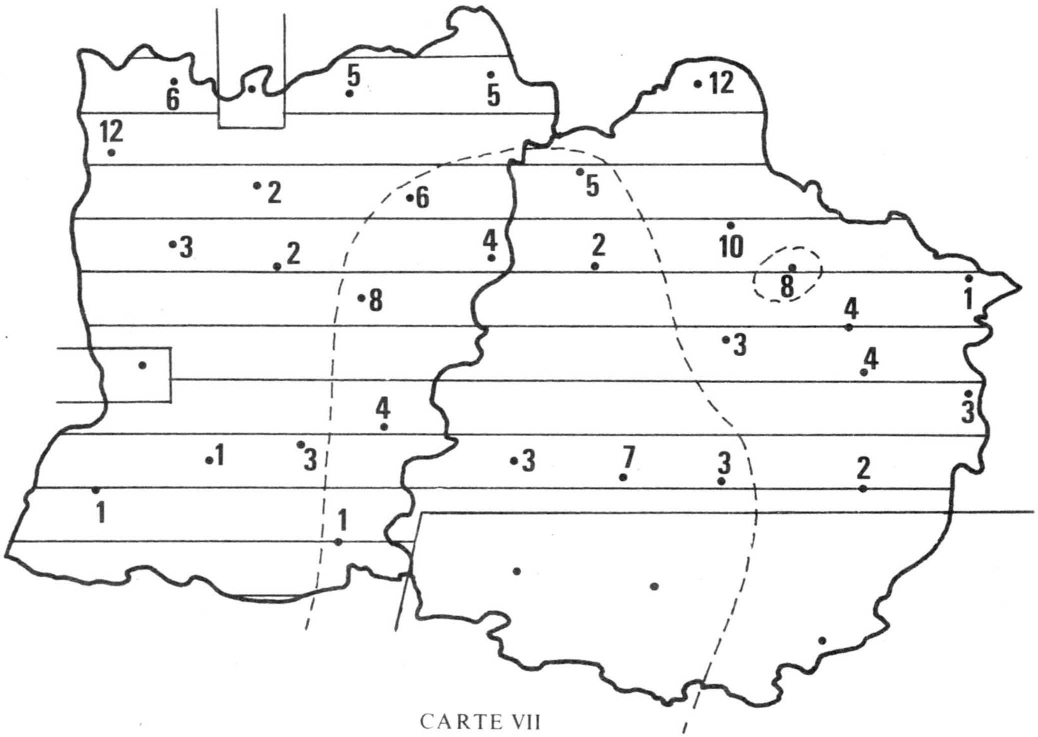

CARTE VII

Diphtongues décroissantes : répartition géographique

(Les chiffres indiquent le nombre des réalisations avec diphtongues ; la ligne tiretée rappelle la zone des diphtongues croissantes)

Les diphtongues décroissantes peuvent être regroupées en deux séries principales [10]:
— diphtongues **ei**. En position accentuée cette diphtongue est attestée pour 14 termes; en position prétonique, cela concerne 3 termes;
— diphtongues **aɥ, oɥ, ao**: en position accentuée ces diphtongues sont attestées pour 20 termes (dans trois cas la diphtongaison s'accompagne d'un phénomène de nasalisation); en position prétonique elles concernent 3 termes (et, dans un cas, la diphtongaison s'accompagne d'un phénomène de nasalisation).

Diphtongue **ei**

En position accentuée la diphtongue **ei** ou bien est issue de voyelles latines étymologiques, ou bien elle porte sur des formes françaises:
— Diphtongue issue des voyelles latines accentuées *ē* (latin *avēna* → avoine, latin *fēnum* → foin), *ĭ* (latin *nĭger* → noir), *ā* (latin *nāsus* → nez).
— Diphtongue issue des voyelles latines non accentuées (latin classique ou populaire) *i* (latin *vītis* → **veye**), *iu* (latin *brachium* → brassée), *a* (latin excaldare → échaudé). Dans ce cas les diphtongues se trouvent en position finale.
— Diphtongue portant sur des formes françaises. Parmi ces formes françaises on distinguera d'une part les *suffixes* dans **gãdle** (< gand), **kaniye** (< cane), d'autre part les *finales nasales* dans **ãdẽ**, foin (< latin *fenum*) et **jeyẽ** (< ajonc?).
On trouve aussi la diphtongue **ei** à la finale de **kõfe**, terme dont on n'a pu établir l'origine.

La diphtongue **ei**, enfin, correspond aussi quelquefois à la chute de la consonne **l** (dans le terme **parel**) ou du groupe **gl** (dans le terme «seigle» < latin *sēcale*).

En position non accentuée on trouve une diphtongue **ei** dans les trois termes suivants: sur la nasale dans **raglẽje**, dans **œnot** et dans le terme **sene** (< saigne-nez) où la diphtongue prend la place du groupe **gn**.

Quant à sa répartition géographique et sa fréquence, on constate que la diphtongue **ei** est prédominante au nord de la Sarthe et à l'extrême nord-est de la Mayenne; cette zone s'étendant plus ou moins vers le centre et l'est de la Sarthe, avec des fréquences un peu moins élevées. Les sources historiques ou géographiques de cette diphtongue y sont les plus diverses. On retrouve un peu, dans cette constatation, celle qui avait été faite à propos du lexique. On avait vu en effet que les différentes séries lexicales relevées, voire les différents registres étaient attestés ensemble seulement au nord et à l'est de la Sarthe.

Quoique de façon moins prédominante la diphtongue **ei** est encore statistiquement bien attestée au nord-est et au centre-est de la Mayenne. A l'opposé, de larges portions des deux départements, au sud, se présentent où l'on ne relève pas trace de la diphtongue **ei**. Ces portions méridionales s'étendent, vers le nord, au-delà de l'ancienne limite de la Province d'Anjou.

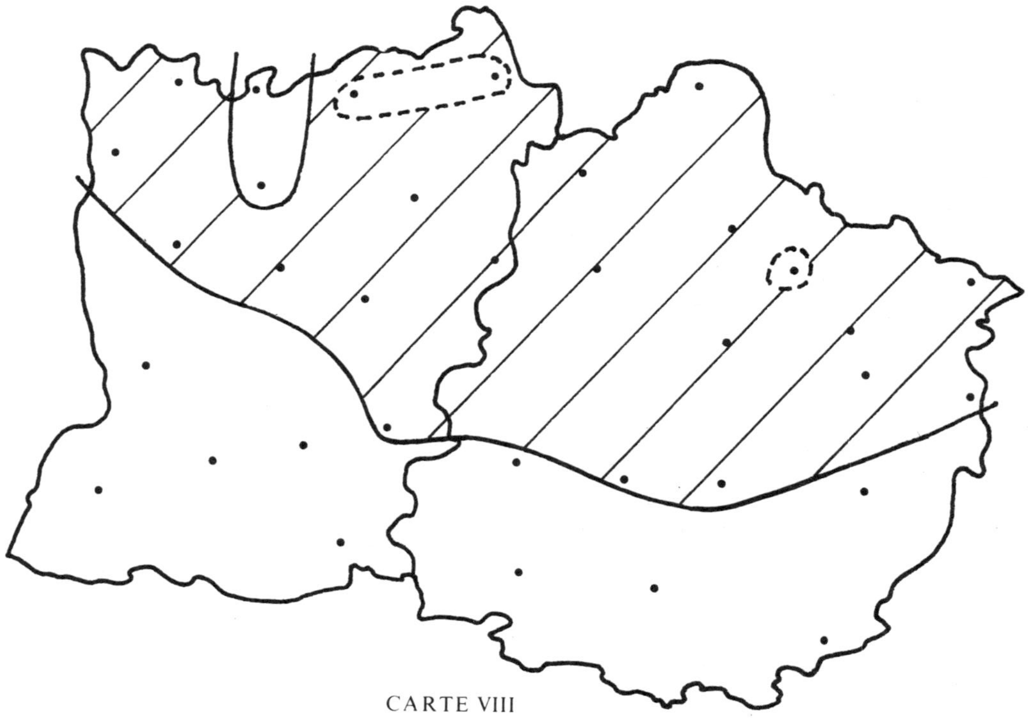

CARTE VIII

Diphtongues en **ei**: *répartition géographique*

(La ligne tiretée entoure les points où la diphtongue est en position prétonique)

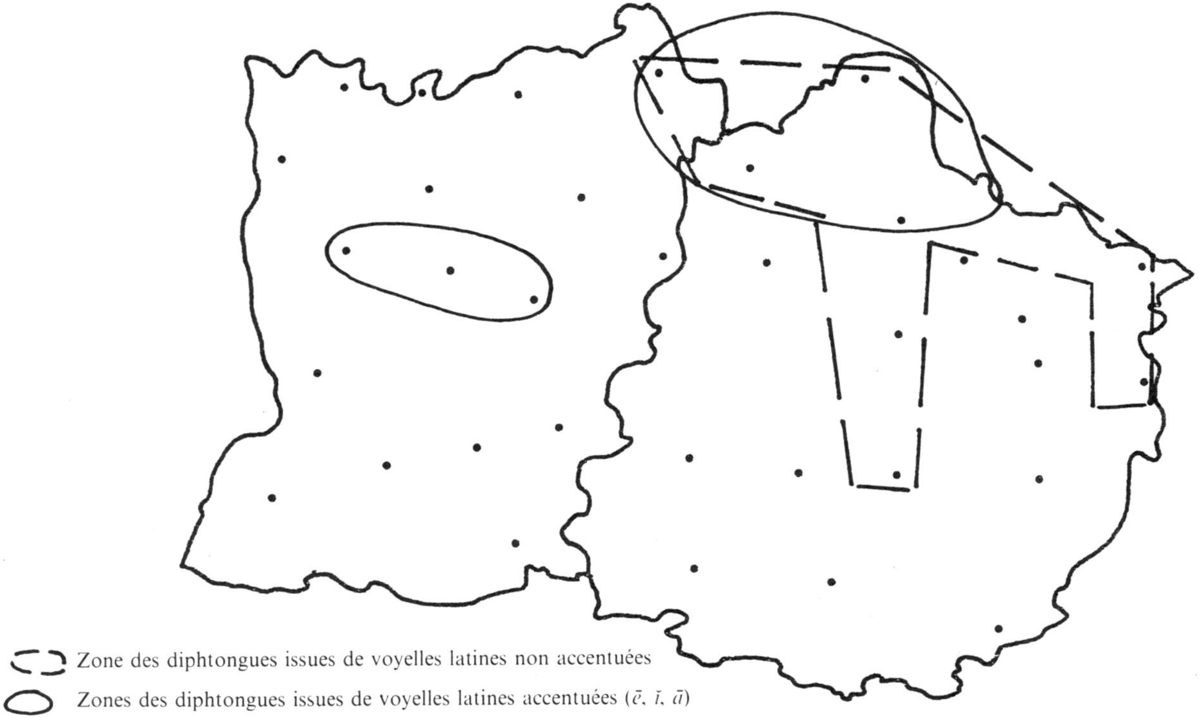

CARTE IX

Diphtongues **ei** *issues de voyelles latines*

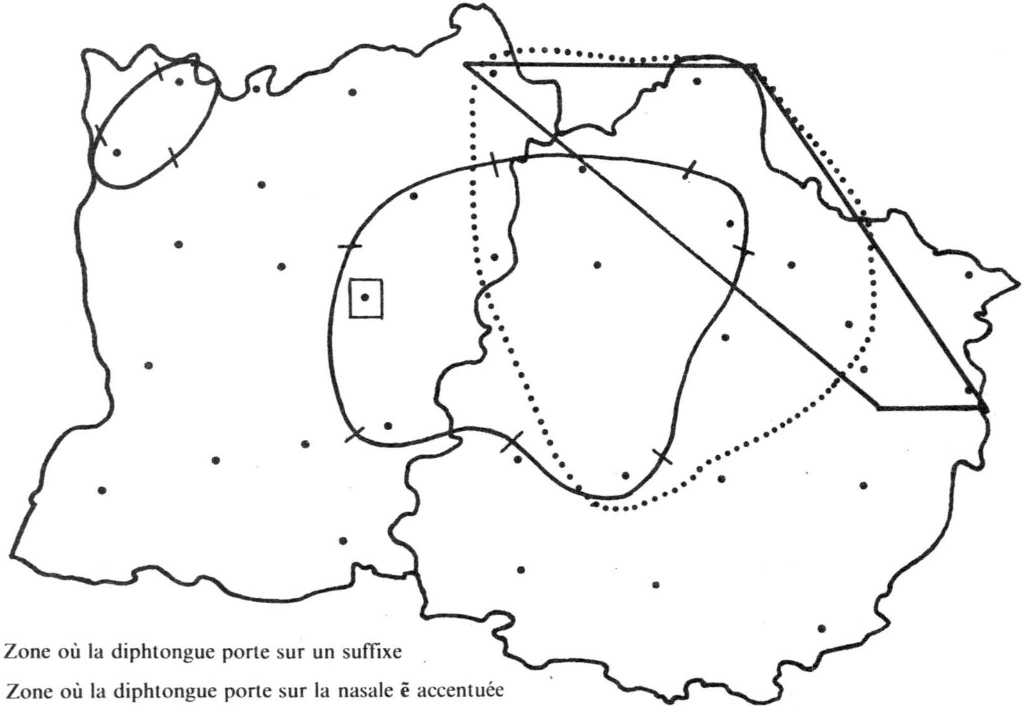

Zone où la diphtongue porte sur un suffixe

Zone où la diphtongue porte sur la nasale **ẽ** accentuée

Zone où la diphtongue correspond à la chute d'un **l** ou à la réduction du groupe **gl**

CARTE X

Diphtongues **ei** *portant sur des formes françaises*

La diphtongue **ei** réalisée **éi̯** ou **èi̯** est attestée le plus souvent quand elle porte sur des formes françaises (cf. **veye** < vrillée; **kaniye** < caneté < cane); quand elle est issue d'une voyelle latine non accentuée (cf. brassée < latin *brachium*) et quand le groupe **gl** tombe pour laisser la place à la diphtongue (dans «seigle») . La diphtongue **ei** est plus rare quand elle prend la place d'une voyelle latine accentuée.

Si l'on regarde le comportement de la voyelle **e** dans les termes où une diphtongue la remplace quelquefois, on constate que les réalisations de la voyelle correspondent à la forme standard (ou normative) **é** ou **è** selon les cas. On notera à titre exceptionnel quelques rares réalisations divergentes à l'extrême nord (point 110) et au sud (points 118-119) de la Sarthe, où la voyelle **é** remplace un **è** et vice et versa (ce pour les termes **veye** < vrillée; brassée < latin *brachium*; **kaniye** < caneté < cane). On notera encore une grande proportion de **é** dans le terme **parel**, sur toute une bande qui traverse d'est en ouest les deux départements épargnant en Sarthe l'extrême nord et le sud et, en Mayenne, la frange nord et le sud (cf. aussi pour ce dernier terme J.P. CHAUVEAU, 1980a).

Diphtongue **au̯, ou̯, ao**

Comme pour la diphtongue **ei** on distinguera celles des diphtongues **au̯, ou̯, ao** qui sont issues de voyelles latines accentuées ou non accentuées et celles qui portent sur des formes françaises.

— Diphtongues issues de voyelles latines accentuées: la voyelle en question est en fait le **a** bref suivi du groupe **l** + (voyelle) + consonne. C'est le cas pour les termes latins *călămus* (→ chaume), *galbĭnus* (→ jaune), *călidus* (→ chaud), *mălva* (→ mauve, guimauve). Il en est de même pour le terme latin *palmella* (ou *palmulus*) qui aboutit au terme **pomel** où la diphtongue se trouve alors en position non accentuée [11].

— Diphtongues issues de voyelles latines non accentuées: on relève des diphtongues dans les termes issus du latin *picis* (→ **peso**) *vĭcĭa* (→ **veso**), *păpāvĕr* (→ pavot).

— Diphtongues portant sur des formes françaises: on distingue sous cette rubrique trois cas différents. D'abord celui des suffixes à valeur diminutive. Ainsi dans **peteryo** (< petard), **veseryo** (< vesce), **buto** (< butte), **jonyo** (< jaune). On trouve par ailleurs des diphtongues à la finale en **o** de termes où la finale était écrite -eau au Moyen-Age. Ainsi dans «gerzeau» (< **jardo** < jar?) et dans «ponceau» (< poncel < latin *pavo — pavonis*).

Il y a enfin le cas du terme «ajonc» qui quelquefois donne la forme **jano** par interversion et contamination du terme **jono** (< jaune) employé pour le même référent.

Les diphtongues **au̯, ou̯, ao,** se rencontrent encore dans deux termes dont on n'a

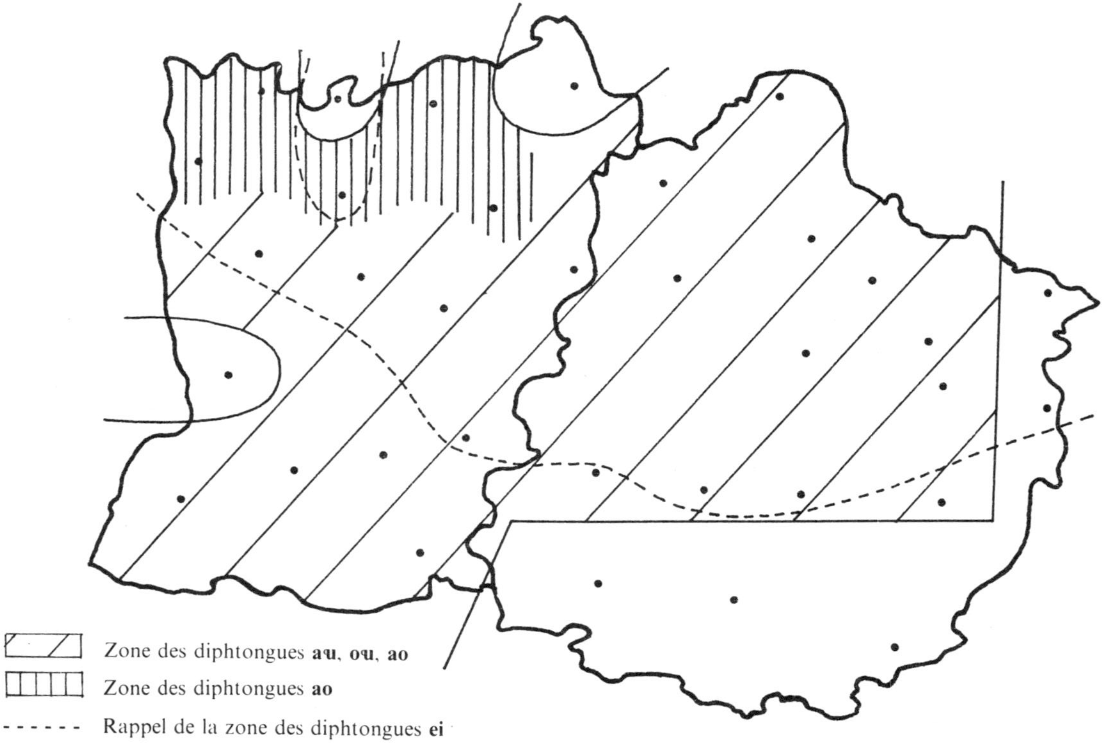

CARTE XI

Diphtongues **aɥ, oɥ, ao** *: répartition géographique*

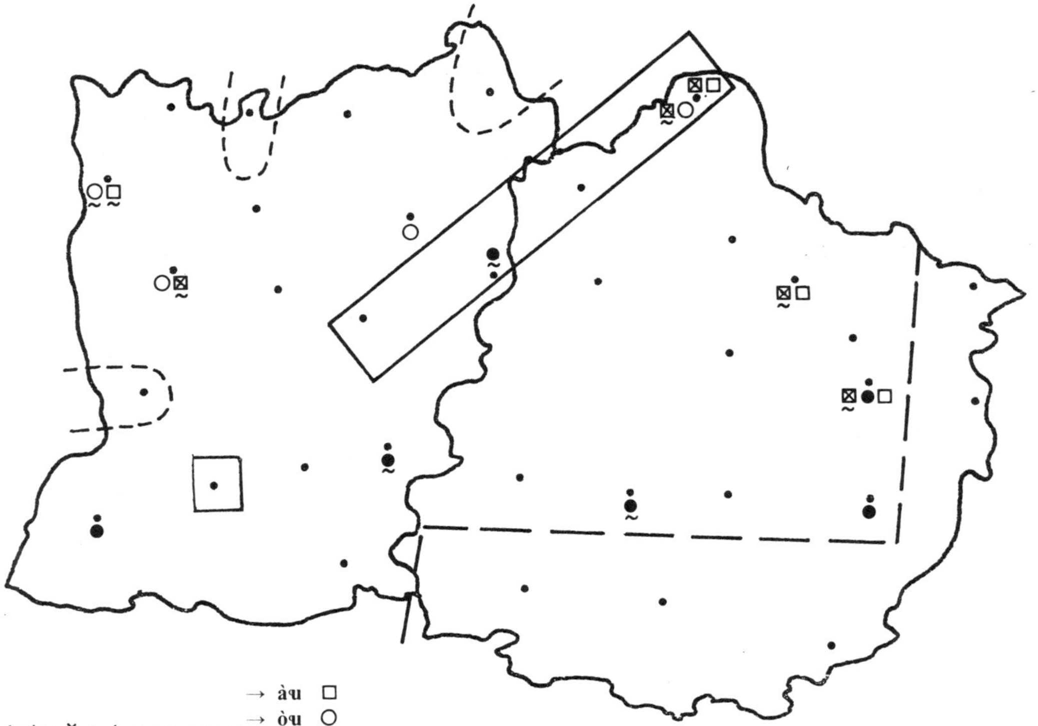

— voyelle latine *ă* + l + consonne → **àu̯** □ → **òu̯** ○ → **óu̯** ● → **$^{a}_{o}$u̯** ⊠

— le signe **~** indique que la diphtongue se trouve en position prétonique

- la ligne tiretée indique les limites de la zone des diphtongues **au̯**, **ou̯**, **ao**

▭ diphtongues issues de voyelles latines (*ĭ*, *ĕ*) non accentuées

CARTE XII

Diphtongues **au̯**, **ou̯**, **ao** *issues de voyelles latines*

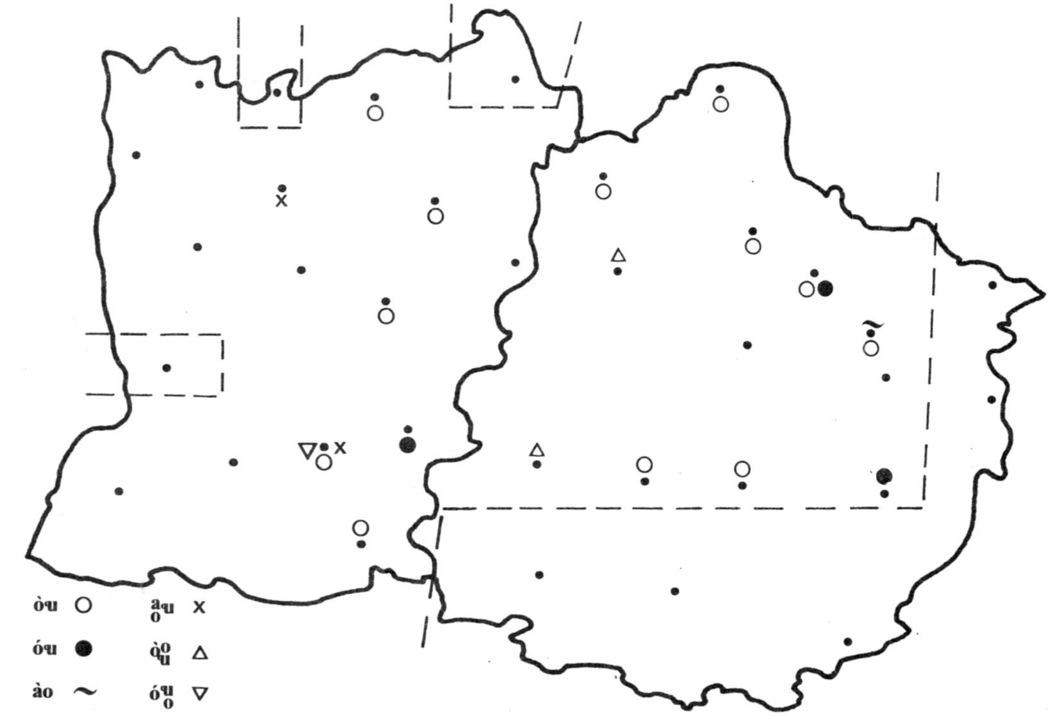

— — La ligne tiretée indique la zone des diphtongues **au**, **ou**, **ao**

CARTE XIII

Diphtongues **au**, **ou**, **ao** *portant sur des formes françaises*

pas pu établir l'origine: **petrod** et **karo** (pour l'origine possible du dernier terme voir J. P. CHAUVEAU, 1980b).

Il faut enfin signaler l'existence de diphtongues nasales **ãõ** pour les quelques termes suivants: **ãdẽ** dont le référent est un «andain», terme utilisé parallèlement à **õdẽ**, **rãd**, **rõdẽ**; **rãd** (issu du croisement entre «ronde» et «andain», termes utilisés en même temps que **rãd** pour le référent «passée»); les termes **jõ** (référent «jonc») et **gã** (référent «digitale») d'autre part.

Les indices relevés à propos du terme *avēna* (cf. le paragraphe relatif aux diphtongues croissantes), dont on retrouve encore à l'heure actuelle différentes traces de l'évolution historique, sont à nouveau illustrés par la série des termes où apparaissent les diphtongues **au**, **ou**, **ao**; ce en particulier dans la série des termes où **ă** latin étymologique était suivi du groupe l + consonne[12]. On constate d'abord la permanence de formes anciennes, avec le maintien de la diphtongue **au**. D'autre part la présence de la diphtongue **ou** et de voyelles simples, ouvertes ou fermées selon les points d'enquête, sont autant de traces que l'évolution de la voyelle initiale n'est pas stabilisée de façon homogène pour les deux départements concernés.

Avant d'envisager la localisation des diphtongues et la situation de la voyelle d'aboutissement en français il faut signaler que dans un seul cas (point 90 au sud de la Mayenne) on relève explicitement une opposition singulier/pluriel, le singulier étant rendu par le phonème simple, le pluriel par une diphtongue. Dans tous les autres cas, phonème simple et diphtongue semblent rendre indifféremment singulier et pluriel.

Que relever maintenant quant au comportement géolinguistique de la série de diphtongues que l'on vient de présenter?

Les diphtongues **au, ou, ao** et **ãõ** sont absentes du sud et de l'extrême est de la Sarthe. Elles sont également absentes sur trois points périphériques de la Mayenne: les points 78 et 82 au nord et au nord-est, au point 84 à l'ouest.

La diphtongue **ào̯** n'apparaît qu'une fois (point 121 en Sarthe) et porte sur le terme «ponceau» (< poncel < paon).

La diphtongue **ãõ̯** apparaît sur la frange nord de la Mayenne sans atteindre pourtant l'extrême nord-est.

On constate alors que seules les diphtongues **àu̯** et **òu̯** ou **óu̯** sont plus généralement représentées. La première n'apparaît que pour les termes où un **a** étymologique était suivi du groupe l + consonne (*călămus*, *galbĭnus*, *călidus*, *malva*, *palmŭlus*). Elle est attestée aux nord et nord-est de la Sarthe, ainsi qu'au point 77 en Mayenne. A ce même point on trouve pour le terme **karo**, les réalisations **kár$^{o}_{a}$u̯** et **kárà$^{o}_{u}$**.

On constate par ailleurs que les diphtongues **óu̯** et **òu̯** sont très inégalement représentées. La diphtongue **óu̯** est plus rare et attestée sur les franges sud et est du domaine des diphtongues **au, ou** et **ao**. La diphtongue **òu̯** est très largement répandue.

Il est important de compléter cet exposé en relevant le comportement des voyelles simples qui, pour un même terme, peuvent être attestées à côté des diphtongues, en un même point ou en d'autres points. Que ce soit pour les termes où un **a** latin étymologique était suivi du groupe l + (voyelle) + consonne ou pour des formes françaises on constate que c'est **ó** qui prédomine largement. Il se trouve localisé en Sarthe; en Mayenne au point 76, sur la frange est ainsi qu'au sud. Ceci dit on relève, à côté de cette forme finale de l'évolution, des formes qui sont la trace d'un état antérieur, intermédiaire voire initial.

Ainsi pour le terme **pavo** issu du latin *papāver* on trouve:

— des formes en **è**, sur tout l'ouest de la Mayenne et aux points 79, 85 et 86 de ce même département;

— des formes en **ė** ou $\overset{\text{œ}}{\text{ė}}$, au nord-ouest de la Mayenne;

— des formes en **é** au nord-ouest et au centre de la Mayenne.

C'est encore en Mayenne, et plus particulièrement au nord-ouest, que l'on trouve des voyelles ouvertes **ò, à**. En somme le sud de la Mayenne, le sud-est et l'est de la Sarthe présentent encore une fois les formes les plus avancées de l'évolution. De telles formes, si elles ne sont pas absentes au nord de la Sarthe, sont parallèles à des formes plus anciennes, formes qui, elles, se trouvent beaucoup plus attestées, et souvent exclusivement au nord-ouest de la Mayenne. Quelquefois ces formes intermédiaires de l'évolution phonétique se trouvent aussi le long de la zone de contact entre zone avec diphtongues et zone sans diphtongues.

En terme de fréquence d'apparition, deux groupes de termes présentent un maximum de diphtongaisons: le groupe des termes où étymologiquement on avait la succession a + l + (voyelle) + consonne; les termes «ponceau» (< poncel < paon < latin *pavo*) et «jerzeau». Pour le reste la diphtongaison est un phénomène marginal qui s'insère pourtant dans une situation générale de fragmentation phonétique.

En résumé on dira que c'est le sud des deux départements qui est le moins touché par la diphtongaison. A l'inverse, c'est le nord qui est le plus touché: surtout le nord et le nord-est de la Sarthe, le nord-est de la Mayenne souvent prolongé du nord ou du nord-ouest de la Sarthe, le nord-ouest de la Mayenne enfin. Du point de vue linguistique, il s'agit d'une diphtongaison de voyelles étymologiques et de formes françaises. Systématiquement c'est le nord de la Sarthe qui juxtapose les différents types de solutions phonétiques; types qui rendent souvent compte d'étapes successives du vocalisme, depuis la voyelle étymologique jusqu'au français, en passant par l'ancien et le moyen français.

Simultanément on relève: la répartition différentielle des types de réalisation selon des bandes horizontales qui s'étendent à l'intérieur d'un seul département ou bien sur les deux; une certaine homogénéité de la zone frontière entre la Sarthe et la Mayenne; la spécificité relative du nord-ouest de la Mayenne et l'originalité du quart nord-est de la Sarthe qui semble juxtaposer un maximum d'états de langue successifs. Par là on retrouve plusieurs traits relevés à propos du lexique, au-delà des découpages synthétiques faits à ce propos.

Les phénomènes de palatalisation

Sous ce titre on étudiera successivement la palatalisation des consonnes dentales et vélaires et le statut et le rôle de la semi-voyelle **y**.

1

La palatalisation des dentales et vélaires

Deux traits principaux caractérisent la palatalisation des dentales et vélaires du point de vue linguistique:
— la palatalisation concerne surtout les consonnes sourdes.
— la palatalisation des consonnes suivies de voyelles palatales s'accompagne assez systématiquement du déplacement du point d'articulation pour les consonnes concernées. Ce phénomène touche avant tout les consonnes vélaires (**k, g**) réalisées comme des dentales palatalisées ou pour lesquelles il est difficile de déterminer s'il s'agit d'une réalisation vélaire ou dentale. En tout état de cause, que ce soit des vélaires qui deviennent des dentales ou, beaucoup plus rarement, des dentales qui se vélarisent, les consonnes sont toujours palatalisées.

La palatalisation des vélaires (**k, g**)

Elle concerne beaucoup plus souvent la consonne **k**, toujours suivie d'une voyelle palatale. Dans de très rares cas la palatalisation de **k** ne s'accompagne pas d'un déplacement du point d'articulation: c'est le cas pour **jõki** terme pour lequel n'apparaît qu'une forme palatisée; c'est le cas aussi pour **kuskut** qui, à côté de la forme sans palatalisation, présente une forme où les deux **k** sont palatalisés.

Dans les autres cas, à côté de formes **k**, palatalisées ou non, le même terme connaît des réalisations avec consonne **t** à la place de **k**; cette consonne **t** est elle-même palatalisée ou non. Pour plusieurs des termes concernés on trouve encore des formes où **k** et **t** sont attestés ensemble, l'enquêteur n'ayant pu déterminer exactement quel phonème attribuer. On note que pour un terme seulement une voyelle vélaire (**o**) peut suivre la consonne **k** qui, alors, n'est pas palatalisée.

Les termes où **k** peut être palatalisé et/ou remplacé par **t**, lui-même palatalisé ou non sont les suivants: **kẅi** (dans **morkẅi**); **ku** (dans **pwel d ku**); **merikẽ** (< américain); **fiker**; **toke**; **kœ**; **muskẽ** et de nouveau **ku** (dans **kuraj**). Dans tous ces termes, la forme non palatalisée est loin d'être majoritaire.

Plus rare est la palatalisation de **g**; mais dans tous les cas cette palatalisation s'accompagne du déplacement du point d'articulation, ainsi que s'accentue l'ouverture du degré d'aperture liée au phénomène de palatalisation.

Comme dans le cas de la consonne **k**, les formes non palatalisées sont peu fréquentes. Cela concerne les termes **gimov** et **sigu**. Il en va différemment pour les termes où la consonne vélaire est suivie de la latérale **l** et de la vibrante **r**. Dans ces cas la forme la plus proche du modèle standard ou normatif est majoritaire (dans **glane** et **gripõ** < aggriper). Mais on trouve de très nombreuses réalisations palatalisées, après chute de la latérale ou de la vibrante: cette palatalisation s'accompagne alors encore d'un déplacement du point d'articulation, voire du degré d'aperture puisque, plusieurs fois, on trouve le phonème **y** à l'initiale.

On retrouve cette situation pour le terme **yẽꞓ** employé de façon très majoritaire pour désigner la «molinie» ou «carex». En position initiale on peut trouver, outre le phonème **y**, le phonème **g**, palatalisé ou non, le phonème **d** palatalisé et de nombreux cas où la distinction entre l'un et l'autre phonème est délicate à faire.

La palatalisation des dentales

Beaucoup plus rare en tant que telle la palatalisation des consonnes dentales — en fait il s'agit de la seule sourde — ne s'accompagne guère d'un déplacement du point d'articulation.

Dans le terme **milpertẅi** les réalisations avec **t** non palatalisé sont les plus fréquentes; la vélarisation de la consonne est à peine attestée. Un seul autre terme propose une alternance entre phonème dental et phonème vélaire, palatalisés ou non: il s'agit du terme **buto** issu de **buta**. Dans ce dernier cas le déplacement du point d'articulation est rare mais la palatalisation de la dentale est quasi systématique.

En dehors de ces deux cas quelques termes connaissent des réalisations palatalisées du phonème dental sourd sans que cela s'accompagne d'un déplacement du point d'articulation: **pati**; **gratu** < de **gratõ**; **lityer** et **ꞓarpãtye**. Ces deux derniers termes introduisent à une deuxième série de phénomènes de palatalisation, liés au comportement de la semi-voyelle **y**.

Avant de considérer le statut et le rôle de la semi-voyelle **y** il faut s'intéresser à la géographie des phénomènes que l'on vient de présenter. Quelle extension géographique connaissent les phénomènes de palatalisation décrits ci-dessus? Pour répondre à cette question il faut confronter les quatre cartes ci-après.

Un premier regard montre qu'aucun point des deux départements ne semble épargné. On précisera la situation géolinguistique en comparant les deux premières et les deux dernières cartes. On constate alors que les phénomènes de palatalisation sont plus généralement attestés en Mayenne qu'en Sarthe. Mais il faut distinguer, en Mayenne, entre le sud de ce département où la palatalisation est faible — surtout au sud-est — et le reste du département où nord-ouest et est comptent le plus de réalisations palatalisées.

En Sarthe c'est le sud-est qui est le plus épargné et, dans une moindre mesure l'est et le centre (point 116). On relève une plus forte concentration de la palatalisation au centre-sud et centre-est du département.

Ces distinctions entre zones ne sont pas à considérer comme nettement tranchées; il faut y voir de faibles différences de degré.

A considérer maintenant ce qui a été dit du déplacement du point d'articulation, on constate qu'il épargne nettement l'est et le sud-est de la Sarthe. En Mayenne il semble épargner plus systématiquement l'extrême nord-est et le sud (où l'on ne trouve que quelques réalisations où la semi-voyelle **y** remplace la vélaire sonore).

2

Statut et rôle de la semi-voyelle **y**

A propos de la semi-voyelle **y** on distinguera trois types de cas:
— (a) une série de termes français ou locaux dans lesquels la semi-voyelle est constitutive de ces termes. Dans ce cas-là les réalisations que l'on relève diffèrent rarement des réalisations standard ou normatives;
— (b) une série de termes où la semi-voyelle n'est pas constitutive de ces termes en français contemporain et dont elle constitue des variantes aux causes diverses.
— dans les résultats finaux il sera enfin tenu compte du cas des consonnes **ŋ** et **n** palatalisé.

Dans le corpus de plus de quatre cents termes on a relevé une vingtaine de termes où la semi-voyelle est normalement attestée en tant que telle après consonne ou entre voyelles. La série des termes relevés est la suivante: **fayi**; **karye**; **amoriyone**; **keyi**; **fyole**; **lityer**; **siyõ**; **payə**; **veyo** (< veille); **rɥsiyõ**; **fyevr**; **pye**; **œye**; **poryõ**; **krevɕyẽ**; **ɕyẽdã**; **veye** (< vrillée); **merkuryal**; **bɥyõ**; **ɕarpãtye**; **bruyer**.

A de rares exceptions près les réalisations relevées ne suscitent aucune remarque particulière quant au comportement du phonème **y** en général identifié sous cette forme. On relèvera seulement les exceptions suivantes relatives aux termes **lityer, ɕarpãtye, paye, poryõ,** et **ɕyẽ** (dans **krevɕyẽ** et **ɕyẽdã**). Pour les deux termes où la semi-voyelle est précédée de la dentale sourde **t** on trouve des réalisations où la semi-voyelle disparaît et où la dentale est palatisée. Cela vaut pour les termes **lityer** et **ɕarpãtyer**. Pour le premier on trouve aussi une réalisation où la dentale est

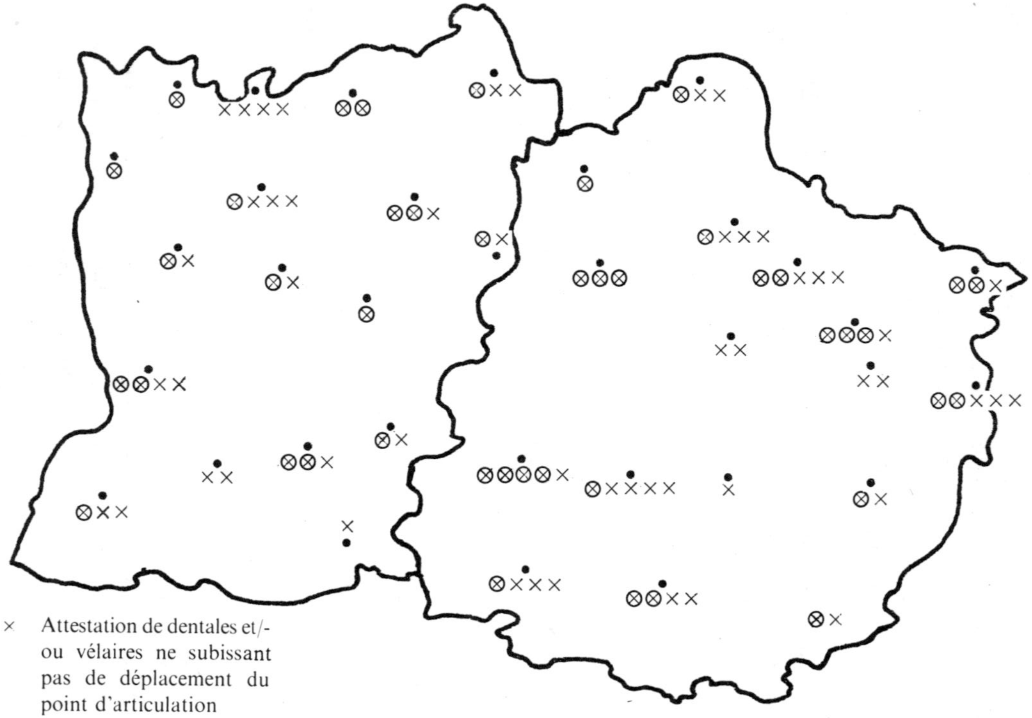

CARTE XIVa

Les phénomènes de palatalisation -1-

Palatalisation/non palatalisation des dentales et vélaires dont le point d'articulation est maintenu

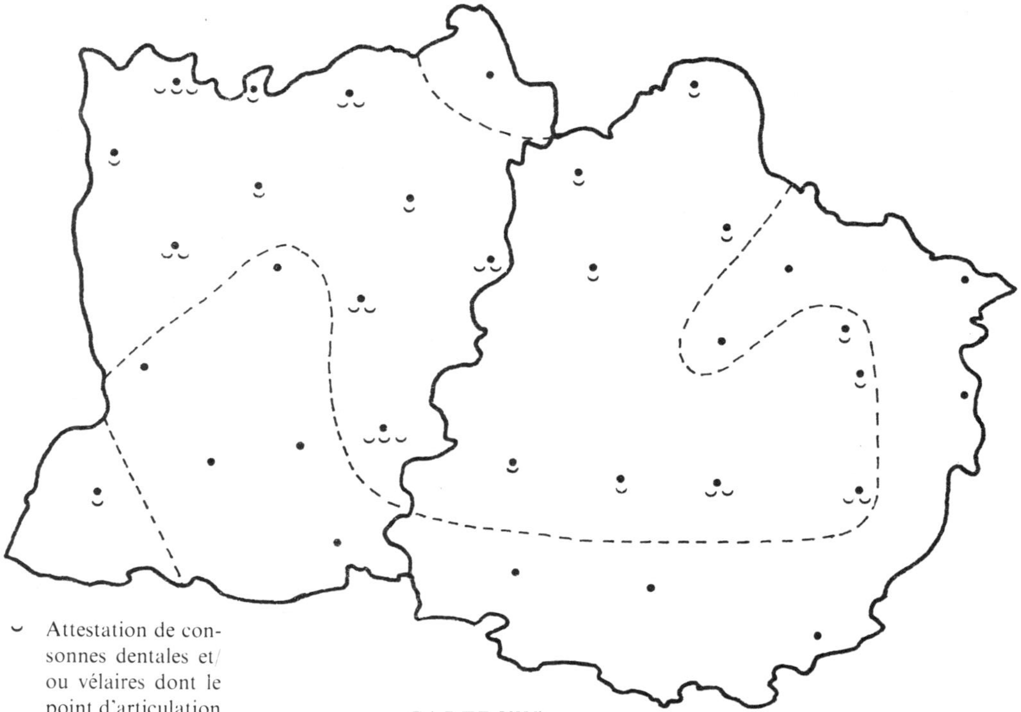

⌣ Attestation de consonnes dentales et/ou vélaires dont le point d'articulation a évolué

CARTE XIVb

Les phénomènes de palatalisation -2-

Dentales et vélaires dont le point d'articulation change (la palatalisation étant alors systématique)

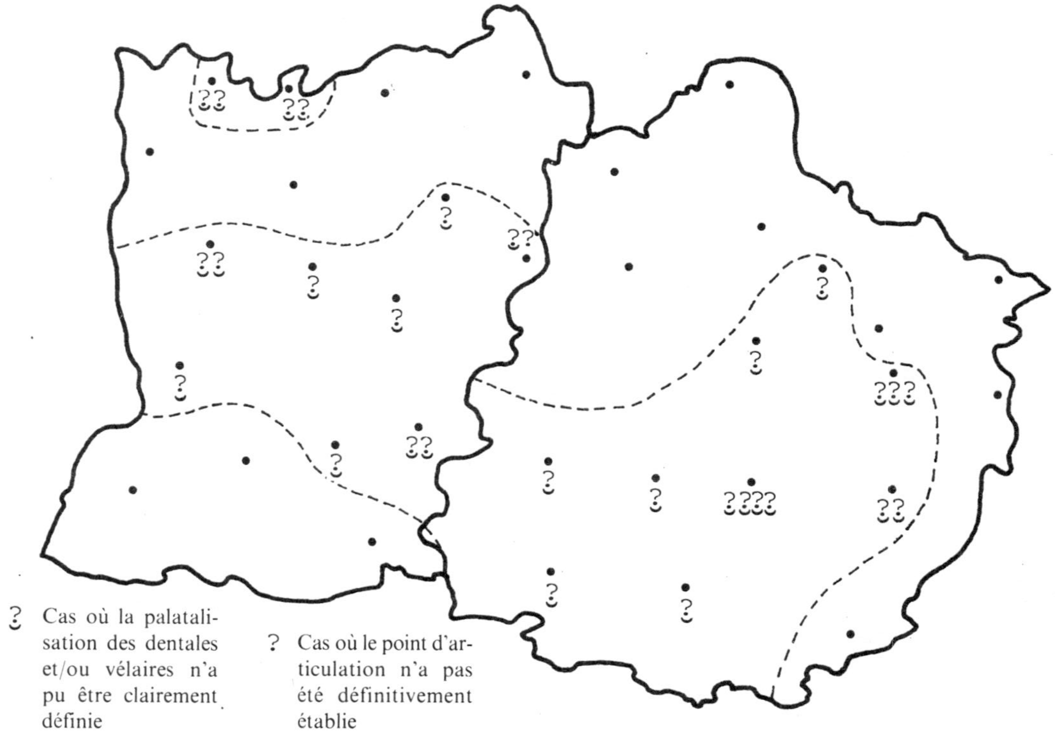

CARTE XIVc

Les phénomènes de palatalisation -3-

Dentales et vélaires dont la palatalisation n'a pas été définitivement établie

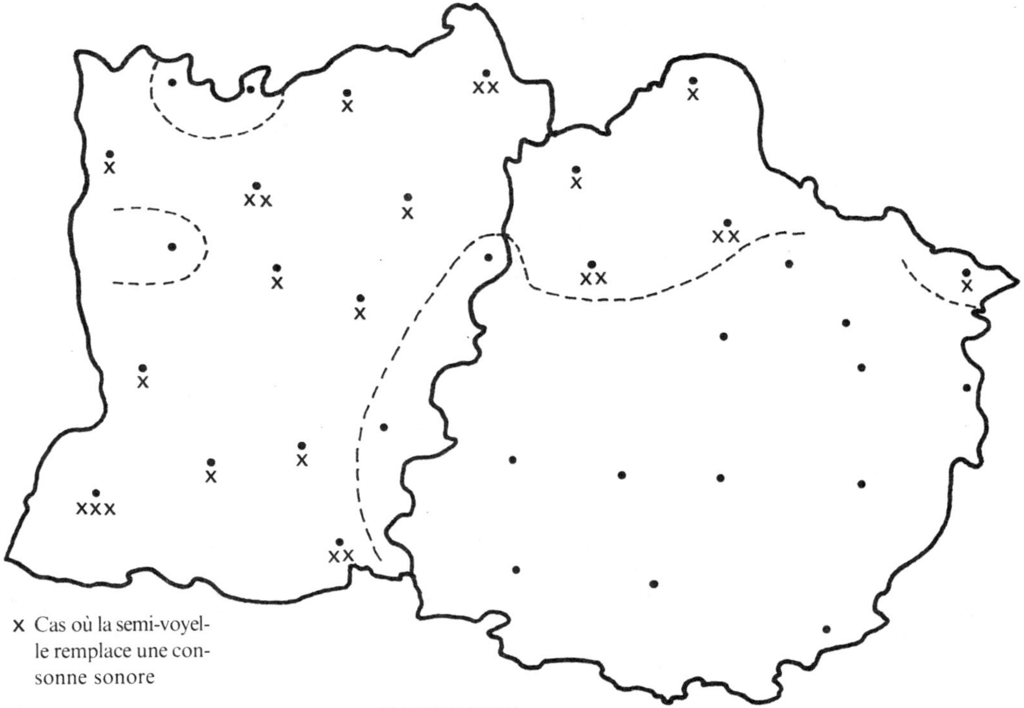

CARTE XIVd

Les phénomènes de palatalisation -4-

La semi-voyelle y remplace une consonne sonore

palatalisée sans que la semi-voyelle disparaisse. Dans le cas du terme **payə** on doit distinguer d'une part le terme **páyə** lui-même dans lequel le **ə** tombe dans tous les cas et où l'on a une diphtongue **ái̯**; d'autre part le dérivé **paye** utilisé pour désigner le tas de paille. Le dérivé, selon les cas, est réalisé **páyé**, **páyė**, **páy**$^{œ}_{ė}$ ou **pályé** (au sud-est de la Sarthe).

Le terme **poryõ** issu du latin *porrum* était attesté en tant que tel en ancien français et en moyen français avec le sens de «poireau». En moyen français également et en français il signifie «oignon sauvage» et aussi «narcisse des prés». Dans la zone où il est attesté — en Mayenne et au nord-ouest de la Sarthe — on trouve, juxtaposées, trois sortes de réalisations: **poryõ** attesté aux points 78, 79, 80 et 86 en Mayenne; **poriyõ** attesté aux points 83 et 90 en Mayenne; enfin la forme où la semi-voyelle laisse la place à la spirante sonore **j** (**porjõ**). Ce dernier type de réalisation se trouve au nord-est de la Mayenne (point 81) et au nord-ouest de la Sarthe (points 110 et 111).

Le dernier cas à envisager concerne les réalisations du terme **ꞓyẽ** (dans les composés **krevꞓyẽ** et **ꞓyẽdã**). Dans quelques cas en effet la semi-voyelle tombe, qui avait persisté dans l'évolution vers le français du terme issu du latin *cane*. On retrouve là, dans ces exceptions, une loi plus générale à laquelle n'avait pas souscrit le terme issu du latin *cane*, à savoir qu'après une évolution du **a** étymologique à **ye**, le *yod* avait disparu derrière **ꞓ**, **j** et derrière **l** ou **n** mouillés, ceci pendant la période du moyen français. C'est seulement au sud de la Mayenne (points 88, 89, 92) que l'on relève ces exceptions.

Dans la deuxième série concernée par la présence de la semi-voyelle **y** on trouve des termes où cette semi-voyelle n'est pas constitutive du signifiant en français contemporain. Ceci dit, bien que l'on puisse invoquer plus d'une cause pour expliquer la présence de la semi-voyelle, on se trouve en fait presque toujours devant un état de langue antérieur et plus ou moins éloigné dans le temps par rapport aux formes actuelles.

Plusieurs réalisations sont la trace d'une ancienne triphtongue: les formes **põsyo** (< poncel) et **pɯrsyo** (< latin *porcellus*) renvoient à l'ancienne triphtongue **iaɯ** connue dans l'évolution du **e** ouvert latin sous entrave.

Pour plusieurs autres réalisations la semi-voyelle **y** prend la place de **l** quand celui-ci suit une labiale. Cela vaut aussi bien pour les syllabes accentuées (dans blé, omblette, aplati, giroflée) que pour les syllabes non accentuées où **l** se trouve suivi d'un **ə** dit muet (dans trèfle; reble — attesté en ancien français pour désigner le gratteron —; et giroflée quand dans ce terme l'accent s'est déplacé de la dernière à l'avant-dernière syllabe).

On range dans cette série des termes où la semi-voyelle peut prendre la place du groupe **y** (dans seigle — issu du latin *secale* —, et glaner, terme déjà étudié au paragraphe consacré à la palatalisation des consonnes vélaires) ou de la consonne

l initiale (dans laiteron < latin *lactarius*). Pour le terme lizeron (< *lilum*) on relève des réalisations où **l** est mouillé ou suivi de **y** devant **a**. On trouve, pour laiteron, également des réalisations où **y** suit la consonne initiale palatalisée ou non.

A ces trois séries de termes on doit ajouter une liste d'autres termes où la semi-voyelle peut être attestée pour des raisons diverses. Pour les réalisations **kaniye** et **anye** la semi-voyelle correspond à un phénomène de dérivation, vérifié par le recours aux explications des locuteurs ou à d'autres termes utilisés pour le même référent. Ainsi à côté de **anye** on trouve **ɛardõ oz an** et **ɛardonye**.

Dans une dernière liste de termes [13] la semi-voyelle atteste encore d'une fragmentation phonétique assez systématique où l'on retrouve des faits de langue issus non seulement de diverses couches historiques mais encore d'origines socio-linguistiques apparemment divergentes. Ainsi, dans certains cas la source géographique de plusieurs réalisations pourra bien être la même région, en l'occurrence l'Ile de France; mais quelquefois c'est le «beau parler» qui en sera la source socio-culturelle, d'autres fois au contraire le «parler populaire».

Tout cela confirme ce qui a été vu quant à la situation des dialectes du Maine. La fragmentation relevée depuis le début de ces chapitres linguistiques reflète la dynamique qui s'est instaurée entre des tendances de natures différentes (strictement linguistiques ou sociolinguistiques): celles-ci non seulement pouvaient s'organiser entre elles de différentes façons mais elles se développaient dans une province située de telle façon que plusieurs types d'influences extérieures ont pu jouer et se répandre en un même point [14]. On verra d'ailleurs comment l'identité socio-culturelle de cette province peut contribuer à faire comprendre certains éléments de cette dynamique. Mais avant de regrouper les caractères linguistiques ou non linguistiques que nos études lexico-sémantiques et phonétiques ont pu nous aider à dégager; avant d'aborder l'identité socio-culturelle de cette ancienne province, dans le temps et l'espace, considérons les aspects géolinguistiques qui s'attachent aux phénomènes de palatalisation que l'on vient de passer en revue. Ceci nous permettra de clore le chapitre consacré aux indicateurs phonétiques.

Quand on confronte entre elles les cartes qui rendent compte de chacune des séries que l'on vient d'envisager à propos de la semi-voyelle **y**, on peut établir la carte synthétique ci-après [15]. Cette carte laisse apparaître quatre ensembles géographiques dont trois sont eux-mêmes subdivisés. Quel sens faut-il donner à ces ensembles qui en aucune façon ne doivent être vus comme monolithiques en termes de niveau de langue ou registre?

C'est peut-être l'ensemble I qui se différencie le plus des trois autres en ce qu'il propose très systématiquement des réalisations qui correspondent à ce qui est considéré comme le français «standard» ou normatif [16]. Les ensembles II et III sont des ensembles aux tendances contradictoires puisqu'on y rencontre aussi bien les formes du français contemporain «standard» ou normatif que des formes

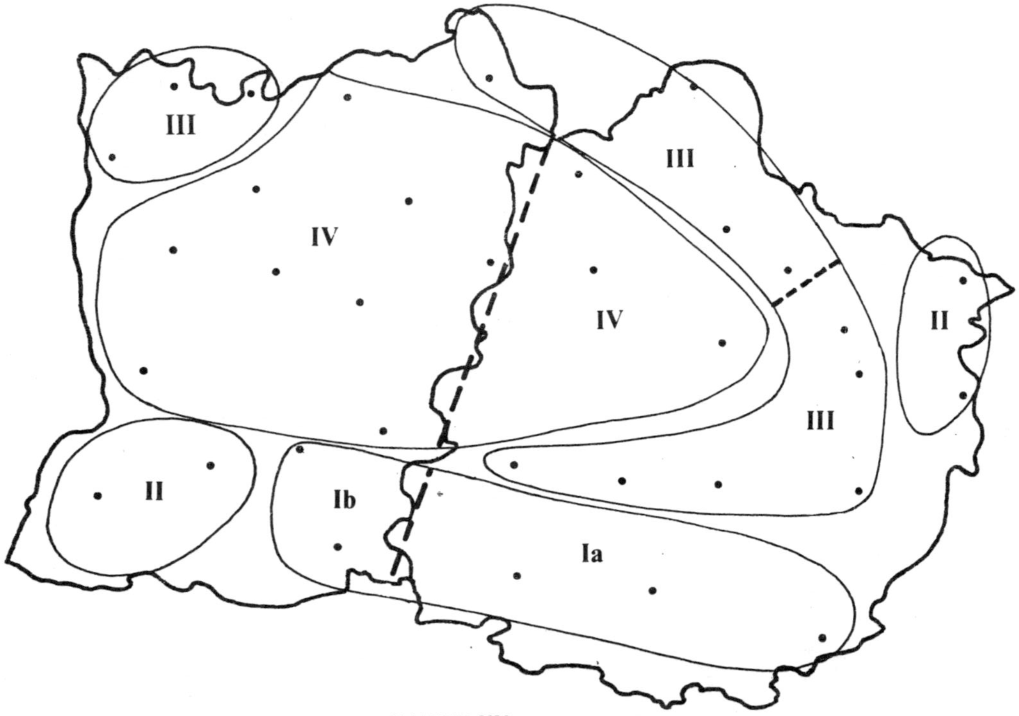

CARTE XV

Statut et rôle de la semi-voyelle

(carte synthétique)

locales plus anciennes et d'origines géographiques et sociolinguistiques diversifiées. On a cependant distingué un ensemble II dans lequel les formes du français contemporain sont tout de même plus dominantes d'un point de vue statistique; et un ensemble III où tous les types de formes peuvent très bien être attestés. L'ensemble IV, lui, propose le moins de formes du français contemporain sans que l'on puisse dire que de telles formes en sont absentes.

A propos de ces ensembles il faut immédiatement ajouter deux aspects qui permettent de préciser leur rendement réel. En premier lieu il faut expliquer les subdivisions que l'on relève à l'intérieur des ensembles I, III et IV.

Pour l'ensemble I, la ligne tiretée qui sépare les parties Ia et Ib n'est pas susceptible d'être déplacée vers l'est ou l'ouest. Elle peut simplement être supprimée ou remise à la même place. On dira que dans l'ensemble I la partie Ib a quelquefois tendance à se situer comme à un degré moindre par rapport à la partie Ia quant au respect des formes dites standard ou normatives. Mais résolument, Ia et Ib font partie du même ensemble situé à cheval sur le sud de la Sarthe et le sud-est de la Mayenne.

La ligne discontinue qui découpe les ensembles III et IV a deux significations, qui font appel à deux types d'arguments. Le premier est d'ordre géographique. A la différence de ce qu'on a vu pour l'ensemble I la ligne discontinue est mobile. Dans le cas de l'ensemble III elle est susceptible d'être déplacée vers le nord ou le sud; dans l'ensemble IV elle est susceptible d'être déplacée vers l'est ou l'ouest. Dans tous les cas ces déplacements ne peuvent pas être de grande ampleur. Pour l'ensemble III ce sont les points 113 et 120 qui constituent la micro-zone litigeuse et la ligne portée sur la carte synthétique est une moyenne.

La ligne discontinue de la zone IV semble moins susceptible de bouger; elle est aussi moins pregnante que les lignes discontinues des ensembles I et III, du moins pour ce qui est des phénomènes phonétiques que l'on a abordés sous le titre «statut et rôle de la semi-voyelle **y**».

L'existence d'une ligne discontinue se justifie encore d'une autre façon. Il peut se faire que deux sous-ensembles aient le même rendement sociolinguistique global sans pour autant que les faits linguistiques soient toujours du même type.

Une deuxième grande nuance doit être apportée quant à la définition de ces ensembles. Ceux-ci ont été caractérisés dans un premier temps par référence au français «standard» ou normatif. Il va de soi que cela n'a pas été un critère suffisant et que l'usage même de cette notion peut s'avérer néfaste à partir d'un certain seuil. Deux exemples permettent brièvement de comprendre qu'en dehors de la référence au français «standard» ou normatif la définition des ensembles a du tenir compte de l'identification des faits linguistiques pour eux-mêmes.

Ainsi pour le terme «laiteron» on ne trouve que des réalisations du type **lyetrõ** ou du type **yetrõ** dont la répartition géographique est donnée dans la carte ci-après. Par ailleurs pour les termes «trêfle» et «seigle», on a en gros trois états

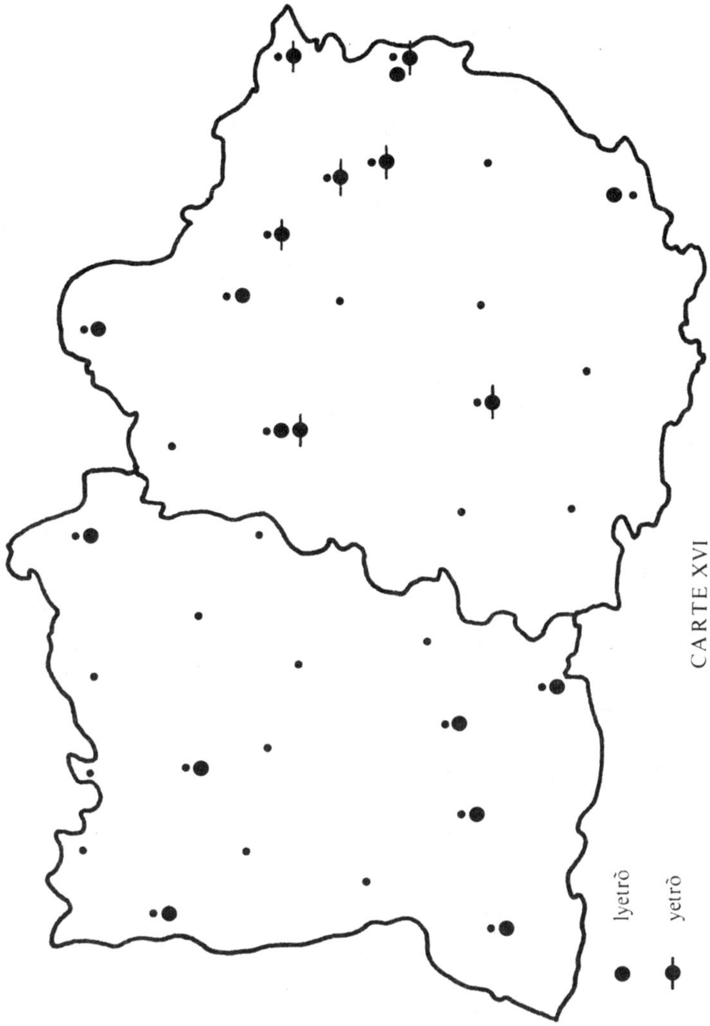

CARTE XVI

Laiteron

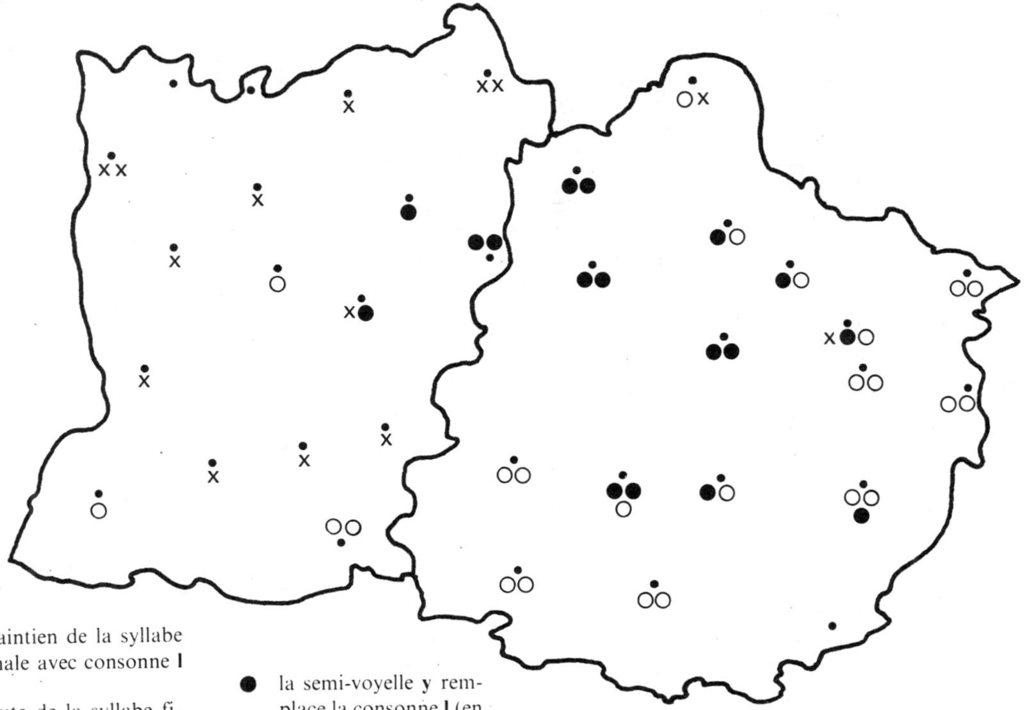

○ maintien de la syllabe finale avec consonne **l**

x chute de la syllabe finale

● la semi-voyelle **y** remplace la consonne **l** (en syllabe finale)

CARTE XVII

Trèfle/Seigle

Comportement de la syllabe finale

différents: celui où la syllabe finale non accentuée n'existe plus (**trèf, sèg**) et ceux où la même syllabe finale a conservé la consonne **l** (suivie ou non du **ə** dit muet) ou bien où la consonne a été remplacée par la semi-voyelle **y** (ou une diphtongue **ei** dans quelques cas pour le terme **seigle**). Pour ces deux termes on constate les répartitions géographiques relevées sur la carte ci-après.

Que retirer de ces deux exemples? La première carte montre combien il faut insister sur le fait qu'une distinction abrupte ne sépare pas les quatre ensembles que l'on vient de définir, de même qu'il ne fallait pas voir dans les schémas géolinguistiques finaux relatifs aux indicateurs lexico-sémantiques des oppositions trop tranchées. Les cartes finales ne sont que le produit d'une élaboration qui recoupe un nombre plus ou moins grand de cartes initiales, élaboration qui doit tenir compte de bien des aspects: par exemple qu'un même terme n'est pas attesté partout, ou qu'un phénomène linguistique particulier n'est représenté que dans un terme ou deux, contrairement à d'autres types de phénomènes pour lesquels on aurait une dizaine d'attestations; ou bien encore, bien sûr, qu'un même point peut être inscrit dans des sous-ensembles variés. C'est l'accumulation respective de chacun des types de forme qui détermine en dernier ressort le contourage précis des ensembles.

La comparaison entre la carte relative au terme «laiteron» et celle relative aux termes «seigle» et «trèfle» est une bonne illustration du type de problème posé par notre démarche. La carte proposée pour les termes «trèfle» et «seigle» permet de retrouver notre cartographie synthétique des quatre ensembles. On y retrouve aussi certains des éléments qui ont justifié une ligne discontinue pour les ensembles III et IV. De même on peut préciser la personnalité des zones qui se trouvent de part et d'autre des lignes discontinues. Ainsi la zone III dans son ensemble semble correspondre à une zone de transition. Mais les influences contradictoires qui s'y font sentir ne sont pas exactement les mêmes selon que l'on se place au bout sud-ouest de l'ensemble, à sa partie nord ou en son milieu. Cela tient aux caractères linguistiques qui s'attachent aux influences différentes issues respectivement du Perche, de l'Ile de France ou du sud des deux départements considérés.

Conclusion

Pourquoi avoit tant explicité la configuration linguistique qui s'attache au statut de la semi-voyelle? A cela, quelques raisons. En effet voilà explicités un peu plus en détail les mécanismes qui permettent de confectionner les cartes synthétiques finales du type de celles qui furent établies pour les indicateurs lexico-sémantiques et de celles que l'on vient de présenter à propos des indicateurs phonétiques. En deuxième lieu nous voilà à l'issue de ces études phonétiques et la

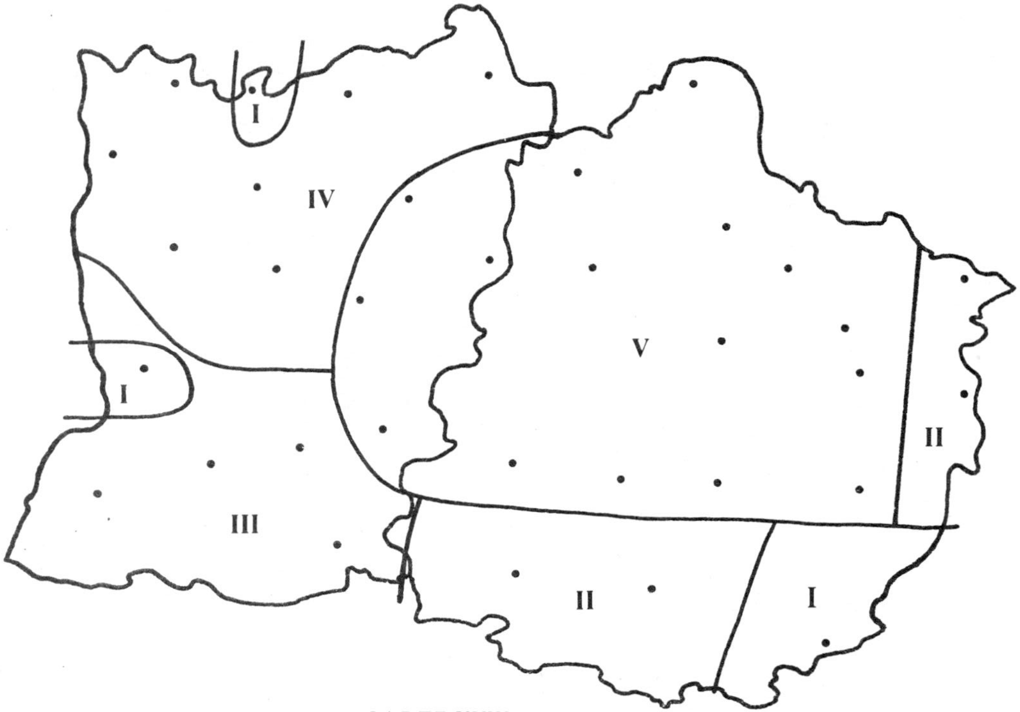

CARTE XVIII

Les phénomènes de diphtongaison

(Carte synthétique)

synthèse peut maintenant se faire en partant d'une image forte et détaillée quitte à la nuancer ou à la transformer.

Comparons en effet la carte synthétique relative au statut de la semi-voyelle **y** avec ce qui a été dit de la palatalisation des dentales et vélaires. La superposition des quatre cartes confectionnées à ce propos (voir supra) aboutit à un émiettement de points où la palatalisation, qu'accompagne ou non un déplacement du point d'articulation, est ou plus forte ou plus faible. Quand on pondère respectivement chacune des cartes par ce que disent les autres on ne peut cerner aucune tendance nette, en dehors du fait — important au demeurant — qu'aucun point des deux départements ne semble épargné par cette palatalisation. Peut-être pourra-t-on dire seulement qu'elle prend des proportions moins importantes au sud-est de la Mayenne et au sud-est de la Sarthe. A l'opposé elle est peut-être plus systématique au centre de ces deux départements. Plutôt que des différences de degré, sensibles quand on scrute et superpose les quatre cartes, ce sont des zones homogènes qu'il est malaisé de contourer.

Il en va tout autrement quand on considère la carte synthétique relative aux phénomènes de diphtongaison: ici, de nouveau, des zones géographiques plus affirmées et des traits linguistiques plus différenciés (voir carte 18).

C'est la zone V qui, de loin, concentre au plus haut point ces phénomènes de diphtongaison: on y retrouve diphtongues croissantes et diphtongues décroissantes de nature et d'origines diverses. Il en va de même, à un degré moindre, de la zone IV. A l'opposé c'est encore le sud-est de la Sarthe qui propose les formes les plus systématiquement «pures». Il en va de même des points 78 et 84 en Mayenne. Sud-ouest et est de la Sarthe constituent la zone II. Au sud-ouest on ne relève que des diphtongues croissantes; à l'est, des réalisations diphtonguées (diphtongue **ei**) qui attestent d'une étape transitoire dans l'évolution d'un terme latin. Le sud de la Mayenne (zone III) livre des réalisations diphtonguées plus nombreuses sans que cela atteigne les proportions rencontrées en zones IV ou V. Au sud-est, on relève des diphtongues de type **aɥ** ou **oɥ** qui portent sur des formes françaises et des diphtongues croissantes. Au sud-ouest on note des réalisations qui sont la marque d'un état intermédiaire dans l'évolution d'un terme latin originel.

Que dire maintenant de l'ensemble quant à l'identité phonétique de ces deux départements, du moins sur la base des indicateurs choisis?

C'est le sud-est de la Sarthe qui semble le plus systématiquement corrrespondre, dans ses réalisations, aux formes linguistiques les plus «françaises». Limitrophes du sud-est sarthois, le sud-ouest et l'est de la Sarthe d'une part, le sud-est et le sud-ouest de la Mayenne d'autre part lui sont le plus proches du point de vue linguistique. Ils ressemblent à autant d'ondes de progression dont la source ne serait d'ailleurs pas nécessairement, ou uniquement, le sud-est sarthois ou des zones plus éloignées auquel celui-ci serait relié.

Face à ce pôle que représente le sud-est sarthois on pourrait situer deux autres pôles, de nature différente. D'une part une bande centrale qui traverserait les deux départements d'ouest en est; bande dont le cœur se situe nettement à cheval sur les deux départements et qui, selon les séries de faits linguistiques envisagés s'étendrait plus ou moins vers le nord et le sud et vers l'ouest et l'est (sans pourtant inclure l'est de la Sarthe dans l'écrasante majorité des cas). Cette bande centrale pourrait être définie comme le lieu par excellence des formes locales, sans qu'on doive comprendre par là que les formes françaises y sont inconnues, loin de là.

Le deuxième pôle opposé au sud-est sarthois serait une zone correspondant au nord et nord-est de la Sarthe. Ici, on pourrait parler d'une zone de tensions linguistiques importantes car on y trouve attestées avec la même vigueur formes locales et formes françaises; plus que d'une zone de transition simple on pourrait parler d'un lieu de convergences et d'affrontements entre des enjeux linguistiques multipliés et relevant d'origines linguistiques, géolinguistiques et donc vraisemblablement socio-culturelles différentes. De manière plus atténuée on trouve cela sur toute la frange nord de la Mayenne et tout spécialement aux extrêmités nord-ouest et nord-est de ce département. Dans ce dernier cas on se trouve simplement aux confins de la zone que l'on vient de caractériser au nord de la Sarthe. Pour le reste du nord mayennais, si le type de situation conflictuelle rappelle le nord sarthois, il semble que les éléments linguistique et sociolinguistique qui la constituent soient quelque peu différents de ceux qu'on relève au nord de la Sarthe.

Bien entendu, entre ces pôles et la bande centrale on relève des phases de transition et de progression. La plus marquée est celle du contact entre l'est et le sud sarthois d'une part, le nord et le nord-est sarthois d'autre part et la bande centrale enfin.

CHAPITRE IV

ÉLÉMENTS POUR UNE IDENTITÉ CULTURELLE DE LA SARTHE ET DE LA MAYENNE

INTRODUCTION

Comme pour l'identité linguistique on a retenu un certain nombre d'indicateurs qui devaient permettre en même temps de donner une image globale de chaque département (fut-ce celle d'une parfaite hétérogénéité) et de préciser les disparités éventuelles à l'intérieur de chaque département. On a choisi plusieurs types différents d'indicateurs de façon à découvrir les nuances significatives d'un département à l'autre ou à l'intérieur de chaque département. On a ainsi juxtaposé les références au cadre géographique, aux mouvements de population, à l'histoire, aux activités économiques et aux mentalités.

Pour ce chapitre, la difficulté principale a été la disparité des sources disponibles. Pour certaines questions les documents disponibles couvraient les deux départements. Dans d'autre cas, un seul département faisait l'objet d'analyses plus ou moins systématiques. Pour un même indicateur on a donc essayé d'accumuler la documentation, en particulier quand celle-ci ne couvrait pas les deux départements à la fois.

Concrètement, la présentation des faits concerne d'abord chacun des départements pris globalement. Ensuite vient l'analyse des différences et disparités à l'intérieur des deux départements.

De l'ensemble, se dégageront des tendances plus générales. On verra alors dans un nouveau chapitre quels rappports elles entretiennent avec ce qui a été dit de l'identité linguistique.

Caractères et régions géographiques

1

Géologie

A l'homogénéité géologique de la Mayenne s'oppose la diversité de la Sarthe (voir cartes ci-après). Le sol de la Mayenne est presque exclusivement constitué de terrains primaires qui finissent sur la frange ouest de la Sarthe. Le reste de la Sarthe a un sol d'origine secondaire, formé de trois bandes successives plus ou moins larges, de l'ouest vers l'est du département. Au nord du même département s'ajoutent une large plaine calcaire découverte et aussi une ultime trace du massif ancien.

L'orientation générale du système hydrographique des deux départements est généralement nord-sud en direction de la Loire où se jettent les rivières. Cependant au sud de la Sarthe, la vallée du Loir fait exception avec un cours orienté est-ouest.

2

Reliefs

Dans leur ordonnancement général les reliefs de la Mayenne semblent présenter une plus grande cohésion, face à la diversité des reliefs sarthois.

En Mayenne on se trouve en présence d'un «large bassin qui s'ouvre vers le sud en direction de l'Anjou et de la Loire» (Frémont A. et alii, 1972). Les reliefs s'élèvent graduellement du sud au nord. Ici les confins communs aux deux départements, tout proches de la Normandie, connaissent non seulement les hauteurs les plus élevées de la France de l'Ouest, mais encore des configurations tourmentées.

En Sarthe, les vallées de la Sarthe, de l'Huisne et du Loir s'organisent dans des espaces relativement étroits et sinueux, ou, au contraire, dégagés. Les reliefs du Perche et les débuts des terrains primaires dominent respectivement au nord-est et au nord-ouest. De vastes plateaux crayeux ou sablonneux s'étendent au sud-est du département; la rivière qui donne son nom au département connaît un parcours plus difficile au sud-ouest, à l'extrémité méridionale de la mince bande de terrains primaires qui s'étend à l'ouest du département. La présence de terrains quaternaires, au nord-ouest, et la juxtaposition voire les intercalations de différents terrains secondaires contribuent à la diversité des reliefs dans ce département.

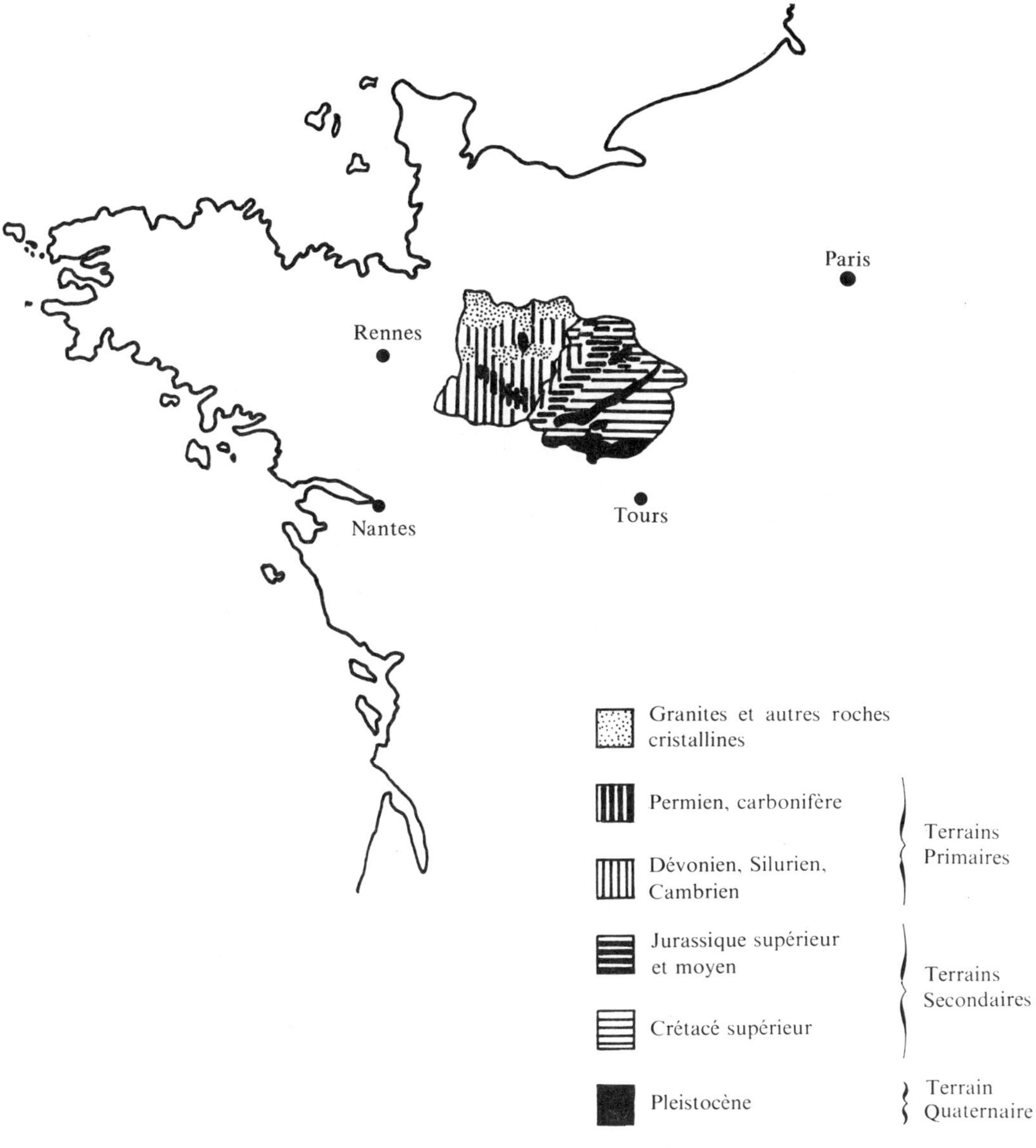

D'après le *Grand Atlas Universel*, Bordas, 1978

CARTE XIX

SARTHE ET MAYENNE
dans
l'Ouest français

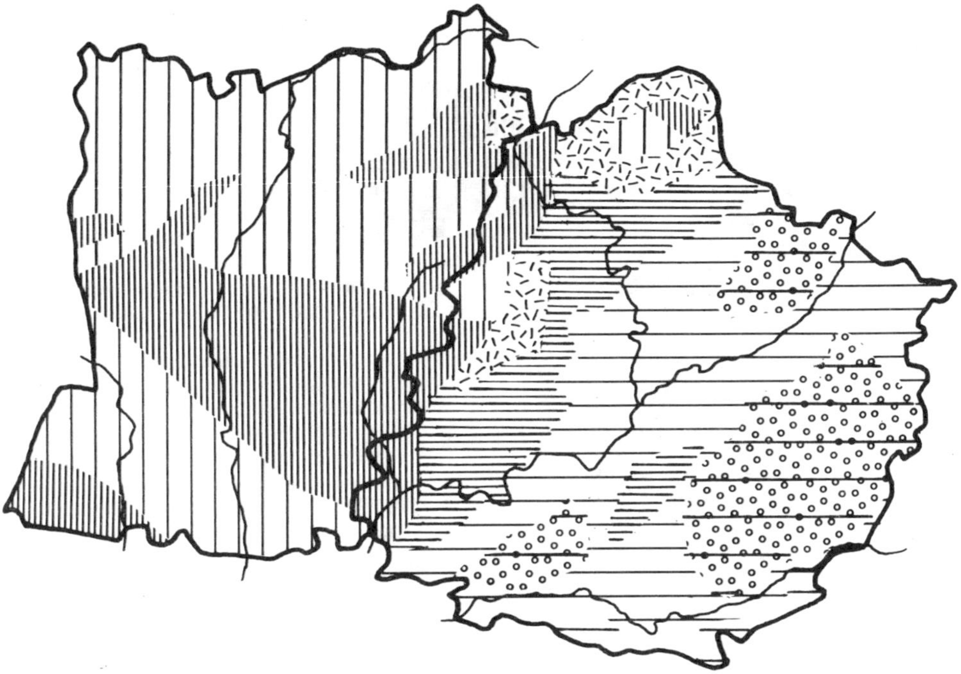

Massif ancien (bocages sur granites et gneiss)

Massif ancien (bocages sur schistes)

Plaine calcaire découverte

Bocage sur calcaires jurassiques

Bocage sur marnes et calcaires crétacés

Plateau couvert de sables et d'argile à silex

Source: A. Frémont *et alii*, *Le Maine et la Normandie*, Larousse, 1972

CARTE XX

MAYENNE ET SARTHE: GÉOLOGIE

3

Climats

Sur le plan climatique il faut noter qu'au nord d'une ligne Vitré — Laval — Evron règnent plus systématiquement humidité et froid, tout comme, en Sarthe, au nord d'une ligne Sillé-le-Guillaume — Mamers. Le sud de la Mayenne et une grande partie de la Sarthe ont un climat plus doux et ensoleillé, de plus en plus continental à mesure que l'on se dirige vers l'Est.

Si l'on a pu jusqu'ici reconnaître une plus grande homogénéité à la Mayenne qu'à la Sarthe, il n'en reste plus grand chose quand on s'attache aux aspects moins strictement physiques et qu'on s'intéresse aux types de paysages dans leurs composantes écologiques et humaines. En même temps se précisent les affinités plus naturelles qui lient entre elles différentes portions de ces deux départements, ou les liens qui unissent certaines parties de l'un ou l'autre de ces départements avec des départements limitrophes. «L'unité du Maine et celle de l'Anjou sont des faits relevant de l'histoire plus que de la géographie: ...le bassin de Laval se rattache à celui de Rennes, le nord de la Mayenne et de la Sarthe, comme le Perche, évoquent la Normandie intérieure» (WAGRET P. et alii, 1968, p. 229). Plus que d'une personnalité homogène et affirmée, on doit parler à propos des deux demi-provinces de «régions de transition, sortes de marches-frontières entre Paris et pays d'Ouest, entre Normandie et Aquitaine. Par certains traits elles appartiennent au Nord, par d'autres elles annoncent le midi» (WAGRET P. et alii, *ibid.*).

DE LA GÉOGRAPHIE HUMAINE À L'HISTOIRE

Semblables, différentes; homogènes, diverses? De prime abord toutes les hypothèses semblent plausibles; c'est ce qui paraît ressortir des quelques traits suivants.

Si Mayenne et Sarthe font partie des départements où règne le bocage, du moins celui-ci est-il beaucoup plus clairsemé en Sarthe, les forêts couvrant, dans ce département, des superficies plus étendues. On retrouve à peu près la limite des actuels départements quand on suit par exemple le tracé qui sépare, en France, les zones de battage du blé en plein air des zones de battage à l'intérieur des maisons (de nouveau pourtant une mince frange de la Sarthe se trouve, à l'ouest, adjointe à la Mayenne).

C'est la diversité des influences qui prévaut si l'on s'attache aux matériaux et à la morphologie des habitations et bâtiments ruraux. Au nord des deux départements et à l'ouest de la Mayenne se sent nettement l'influence des modèles normand et breton. Au sud des deux départements et au sud-est de la Sarthe on note l'influence des Pays de Loire.

En somme les limites départementales actuelles coïncident quelquefois avec des *traits spécifiques* attachés à l'un et l'autre départements; quelquefois elles correspondent à des *moyennes générales* qui caractérisent de façon différenciée les deux départements où l'on constate par ailleurs quelquefois une *hétérogénéité intérieure* due à diverses influences. Ce sont exactement ces trois cas de figure que l'on retrouve quand on s'attache d'un peu plus près à la géographie humaine et aux aspects généraux de l'histoire du Maine.

«Les terroirs fertiles des plateaux, des vallées de la Sarthe, de l'Huisne, du Loir et de la Vègre, la dépression d'Evron, la Vallée de la Haute-Mayenne et de son affluent le Colmont étaient exploités depuis longtemps. Les vestiges mérovingiens et carolingiens se raréfiant au fur et à mesure qu'on s'éloigne de la Vallée de la Mayenne vers l'Ouest, on en a conclu qu'il s'agissait de territoires presque vides, ces 'vastes solitudes' dont nous avons déjà dit qu'elles ne disparaîtront qu'au XIe et au XIIe siècles» (DORNIC F., 1973, p. 31).

Après que tout l'ouest et le nord de l'actuelle Mayenne aient été défrichés, à une époque tardive donc, après le développement de la culture et de l'élevage le peuplement, qui était déjà très dispersé, l'est resté sur des terres extrêmement morcelées. Aux XVIIe et XVIIIe siècles prédominaient les cultures du froment, de l'orge, de l'avoine, du seigle et du sarrasin. Ces deux dernières céréales furent plus particulièrement cultivées dans l'actuel département de la Mayenne; la culture du sarrasin se maintient d'ailleurs encore maintenant dans la partie septentrionale, moins favorisée que le sud du département.

L'élevage fut toujours plus systématiquement l'apanage de l'actuelle Mayenne. Cela vaut encore à l'heure actuelle. Les deux départements partageaient enfin avec des spécialisations différentes une grande activité dans l'industrie textile: travail du lin et de la toile en Mayenne, travail du chanvre en Sarthe. Dans le cas de la Mayenne d'ailleurs il s'agissait beaucoup plus d'une industrie véritablement rurale intimement liée aux activités campagnardes.

L'actuel département de la Mayenne fut constitué en Février 1790. A sa naissance ses limites bornèrent la zone où l'on travaillait le lin, regroupant ainsi l'essentiel de l'ancienne demi-province du Bas-Maine — amputée de sa partie nord-ouest — et le nord de la Province d'Anjou. Ce fut donc une unité industrielle et économique d'un certain type qui, au-delà d'autres affinités ou oppositions possibles (topographiques, historiques, etc...) fut retenue comme critère privilégié lors de la constitution de ce département; s'opposent alors un sud moins austère et tout une partie de plus en plus humide et rude à mesure que l'on progresse vers le nord.

Si, comme l'explique F. DORNIC (1973, p. 100) «on chercha surtout à obtenir une circonscription bien arrondie autour du chef-lieu, le Mans» lorsqu'on créa le département de la Sarthe, il s'avère que celui-ci est installé au lieu de jonction de régions fort différentes qui, quand elles se rejoignent, constituent une mosaïque de paysages très différenciés aux ressources spécifiques. «Entre l'herbage normand et la vigne des coteaux ligériens, entre la petite exploitation d'élevage du bocage de l'Ouest et l'exploitation céréalière du Centre du Bassin Parisien, la Sarthe juxtapose ou mélange les genres et miniaturise leur expression régionale dans des pays de dimension réduite» (FRÉMONT A. et alii, 1972, p. 85).

Deux caractères doivent compléter ce premier tableau synthétique avant d'aborder plus en détail chacun des deux départements pour en éclairer plus complètement les personnalités respectives. En premier lieu la Mayenne a constitué et constitue encore maintenant l'exemple frappant et unique dans cette région d'une zone où le métayage a connu et connaît encore un développement important sur des terres où prévalait longtemps la grande propriété. Dans la Sarthe voisine se pratiquait plutôt le fermage sur des exploitations de taille plus réduite. On verra dans le détail l'impact de tels caractères sur la «personnalité» complexe des deux départements [17].

En second lieu, après la disparition de l'industrie textile en Mayenne et en Sarthe au cours du XIXe siècle et après le développement d'un exode rural très important, surtout en Mayenne, on constate un fort redémarrage industriel en Sarthe et un arrêt de l'émigration en chiffres absolus, alors que la Mayenne continue à se vider d'une population qui n'est pas encore retenue par une industrialisation qui reste lente et concentrée essentiellement dans le centre du département.

L'ÉVOLUTION DÉMOGRAPHIQUE DES DEUX DÉPARTEMENTS

1

Evolution générale

Comme bien des départements ruraux français la Sarthe et la Mayenne ont connu une forte dépopulation aux XIXe et XXe siècles.

C'est en 1846 que le département de la Sarthe atteint son maximum de population (476 000 habitants). Ce n'est qu'en 1975 que ce maximum a été rattrapé voire dépassé (490 385 habitants); mais, en chiffres absolus, la population de ce département n'avait plus diminué depuis 1936, après une perte de 86 000 habitants entre 1846 et 1936. En fait depuis cette dernière date la progression de la population est très régulière dans ce département. Il faut noter pourtant qu'elle est parallèle au net développement d'une seule agglomération (Le Mans) et que l'émigration n'a pas cessé, dans un département qui accueille par ailleurs des populations issues d'autres départements français.

Après avoir atteint son maximum (371 000 habitants) en 1861, la population de la Mayenne connaît une évolution négative continue: très brutale jusqu'en 1954 (251 000 habitants), beaucoup plus lente mais persistante depuis lors (250 030 habitants en 1962). Avec une dépopulation de 30 %, en 1946, par rapport au maximum constaté, la dépopulation est en Mayenne identique à ce qu'elle fut dans l'Orne voisine. A la même date (1946) et par rapport au maximum de 1846 la Sarthe connaît le sort de départements comme l'Eure-et-Loir ou le Loir-et-Cher, avec une diminution de population de 15 % en un siècle.

2

Exode rural et repopulation urbaine

Une brève analyse de détail doit montrer pour chaque département les caractères plus spécifiques de ces évolutions. Celle-ci accentue l'évolution divergente de chacun des deux départements tout en précisant les particularités qui peuvent se dessiner à l'intérieur de chacun d'eux.

Dans les deux départements ce sont les communes et cantons ruraux qui connaissent la baisse démographique la plus marquée. En Mayenne, entre 1845 et 1962 la densité moyenne de la population dans les communes rurales passe de 73 à 33 habitants, alors même qu'on relève un excédent, notable, de 37 400 naissances entre 1821 et 1921 dans ce département. C'est dire le rôle de l'émigration dans cette dépopulation, émigration dont les causes sont esquissées dans ce commentaire: au moment du maximum de population «les campagnes étaient relativement surpeuplées compte tenu de la situation des activités et de l'emploi» (DORNIC F., 1968).

Rien de tel pour la Sarthe? «En somme il y aurait certainement place, dans la Sarthe, pour une population notablement supérieure à celle qui s'y trouvait au recensement de 1921» (CALLON G., 1929-1930). Avec une très faible natalité pendant tout le XIXe siècle et malgré une densité relativement peu élevée la Sarthe se vide pourtant aussi, jusqu'en 1936 du moins, en chiffres absolus; ce qui ne signifie pas la fin de l'émigration. En effet la densité moyenne de la population dans les communes rurales passe de 73 à 43 habitants au kilomètre carré en Sarthe, entre 1845 et 1962. En 1962 précisément la population urbaine représente environ 45 % en Sarthe et 35 % en Mayenne. Pour la Sarthe, en 1968 et 1975 on note une progression forte de cette population urbanisée et de très fortes pertes démographiques dans les communes rurales.

En réalité donc, après une évolution parallèle à celle de la Sarthe mais beaucoup plus brutale pour la Mayenne, cette dernière voit sa population continuer à décroître en chiffres absolus, les communes rurales fournissant l'essentiel du lot des émigrants. A partir de 1936 la Sarthe voit se développer une urbanisation qui fixe les populations alors que les campagnes continuent à se vider, comme en Mayenne. Encore faut-il préciser que cette urbanisation, à quelques rares exceptions près (Sablé au sud-ouest, Saint-Paterne au nord et la Ferté-Bernard au nord-est) est essentiellement celle du Mans. Cette ville progresse de 62 000 habitants entre 1876 et 1954; Laval, son équivalent en Mayenne, ne progressant que de 3000 habitants pour la même période.

Comment se situent plus précisément ces évolutions démographiques dans chaque département? Pour la Mayenne il est possible de faire une étude géographique de la démographie d'une part pour la période allant de 1812 à 1911, d'autre part pour la période 1936-1954.

L'étude de l'évolution démographique par canton entre 1812 et 1911 permet de préciser ceci. Deux zones ont connu en Mayenne une dépopulation très importante et souvent brutale: d'une part l'ensemble formé par les cantons de Bais, Evron et Sainte-Suzanne à l'est du département; d'autre part une zone en S qui couvre le nord-est du département, le canton ouest de la ville de Mayenne et, à l'extrême ouest, le canton de Chailland. Dans la portion sud-ouest du département le canton de Cossé-le-Vivien connaît le même sort, alors que le reste du département a suivi une évolution certes négative mais plus lente et souvent moins importante. Cela est surtout vrai pour l'extrême sud-ouest et l'extrême nord-ouest du département.

Les données fournies et analysées pour la période 1936-1954 (cf. SURET-CANALE J., 1965) accentuent les tendances relevées pour la période comprise entre 1812 et 1911. On constate une diminution générale de la population dans une bande nord, plus étendue dans sa partie orientale. Si toute la moitié nord est bien le lieu d'une forte dépopulation c'est encore le nord-est qui en connaît les proportions les plus fortes. A l'inverse le centre du département voit une augmentation générale de la population et, dans le sud, alternent faibles diminutions et légères augmentations.

Pour la période 1831-1911 la dépopulation est, en Sarthe, importante dans l'ouest et le nord (22 % à Conlie, 39 % à Marolles); elle est lente et tardive dans le sud-est (12 % à Vibraye, 14 % à Saint-Calais). Pour le XXe siècle on a déjà constaté une persistance de la dépopulation pour les communes rurales. Plus précisément, et pour la période actuelle, il semble que ce soit encore le nord (et surtout le nord-est) et l'ouest qui fournissent les plus gros contingents d'émigrants.

3

Les migrants : qui sont-ils ; où vont-ils ?

Les réponses fournies à ces deux questions introduisent aux rapports de la Sarthe et de la Mayenne avec les autres départements français en même temps qu'elles permettent de préciser les disparités constatées à l'intérieur de chaque département. Enfin elles montrent que la qualité de l'émigration a changé d'un siècle à l'autre.

Dans leurs rapports à la région parisienne les deux départements ont le même comportement démographique général pendant le XIXe siècle. Dans le premier tiers de ce siècle Paris exerce une très faible attirance sur les deux départements. Cette situation est en général identique pour les autres départements français à cette époque, à l'exception de ceux de l'Est français, de ceux immédiatement limitrophes de Paris au sud-ouest et du département du Cantal.

A la fin du XIXe siècle la situation a bien évolué. A cette époque Sarthe et Mayenne constituent avec l'Orne la limite sud-ouest, par rapport à Paris, des départements ayant un fort taux d'émigration vers Paris. Rappelons-nous que le maximum de population est atteint pour la Mayenne en 1861 et pour la Sarthe dès 1846 et que depuis une forte émigration vide justement ces deux départements (certains cantons se vidant d'ailleurs de leur population avant 1861 pour la Mayenne ou 1846 pour la Sarthe).

Qu'en est-il au milieu du XXe siècle ? Les taux d'émigration vers le département de la Seine montrent qu'en 1954 la Mayenne et la Sarthe ont un comportement légèrement divergent. Le premier département cité, la Mayenne, se situe un peu au-dessous de la moyenne nationale, le deuxième se situant un peu au-dessus. Ce genre d'information ne dit rien s'il n'est pas complété par des données beaucoup plus pertinentes dans le cadre de cette étude. Dans le détail en effet on constate une très forte émigration du nord-est de la Sarthe vers Paris. A un moindre degré c'est une grande zone, plus homogène de ce point de vue là, qui voit son émigration se diriger vers Paris : il s'agit de toute la Sarthe (sauf le nord-est) et de la Mayenne (sud-ouest non compris). L'émigration du sud-ouest de la Mayenne vers Paris est en effet plus faible quoique réelle, sauf à l'extrême sud-ouest où elle est quasiment nulle.

Dans ce contexte général, il ne faut pas oublier trois choses. On se rappellera d'abord que la Mayenne a connu une dépopulation continue et que la Sarthe voit sa population augmenter de façon très soutenue depuis 1936. A cela plusieurs causes. Si l'émigration n'a pas cessé en Sarthe, elle est compensée maintenant par une immigration significative. Les sources de celle-ci sont en premier lieu la Mayenne, en second lieu les autres départements de l'Ouest — surtout les départements bretons —, enfin la région parisienne. De ces informations on doit comprendre que la Sarthe constitue un pôle intermédiaire et souvent temporaire de la constante émigration issue de l'Ouest, et en premier lieu de la Mayenne. Beaucoup de ces immigrants aboutissent d'abord dans la zone du Mans et dans quelques centres urbains plus modestes. Mais nombre de nos informateurs, à l'ouest de la Sarthe, sont des ruraux issus de l'est mayennais justement.

En ce qui concerne l'émigration issue de la Sarthe il faut souligner qu'il y a en effet deux sortes de mouvement : une émigration réelle qui perpétue le mouvement entamé au XIXe siècle, et une émigration interne. Une étude récente (cf. DUFOUR J.) montre que les migrants (électeurs) issus des communes rurales sarthoises vont pour un tiers seulement à l'extérieur du département, et, pour les deux autres tiers, se réinstallent en Sarthe, au Mans et dans les autres centres urbains. On doit retrouver un peu le même phénomène en Mayenne à ceci près que la population rurale y est plus importante et ne trouve pas de ressources sur place, du fait de la très faible industrialisation de la Mayenne.

Un dernier point vaut d'être noté au seuil de cet aperçu démographique. Il concerne le caractère socio-professionnel de l'émigration. En effet on constate que les migrations internes et externes qui concernent la Sarthe sont le fait non plus tant de populations agricoles au sens strict du terme mais, par ordre décroissant, de l'ensemble composé des ouvriers, manœuvres et chauffeurs, puis des commerçants et artisans, des femmes mariées sans profession ; les gens de maison et bonnes précédant encore, quantitativement, la catégorie des cultivateurs. Il faut préciser encore qu'il y aurait un rapport entre la qualification professionnelle et l'implantation géographique d'origine. Nord-est et sud-ouest de la Sarthe voient partir les catégories les plus qualifiées. Le sud-est, le nord et l'ouest voient partir en gros les catégories les moins qualifiées.

Face à la Mayenne beaucoup plus rurale et pauvre, surtout dans sa partie nord et nord-est, et qui endigue seulement maintenant sa dépopulation, se développe une Sarthe où se superposent : une agriculture maintenue mais transformée, avec des effectifs fréquemment issus de la Mayenne, et une industrie et des services qui recrutent en Sarthe, en Mayenne, dans l'ouest breton et dans la région parisienne. Affirmation différente donc, encore, entre deux départements qui perpétuent leurs fractionnements internes.

En Mayenne se côtoient un sud qui maintient une certaine aisance, un centre qui se reconvertit et un nord encore pauvre, surtout sur une bonne partie à l'est. En Sarthe c'est la région mancelle qui s'enfle. Le développement de quelques autres centres urbains, au nord-est et au sud-ouest, ne peut en rien être comparé à celui dont l'influence est très largement déterminante dans la vie quotidienne et le développement général du département. C'est surtout vers le Mans que se déplacent les migrants sarthois et les immigrants. Quant au sud-ouest et à l'ouest de la Sarthe ils regardent de façon forcée vers le Mans: cette agglomération constitue le débouché le plus immédiat pour l'ouest de la Sarthe face à un est mayennais démuni. Il en va de même pour le sud-est de la Sarthe que le milieu naturel et la proximité ramènent encore vers le Mans.

La vie économique

On donnera d'abord un aperçu de la vie économique des deux départements en s'attachant aux caractères généraux de l'industrie, puis à ceux de l'agriculture avant de présenter le régime de la propriété et les modes de faire-valoir dans les deux départements. Cet aperçu sera alors repris, complété et nuancé en s'attachant à préciser la place qu'occupent respectivement les différentes parties de ces départements dans l'ensemble de leur vie économique propre.

1

L'industrie en Mayenne et en Sarthe

Au début du XIXe siècle la Mayenne faisait nettement figure de département industrialisé. Elle devait ce caractère au fait qu'un type d'industrie y dominait largement (le textile) et qu'il pénétrait profondément tous les lieux du département, les campagnes participant à leur façon au développement de cette industrie. On se souvient que c'est le travail du lin, répandu sur une large zone, qui avait constitué le critère retenu pour établir les limites du département, à la fin du XVIIIe siècle.

C'est dans la deuxième moitié du XIXe siècle que la Mayenne se désindustrialise très nettement pour prendre sa physionomie essentiellement agricole. Les anciennes industries (textiles, forges, fours à chaux) disparaissent et on constate le déclin important et continu de la population occupée dans l'industrie, dans la période allant de 1850 à la Seconde Geurre mondiale. C'est avec l'implantation récente (à partir de 1950) d'usines nouvelles qu'on relève une remontée sensible de la population occupée dans l'industrie.

Moins industrielle au départ, la Sarthe, elle, a vu ses types d'industrie se transformer, la population active dans l'industrie augmenter nettement après la Seconde Guerre mondiale; le secteur tertiaire (le secteur des services) se développer à un rythme élevé. Diversifiées dans leur caractère et leur fonction, les anciennes industries (étamines, toiles de chanvre, tanneries, fabriques de sabots, fours à chaux, forges) laissent la place à l'industrie métallurgique et électronique d'une part, à l'industrie agro-alimentaire d'autre part. Dans ce dernier secteur le département de la Sarthe fait figure d'exemple. Il bénéficie d'une double infrastructure en matière de ressources agricoles et de moyens industriels et commerciaux. Il entraîne d'ailleurs la Mayenne à qui il manque le deuxième type d'atout mais où le premier est très bien représenté.

2

L'agriculture en Mayenne et en Sarthe

Parallèlement à l'activité industrielle la Mayenne a connu au XIXe siècle une activité agricole qui, dans certains secteurs, était plus développée qu'en Sarthe alors même que la surface disponible était au départ moins importante. En effet, en 1840, jachères et terres incultes représentent encore 30 à 40 % du territoire mayennais alors qu'elles en représentent 20 à 30 % dans le département voisin, plus étendu en superficie.

Pour la période présente c'est l'élevage qui est largement l'apanage de la Mayenne: sixième département français pour les bovins, premier département pour les chevaux et produisant deux fois plus de porcins que la Sarthe. Cette prédominance de la Mayenne semble ancienne et permanente. C'est dans le nord du département, proche du bocage normand par ses structures agricoles et par l'évolution qu'y connut l'économie rurale, que les herbages sont les plus développés et que l'emporte l'élevage bovin.

Si l'élevage est nettement l'apanage de la Mayenne (et de l'ouest sarthois), ce sont les cultures qui sont plus spécifiques de la Sarthe. Ce fait économique est d'ailleurs source de hiérarchies divergentes entre propriétaires et fermiers mayennais ou sarthois. Selon que l'on est éleveur ou cultivateur on est plus ou moins bien considéré. On verra comment ces hiérarchies, perçues en travaillant côte à côte avec les membres de la profession agricole aux confins communs de la Mayenne et de la Sarthe, sont parties prenantes des théories linguistiques et sociolinguistiques spontanées de ces mêmes éleveurs ou cultivateurs.

Pourtant en Mayenne on cultive aussi céréales et légumes; de même l'élevage est loin d'être absent de la Sarthe. On verra pourquoi les images sont globalisantes dans leurs formulations alors que la réalité s'avère plus complexe.

En Sarthe les cultures maraîchères sont nettement plus développées qu'en Mayenne de même que la production de maïs (introduite au centre de ce département à une époque relativement récente). Les productions de blé s'équilibrent en quantité, d'un département à l'autre; mais c'est la Mayenne qui maintient la production du seigle et du sarrasin, effective dans les deux départements au

XIXe siècle. Si l'agriculture sarthoise est plus mécanisée à l'heure actuelle, emploi d'engrais et rendements sont à peu près équivalents en quantités d'un département à l'autre.

A tous ces caractères qui définissent rapidement les traits essentiels de l'agriculture, il faut ajouter que le revenu agricole — au milieu du XIXe siècle et un siècle après —, se situait pour la Mayenne et la Sarthe un peu au-dessous de la moyenne nationale; en diminution, d'un siècle à l'autre, en Mayenne, en augmentation en Sarthe dans la période récente.

3

Régime de la propriété et modes de faire-valoir

Cette présentation succincte de la physionomie agricole des deux départements ne peut laisser de côté quelques-uns des facteurs sociaux et juridiques qui sous-tendent la vie agricole: on veut parler du régime de la propriété et des modes de faire-valoir. Ces deux aspects introduisent aux liens qui s'établissent entre l'individu et la terre comme enjeu économique d'une part, entre l'exploitant — quel qu'en soit son statut —, et le propriétaire d'autre part.

A ce sujet des différences sensibles opposent les deux départements. Elles tiennent avant tout à ce que la Mayenne s'est toujours singularisée par des taux de métayage élevés, y compris encore à l'heure actuelle (la seule de tout l'ouest avec la Vendée). En deuxième lieu ce département semble avoir été un département de grandes propriétés.

Celles-ci ne furent pourtant pas absentes en Sarthe. En 1826, elles y sont même sensiblement plus importantes qu'en Mayenne; en 1884 elles sont attestées à égalité dans les deux départements. En réalité c'est plutôt l'ouest de la Sarthe qui, dans ce département, a concentré le plus systématiquement les grandes propriétés, prolongeant ainsi la vaste zone de grande propriété que représentait le département de la Mayenne. Par ailleurs la grande propriété peut être prise en charge par deux types distincts d'exploitant, le métayer proprement dit et le bordier: différents non pas en fonction de leur statut par rapport au propriétaire mais en fonction de la superficie qu'ils exploitent. Le métayer proprement dit est installé sur une grande ferme. C'est lui qu'on rencontrait et qu'on rencontre surtout en Mayenne. En Sarthe, c'est plutôt le bordier, installé sur de petites tenures.

Pour ce qui est de l'époque actuelle on note qu'en 1963, on recense en Sarthe deux fois plus de propriétés de 50 hectares qu'en Mayenne. C'est aussi la Sarthe qui concentre le plus de petites propriétés (propriétés de 0 à 5 hectares de superficie et propriétés de 5 à 20 hectares). C'est la Mayenne qui regroupe le plus grand nombre de propriétés de superficie intermédiaire (la superficie moyenne des exploitations agricoles étant en 1960 de 15 à 25 hectares dans chacun des deux départements).

Les taux de fermage, initialement plus élevés en Sarthe — dès avant la Révolution de 1789 — tendent à se correspondre d'un département à l'autre (plus de 50 % de fermage en 1960). De l'un à l'autre département, aux XIXe et XXe siècles, c'est le faire-valoir direct qui fut le moins bien représenté, la Sarthe se singularisant à l'heure actuelle par un taux sensiblement élevé de propriétés où prévalent les modes associés (faire-valoir direct et fermage).

4

Particularités régionales de l'économie sarthoise

Une étude un peu plus détaillée des différentes parties du département sarthois, du point de vue économique, est rendue quelque peu difficile par le fait que ce département juxtapose toute une série de régions naturelles à l'identité assez bien affirmée: la région mancelle au centre, le Perche sarthois et le Saosnois au nord-est, la moyenne vallée de l'Huisne puis le plateau calaisien à l'est, la Vallée du Loir au sud et, à l'ouest, du sud au nord, encore quatre autres régions (la moyenne vallée de la Sarthe, le bocage sabolien, la Champagne mancelle et le bocage des Alpes mancelles). Une étude des différentes partie de la Sarthe, sur la base des critères économiques retenus jusqu'ici, permet cependant de regrouper les différentes régions de ce département dans des ensembles un peu plus homogènes.

«Plus encore que dans l'ouest... la richesse est au nord» dit P. Bois qui, pour mieux indiquer les tendances essentielles oppose les cultivateurs aisés de l'ouest (fermiers des cantons de Loué ou Sablé, ou propriétaires des cantons de Conlie et surtout Marolles) aux paysans besogneux du sud-est intérieur (fermiers du canton de Bouloire ou petits propriétaires des environs de Château-du-Loir) (cf. Bois P., 1971, pp. 76-77). Au nord c'est l'herbage normand, le Perche jadis riche par le commerce des chevaux et où l'élevage bovin perpétue maintenant encore cette richesse économique. On y rencontre, comme à l'ouest, moyennes et grandes exploitations sur lesquelles se cultivent les céréales. Mais l'ouest, spécialement le nord-ouest, c'est une zone où la petite propriété n'est pas absente, région de bocage, orientée aussi vers l'élevage.

La petite exploitation se rencontre en fait surtout dans la Vallée de la Sarthe et le Bélinois où prédomine le faire-valoir direct et où se maintient encore une polyculture traditionnelle de plus en plus rognée par l'industrialisation et l'urbanisation du centre du département. L'est et le sud-est du département sont une zone de forte production céréalière, là où, au début du siècle, la grande

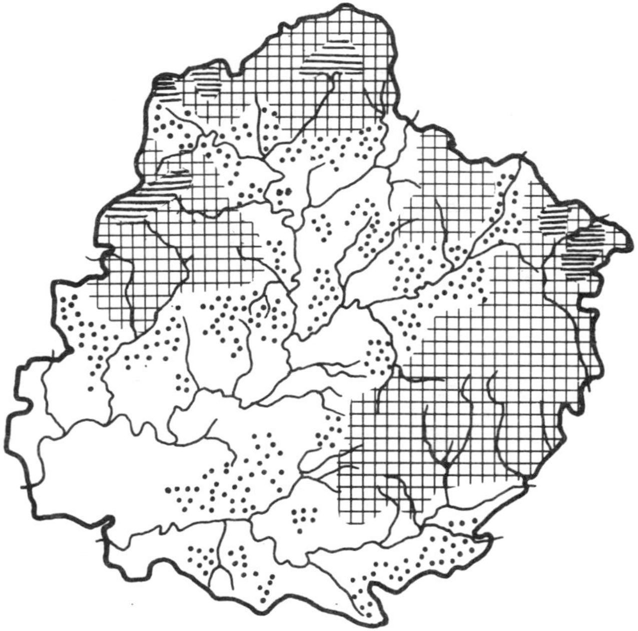

Reliefs

(hachures)	Hautes collines	(points)	Collines et bas plateaux
(quadrillage)	Principaux plateaux	en blanc	Vallées et plaines

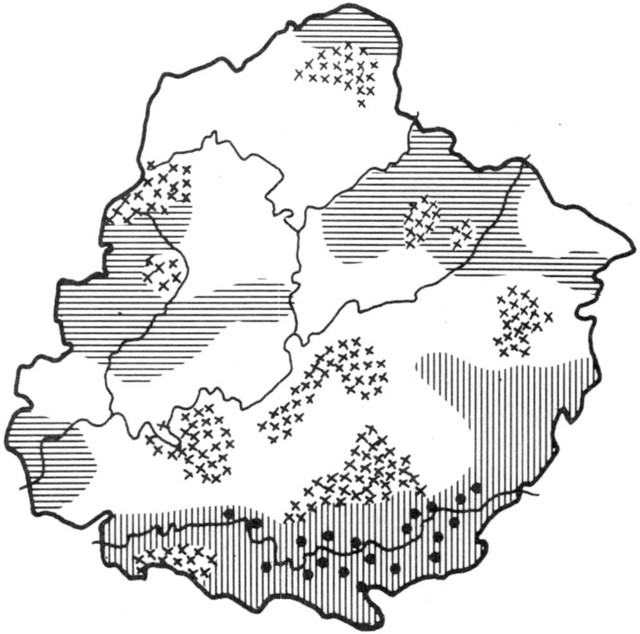

Productions agricoles

(hachures horizontales)	Elevage bovin dominant	(points)	vignes et vergers
(hachures verticales)	Production de céréales dominante	(croix)	principales zones forestières
en blanc	Elevage bovin + céréales		

CARTE XXI

LA SARTHE

propriété était importante. Mais à la différence de la grande propriété de l'ouest, la grande propriété à l'est englobait une bonne proportion de forêts.

On le voit donc, le département juxtapose des zones aux productions préférentielles. Mais c'est le nord et l'ouest qui ont vu se perpétuer le plus systématiquement la richesse d'origine agricole. A l'heure actuelle ce sont ces mêmes régions qui semblent assurées du plus grand dynamisme en matière de développement agricole car la proportion des chefs d'exploitation jeunes y est la plus élevée du département. Sur le plan industriel il faut noter que si le sud-est a vu se perpétuer une certaine tradition, c'est le centre du département qui a vu s'installer beaucoup plus solidement les atouts industriels les plus récents. Ces atouts se sont en réalité répartis sur les vallées de l'Huisne et de la Sarthe, sur un axe nord-est sud-ouest qui relie, au-delà des limites du département, les départements du sud-ouest et de l'ouest français à la région parisienne.

L'ouest et le nord-ouest du département sont loin d'avoir un caractère industriel très marqué, les quelques créations récentes d'usines ayant été compensées par des licenciements. Ces licenciements n'ont pas épargné le centre et l'est du département mais ils sont de moindre portée au centre, là où s'ajoutent les différents atouts propices à un développement industriel relativement stable: implantation d'usines, concentration de main d'œuvre, concentration des services, facilités de transport.

5

Particularités régionales de l'économie mayennaise

Les traits économiques généraux par lesquels on a pu caractériser la Mayenne ne doivent pas cacher des disparités et en tout cas l'existence d'oppositions entre le nord, le centre et le sud du département. Par certains traits cette répartition horizontale en trois bandes successives est complétée par une opposition entre parties occidentale et orientale.

Au nord (et surtout au nord-est et au nord-ouest) règne la petite propriété de 1 à 10 hectares: elle concerne 80 % des propriétaires et 30 % des terres. La propriété de moins de 1 hectare y égale 3 % de la surface alors que dans le sud elle n'excède pas 0,5 %. Il faut préciser tout de suite que le grand nombre de propriétaires ne se recrute pas dans un seul type de milieu. Parmi ceux-ci on trouve des agriculteurs, des artisans, des commerçants, des retraités aussi, et une bonne partie d'entre eux loue encore les parcelles dont ils sont propriétaires. Cela explique l'importance réelle du mode de faire-valoir mixte (fermage et faire-valoir direct), plus particulièrement attesté au nord-est.

C'est dans ce même nord-est (et à l'extrême sud-ouest où, on s'en souvient, l'émigration est la moins prompte à se diriger vers Paris) que diminue le plus le nombre des exploitations, dans la période comprise entre 1955 et 1970. C'est aussi au nord — et encore une fois au nord-est — qu'on notait la plus forte proportion de bouilleurs de cru.

«Prépondérante au nord du département, la petite propriété disparaît presque aux environs de Laval (canton d'Argentré); elle ne retrouve quelque importance qu'au sud, dans le 'bocage angevin', en particulier à l'extrême sud-ouest au contact du Maine-et-Loir (Segréen) et de l'Ille-et-Vilaine. Mais centre et sud de la Mayenne se caractérisent surtout par la moyenne et grande propriété» (Macé G., 1972, p. 440). Il faut ajouter cependant à ce qui vient d'être dit que, souvent, la grande propriété correspond à la propriété de la forêt. On le voit, ce qui vient d'être dit de la taille des propriétés recoupe en gros ce que l'on avait vu de la démographie en Mayenne tout au long du XIXe siècle et au XXe siècle.

Voyons maintenant, toujours sur le plan agricole, ce qu'il en est de l'utilisation effective de la terre. Une étude détaillée de la surface agricole utilisée (SAU) moyenne des exploitations par canton conduit à préciser les oppositions générales indiquées ci-dessus. La plus grosse SAU est localisée dans le quart sud-est du département et des taux encore élevés existent pour les zones qui, au sud-ouest et au nord-est prolongent ce quart sud-est. A l'opposé, la SAU la plus faible est au nord-ouest. Ces données précisent les lieux de plus grands rendements et d'une relative richesse. Si l'on ajoute que toute l'industrie se concentre à peu de choses près dans le centre du département et, par ailleurs, qu'au sud les exploitations agricoles sont plus vastes, moins vulnérables et développent une polyculture traditionnelle, on doit conclure à l'existence de gros écarts entre le nord de la Mayenne d'un côté, le centre et le sud d'autre part.

Ces écarts trouvent leur genèse dans des atouts initiaux différents mais aussi dans l'impact que ces atouts différents ont signifié lors de l'évolution générale de l'économie française aux XIXe et XXe siècles. «La ruine des industries anciennes (tissage à bras) frappe l'ensemble du département dès la première moitié du XIXe siècle; mais au même moment, dans le sud du département, les progrès du chaulage contribuent à fixer la population; les mêmes effets ne se font sentir dans le nord du département qu'avec l'avènement des chemins de fer, mais se combinent alors avec une révolution dans l'outillage agricole qui diminue la main d'œuvre, et avec des facilités d'exode accrues» (Suret-Canale J., 1956, p. 199).

S'attachant plus particulièrement aux cours supérieur et moyen de la Mayenne (correspondant au nord et au centre du département), un autre auteur contribue à compléter l'image d'un nord mayennais défavorisé (cf. Martinet C., 1953). Entre nord et centre des différences persistent quant aux formes bocagères, aux structures sociales et à la mentalité. Une autre différence s'accuse, déjà bien illustrée: la différence d'orientation économique des fermes. Au nord, petites et moyennes propriétés se côtoient, faire-valoir direct et fermage s'équilibrent. Le XXe siècle y voit une extension des prairies et une spécialisation dans l'élevage. Au centre prédominent et se côtoient moyenne et grande propriété, métayage et fermage; la polyculture et l'élevage s'équilibrent en une zone qui est drainée par la ligne ferroviaire reliant Paris et la Bretagne et où s'accumule donc l'essentiel des ressources industrielles.

Dans le sud-est et l'est du département l'élevage bovin n'est pas absent; c'est le sud qui s'est spécialisé dans l'élevage porcin, à côté d'une polyculture traditionnelle. Dans le sud, encore, les herbages — en recul —, et les cultures fourragères qui remplacent les premiers, couvrent une surface moindre. Dans ce sud mayennais relativement privilégié par rapport au nord et au centre du même département on constate à l'heure actuelle, la juxtaposition de grandes propriétés (dans la région de Craon) et d'exploitations de faible étendue où le fermage l'emporte à côté d'une proportion non négligeable de métayers.

6

L'identité économique des deux départements — Conclusions

En résumé on peut dire que la Mayenne, département fortement industriel mais aussi agricole au XIXe siècle acquiert une image presqu'exclusivement agricole avec la disparition accélérée des industries dès la seconde moitié du XIXe siècle. Ce n'est que très tardivement que ce département se réindustrialise — au centre essentiellement —. L'urbanisation y est très lente ainsi que la pénétration des modèles urbains. Le tourisme proprement dit y est peu développé; ce n'est que dans l'est du département qu'existent, timidement, ces possibilités par ailleurs si répandues en Sarthe qui font que citadins et ruraux peuvent se rencontrer, se côtoyer: il s'agit des gîtes ruraux et des stations vertes de vacances, inaugurées en Sarthe. Le rural reste sur ses terres et le citadin peut ne rien changer à ses habitudes, installé qu'il est dans des habitations que le rural met à sa disposition pour un temps.

Moins homogène dans ses caractères industriels et agricoles, moins industrialisée au XIXe siècle mais encore au début du XXe, la Sarthe a opté pour des types d'industries autour desquels elle a su organiser ses atouts: agriculture diversifiée, facilités de transport, développement important du secteur tertiaire. Il n'est pas étonnant de relever dans ce département une forte diminution des surfaces agricoles, en pays manceau initialement, et une forte pénétration des influences urbaines au sein des campagnes. De ce point de vue là la Sarthe, beaucoup plus que la Mayenne, si elle a plus vite intégré les modèles urbains du fait d'un côtoiement plus systématique avec bien des aspects du monde citadin (espaces de loisirs, résidences secondaires,...), surtout au centre et à l'est, est aussi un département de forts contrastes entre régions de moins en moins rurales et régions encore presqu'exclusivement agricoles, autant dans les activités que dans les références et les modèles. A l'opposé, la Mayenne apparaît de ce point de vue là plus homogène malgré des nuances sensibles entre nord, centre et sud d'une part, mais aussi entre parties orientale et occidentale du même département.

La société: les conditions sociales; les options politiques et religieuses; le rôle de l'enseignement

De tout ce qui précède se dégagent déjà quelques éléments qui permettent de se faire une idée du type de société et de vie sociale que l'on peut rencontrer en Sarthe et en Mayenne de nos jours. Avec ses deux départements on se trouve en présence de restes tout à fait vivants d'une France rurale traditionnelle.

Certes la Mayenne fut très industrielle au XIXe siècle. Mais la structure même de cette industrie faisait que les activités liées au développement du textile s'imbriquaient étroitement aux activités rurales. Quand disparut l'industrie textile le canevas essentiel, le canevas agricole se maintint en tant que cadre fondamental de référence, même s'il devait subir les évolutions générales que connut le milieu rural durant le XIXe siècle.

Il n'en va pas de même en Sarthe, à l'heure actuelle, puisque l'industrialisation extrêmement active ne se fait que sur la base d'une détérioration du cadre rural existant. L'industrialisation, l'urbanisation, le tourisme et les résidences secondaires entraînent une forte diminution des surfaces agricoles, drainent de nombreuses populations vers des activités et des cadres de vie que sous-tendent des modèles et des références essentiels différents de ceux qui avaient cours en milieu rural. D'ailleurs les modèles urbains et ceux du monde industriel pénètrent aussi dans les foyers encore ruraux ou agricoles, sans que les gens aient à se déplacer. Ce phénomène, extrêmement développé en Sarthe, n'a pas encore de telles proportions en Mayenne.

Concrètement les choses ne se sont pas faites d'un seul coup d'ailleurs: l'évolution générale, le passage d'un type de milieu à un autre peut prendre des détours multiples. Ce que l'on a vu de la situation linguistique, ce que l'on verra encore à ce sujet, à propos de la situation sociolinguistique ou à propos de différents thèmes ethnolinguistiques (termes d'adresse, littérature orale et théories linguistiques locales), tout cela conduit déjà et conduira encore à cette constatation: pour un même individu, et a fortiori pour un ensemble d'individus, on constate une juxtaposition, ou plutôt une imbrication complexe de différents types de références culturelles, de différents modèles dont les sources socio-géographiques et les âges historiques peuvent être hétérogènes.

A titre d'exemple on citera l'existence extrêmement active de *Cahiers de chansons*, établis par les jeunes filles de milieu agricole au début du siècle et contenant ce qu'elles pouvaient entendre sur le marché, de la bouche de chanteurs venus de Paris ou de centres urbains de province. Cahiers remplis de chansons françaises qui n'avaient rien de régional dans les thèmes et le matériau linguistique. De toute évidence ces jeunes filles étaient par ailleurs peu scolarisées; et quand elles l'étaient, c'était avec des moyens et en fonction de références dont on peut dire qu'ils ne correspondent pas au niveau de langue utilisé dans les chansons. Si l'on ajoute que, à côté du français des chansons, et à côté du français scolaire, il y avait la pratique linguistique quotidienne, statistiquement dominante et dont les éléments avaient souvent peu à voir avec ceux mentionnés précédemment, on comprendra que chacun put être «habité» par des références et modèles culturels divergents [18]. Chaque pas de notre étude sera en fait l'occasion de rendre plus concret ce genre de situation conflictuelle.

Une étude, nécessaire, du cadre social dans lequel s'inscrivent les compétences linguistiques et les théories linguistiques des locuteurs sera continuée à diverses reprises tout au long de notre travail. Pour l'heure il s'agit de clore la présentation générale des deux départements: présentation socio-culturelle ici, que l'on confrontera aux études linguistiques initiales pour dégager des parallélismes éventuels, des coïncidences ou des convergences, ou au contraire, pour constater l'absence de recoupements entre données linguistiques et données non linguistiques. Pour cette dernière étape d'une présentation socio-culturelle globale on s'est attaché aux grands axes que sont d'une part les opinions politiques et religieuses, d'autre part les modalités générales de l'instruction. Au-delà des faits bruts qui révèlent déjà pourtant oppositions et convergences, on pourra avoir accès à la genèse des opinions et attitudes, grâce à des études systématiques et récentes qui ont trait à l'Ouest français dans son ensemble, et à la Sarthe et la Mayenne en particulier. Et d'emblée on peut dire que, en fait d'opinion politique ou d'attitude religieuse, Sarthe et Mayenne s'opposent globalement tout en juxtaposant dans leurs limites respectives des nuances plus ou moins tranchées.

1

Les opinions politiques

Quand on s'intéresse aux votes successifs des Sarthois et des Mayennais au cours de ce siècle on relève d'abord qu'en 1900 les votes de la Sarthe (ouest non compris) sont républicains. La Mayenne et l'ouest de la Sarthe, domaine de la grande propriété, votent à droite. En 1914 la Mayenne est l'un des quatre départements français à n'avoir aucun votant pour l'extrême-gauche d'alors (Parti Socialiste

Unifié et Parti Ouvrier); la Sarthe, tout en présentant un comportement quelque peu différent n'a que très peu de votes favorables à l'extrême-gauche, comme dans le Maine-et-Loir, l'Orne et l'Eure-et-Loir voisins.

Pour la période récente la Mayenne apparaît plutôt centriste et favorable aux notables. En 1966 elle est la plus extrême dans son refus de la S.F.I.O. et du Parti communiste mais aussi de l'extrême-droite. Dans l'immédiat après-guerre elle a donné toute sa faveur au Mouvement des Républicains Populaires (M.R.P.). En 1973 cependant, les deux villes les plus importantes du département ont un maire socialiste.

L'évolution en Sarthe a été plus rapide qu'en Mayenne; mais la situation politique semble avoir toujours été moins monolithique qu'en Mayenne. Si l'on y trouve une bonne proportion de votes en faveur de la gauche, les votes à droite sont très loin d'être négligeables. En fait la situation récente constitue, plus en Mayenne qu'en Sarthe d'ailleurs, une évolution par rapport à ce que l'on trouve au début du siècle et qui correspondait, à ce moment là, à une tradition bien plus longue, attestée dès avant la Révolution Française.

Notons enfin que le syndicalisme agricole semble un peu plus en vogue en Sarthe. Du moins la F.N.S.E.A. (Fédération nationale des syndicats d'exploitants agricoles) trouve-t-elle plus de suffrages en Sarthe qu'en Mayenne. A la préférence pour un syndicalisme modéré correspond le rejet assez net d'un syndicalisme de gauche plus extrême prouvé par la défiance, commune aux deux départements, vis à vis du C.N.J.A. (Centre national des jeunes agriculteurs).

2

Le comportement religieux

Avant de remonter le cours du temps complétons les données initiales par ce qui peut être dit du comportement religieux. Là encore les oppositions entre Sarthe et Mayenne se retrouvent mais aussi le parallèlisme entre ouest sarthois et Mayenne.

Au milieu du XXe siècle s'opposent un pays pratiquant — La Mayenne, à quoi s'ajoutent les cantons de Sillé-le-Guillaume, Conlie et Brûlon à l'ouest de la Sarthe —, et un pays indifférent constitué par le département de la Sarthe amputé des trois cantons pratiquants que l'on vient de citer. Précisant les faits en parlant plus spécialement de la Sarthe P. Bois note qu'en 1929 «les cartes des pratiques religieuses... présentent avec la carte politique du département une similitude d'ensemble frappante. De part et d'autre d'une ligne sud-ouest nord-est allant de la Flèche à Bonnétable, s'opposent régions fortement chrétiennes, en politique, domaine de la droite et celles qui sont plus ou moins déchristianisées, où domine la gauche. En général une frange intermédiaire mixte les sépare». Le même auteur note tout de suite aussi «qu'un examen plus détaillé n'est pas sans révéler quelques discordances» (Bois P., 1971, p. 63).

On retrouve une opposition globale entre Sarthe et Mayenne en examinant le nombre des vocations religieuses dans la période 1957-1960, la Sarthe se situant dans la moyenne nationale, la Mayenne atteignant les taux supérieurs. Même opposition encore entre les deux départements dans les faveurs que connaissent tout au long du siècle la presse catholique et l'Action Catholique Générale Féminine: intérêt très net en Mayenne, bien moindre voire très faible en Sarthe.

Si l'on veut résumer ce qui vient d'être dit des options poliques et religieuses, on ne peut que reprendre les formulations d'auteurs qui ont consacré de larges travaux aux mentalités dans l'Ouest français depuis l'époque révolutionnaire (cf. Siegfried A., 1913; Bois P., 1971). A l'heure actuelle et bien plus encore entre le XVIIIe siècle et maintenant Sarthe et Mayenne s'opposent; et, en Sarthe, s'opposent deux régions, l'une plutôt à l'ouest, prolongeant la Mayenne, l'autre plutôt au sud-est. Parlant de la Sarthe du XXe siècle P. Bois en dit: «Au point de départ, nous avons ce dualisme idéologique de deux populations paysannes voisines, que rien ne sépare en apparence, que l'histoire a toujours réunies dans le cadre d'une province ou d'un département, sous la même administration, et qui devant les grands problèmes de la vie nationale, adoptent des attitudes opposées. Et ce dualisme persiste depuis un siècle, depuis que les régimes démocratiques ont instauré les consultations populaires périodiques. L'un de ces peuples paraît l'avant-garde extrême de tout un monde qui à travers le bocage de l'Ouest se prolonge jusqu'à l'Atlantique et dont l'obstination, qu'il s'agisse des Vendéens, des Gallos, des Léonards, ne le cède en rien à celle des Manceaux. L'autre semble terminer la France républicaine en accentuant même ses caractères sur cette frontière; et pourtant, il n'a rien en apparence qui le rapproche des «villageois» de la Beauce et des plateaux parisiens, puisqu'il est, comme ses congénères de l'Ouest, dispersé dans les haies et les arbres du bocage» (Bois P., 1971, p. 83).

Sur quoi repose cet antagonisme entre les deux parties de la Sarthe et ensuite entre Mayenne et ouest sarthois d'une part et reste de la Sarthe d'autre part?

3

La genèse des divergences

Concrètement l'antagonisme se révèle dans des attitudes politiques et des pratiques religieuses différentes. Parallèlement on constate des différences dans les niveaux de vie qui coïncident elles-mêmes avec un rapport différent à la terre. Les historiens ont trouvé la clé des différences dans des réactions opposées aux actes de la Révolution Française, alors même que ces actes semblaient avoir fait l'unanimité de tous.

A l'aube de la Révolution Française les paysans, qui constituent les neuf-dixièmes de la population entière, en Province du Maine, ont en face d'eux un clergé où l'on distingue les ordres religieux, extrêmement riches, et le bas-clergé qui, à l'opposé des ordres religieux, a la sympathie générale. A côté du clergé et face à un Tiers Etat où les paysans dominent largement, se trouve une noblesse où l'on relève des conditions inégales. La Révolution commencée, comment réagissent les différents groupes de la société? «Toutes les classes de la société ont salué d'un fol enthousiasme les débuts de la Révolution, ses réformes, notamment la nationalisation des biens d'Eglise qui, loin de froisser l'opinion, parut, même aux régions profondément chrétiennes de l'Ouest, une nécessaire mesure de salut public» (GIRAULT Ch., 1953, cité dans DORNIC F., 1973, p. 101).

Malgré ces convergences il semble que des différences soient déjà perceptibles, non pas dans les réactions, non pas dans le fond des mentalités, mais dans tout ce qui constitue le rapport à la sphère économique, politique et idéologique. P. BOIS distingue d'abord «le peuple des paysans» installé «à l'Ouest du Haut-Maine /actuel département de la Sarthe/ et dans une bonne partie du Bas-Maine» (BOIS P., 1971, p. 269) pour y opposer ceux qui vivent à l'est. Il est impossible de ne pas citer en parties la synthèse que livre le même auteur pour la période des débuts de la Révolution.

«A l'ouest du Haut-Maine et dans une bonne partie du Bas-Maine, c'est le peuple des paysans, authentiques, attachés à la terre, tournant le dos au reste du monde. Sur une terre suffisamment fertile et que, sauf en un point, n'accable pas un surpeuplement massif, l'homme peut vivre de sa culture. La conjoncture économique du XVIIIe siècle lui a été, dans l'ensemble, favorable.» Dans ce contexte la condition de ce «peuple des paysans» s'améliore lentement conduisant à un relatif désir d'indépendance. Les influences extérieures ne se font guère sentir. Le seigneur, «respecté» est loin. Le paysan distingue le bas-clergé du «gros clergé décimateur et propriétaire», «premier corps étranger à expulser», bientôt suivi du «bourgeois, avide de terres, prêt à remplacer le clergé». «Et les premières élections, celles de 1790-91 révèlent ce désir d'être 'seuls' entre paysans».

«A l'est le fond de la mentalité paysanne est sans doute identique, mais la terre s'est montrée plus ingrate pour un peuple devenu, par endroits, trop nombreux. La conjoncture s'est montrée moins favorable...» Sans richesse réelle, et sans espoir d'indépendance, le cultivateur de l'est «est résigné, il n'a pas, comme son congénère de l'ouest, engagé de lutte contre les détenteurs de la terre et de la richesse», dont P. BOIS dit qu'ils sont moins présents, moins virulents que leurs homologues de Mayenne ou de l'ouest sarthois.

En fait la paysannerie de l'est «est moins homogène». Le tissage, qu'elle a du développer, a conduit au développement d'un autre «genre de vie» par l'intermédiaire duquel l'influence des villes pénètre les campagnes. «Et l'homme de la ville n'apparaît pas ici, comme à l'ouest, en concurrent dans la lutte pour la terre, mais en associé pour l'écoulement de la production artisanale. Mais plus encore, ce genre de vie met le campagnard-tisserand aux prises avec un adversaire nouveau, que l'ouest ignore ou presque, l'administration royale, son inquisition, ses sanctions... A tout ce qui pouvait opposer l'ouest à l'Ancien Régime, et qui était peu de chose, vient s'ajouter ici une lutte permanente, lutte stimulée par les encouragements et la direction de cette petite bourgeoisie de marchands. Par là, ce bocage de l'est se rapproche des autres campagnes françaises. Ailleurs en effet, l'esprit villageois des pays d'habitat concentré était plus prêt que celui de l'ouest à accueillir l'influence des villes. Et plus encore quand ces villages résonnaient eux aussi du bruit des métiers. Quand viendra l'heure de la Révolution, l'est aura le sentiment, dans une certaine mesure, que son destin est entre les mains du peuple des villes et il acceptera de se laisser guider par lui» (on voit tout de suite toutes les conséquences sociolinguistiques et linguistiques que les contacts ou au contraire l'absence systématique de contacts avec le monde non paysan ont pu avoir sur la pratique linguistique et l'idéologie linguistique des différents groupes de locuteurs selon qu'ils étaient de l'est sarthois ou de l'ouest sarthois prolongé si souvent de la Mayenne).

Les différences s'accentuent seulement après les débuts de la Révolution et ce sous l'effet de deux causes différentes. D'une part, à l'ouest du Haut-Maine et dans le Bas-Maine, on réagit mal à la constitution civile du clergé (1790) et à la levée des troupes en 1793. Par ailleurs les paysans de ces mêmes régions, qui avaient placé de grands espoirs dans la Révolution, voient qu'en réalité cette révolution est plutôt le fait des bourgeois qui viendront alors remplacer ni plus ni moins le clergé et les nobles dont les paysans voulaient se débarrasser. Avec le bourgeois la domination dans laquelle se trouvait le paysan change de figure et prend les traits de celui qui avait proclamé des idéaux autrement plus généreux. C'est en cela que la Révolution et, plus tard la République, n'arrivent pas à avoir les faveurs de la Mayenne et de l'ouest sarthois.

La conséquence de cela c'est la naissance de la chouannerie en Mayenne et son développement dans l'ouest français; la limite orientale du phénomène chouan étant justement représentée par la frange ouest de la Sarthe. Et en 1832, quand une dernière révolte éclate derrière la Duchesse du Berry, l'ouest sarthois souscrit encore à l'idéologie chouanne, tout comme la Mayenne.

Reprenant les prémisses énoncées par P. Bois mais aussi les développements que celui-ci consacre à la période allant jusqu'au XXe siècle l'historien F. Dornic résume alors la situation: «Le combat entre blancs et bleux, chouans et républicains manifestait au grand jour une profonde opposition dans les modes de vie et les mentalités... La crise dénouée et les violences écartées, les effets à longue durée continuèrent à s'en faire sentir pendant tout le XXe siècle, sous les différents régimes, marquant fortement les choix politiques ; les départements du Maine-et-Loir, de la Mayenne, l'ouest du département de la Sarthe constituant les plus solides bastions de la droite conservatrice» (Dornic F., 1968, p. 78). Non seulement les effets de cette rencontre entre des types différents de société et des éléments historiques décisifs se sont fait sentir jusqu'au XIXe siècle ; ils persistent encore au siècle présent, bien que toute une série d'éléments contemporains apportent des changements qualitatifs notables à ces tendances fondamentales (on veut parler en tout premier lieu des effets de l'industrialisation et de l'urbanisation, sans oublier ceux de la scolarisation obligatoire).

4

L'instruction en Sarthe et en Mayenne

On terminera cet aperçu de la société dans les deux départements en s'attachant aux questions de l'instruction, dans les développements que celle-ci connut aux XIXe et XXe siècles. Il n'est pas fortuit de trouver ces questions à la fin de tout ce chapitre socio-culturel. D'une part en effet, elles nous ramènent directement aux aspects linguistiques ; d'autre part elles permettent de voir comment la situation linguistique est insérée dans tout le contexte déjà décrit ; et surtout, que cette situation linguistique, dans ses aspects sociologiques généraux, présente les mêmes traits que ceux que l'on vient de brosser.

L'instruction, c'est d'abord des moyens, matériels ou intellectuels. Sous cet aspect-là Sarthe et Mayenne comptent parmi les départements les plus défavorisés de France, comme nous allons le voir ; par ailleurs il faut distinguer entre enseignement public et enseignement privé, qui ont reçu de façon préférentielle plutôt les garçons pour le premier, les filles pour le second.

Quand on compare la quantité des collèges et des lycées de garçons et des filles disponibles en Sarthe et Mayenne en 1914 d'une part, en 1964 d'autre part on constate une persistance très nette dans le manque de moyens. La Mayenne qui, en 1914, comptait, avec la Sarthe, parmi les plus dépourvus de France se retrouve encore parmi les douze départements les plus démunis en 1964. La Sarthe, elle, semble avoir quelque peu progressé quant aux moyens.

Ne nous en tenons pas seulement aux seuls murs, mais considérons aussi les effectifs. Pour l'année scolaire 1962-1963, 44,3 % des enfants sarthois scolarisables en classe de sixième sont effectivement scolarisés. La Sarthe se place ainsi au 77e rang des départements français, devançant notablement la Mayenne où 33,8 % — un tiers donc seulement — des enfants scolarisables en classe de sixième le sont effectivement. Si l'on s'intéresse maintenant à l'ensemble de la population scolarisable et non plus à la seule classe de sixième, on constate ceci : les effectifs réellement scolarisés dans les établissements publics et privés au niveau du second degré représentent, par rapport à la population des jeunes de onze à dix-sept ans, 36,4 % en Sarthe. Au 85° rang des départements français la Sarthe précède encore la Mayenne dont les effectifs scolarisés sont seulement de 27,2 %.

Cela signifie, au-delà d'une différence en faveur de la Sarthe, que dans les deux départements non seulement les établissements sont loin de faire le plein de la population qu'ils devraient accueillir. Surtout les chiffres indiquent des pertes très fortes en cours de scolarité, entre la classe de sixième et la fin des études secondaires. Dans ce contexte, et avant d'aller plus loin, il est nécessaire d'éclairer ces chiffres et de dire les causes de ces désaffections initiales puis en cours de scolarisation.

On a pu évoquer pour le XIXe siècle et encore pour le début du XXe siècle le fait que nombre d'enfants de familles agricoles ne pouvaient aller systématiquement à l'école car ils servaient de main-d'œuvre dans l'exploitation de leurs parents. Si cette raison n'a plus l'importance statistique qu'elle pouvait avoir alors, les conditions auxquelles elle fait référence n'ont pas complètement changé. Il n'est pas rare que parmi les enfants scolarisés dans les années 1970 dans les établissements scolaires publics de Sarthe et de Mayenne, plus d'un enfant d'exploitants arrive à l'école après avoir déjà effectué des travaux dans l'exploitation. Ce travail de début de journée (nourrir les cochons, faire une partie de la traite, etc.), l'enfant peut d'ailleurs le retrouver en fin de journée.

Ceci peut expliquer non seulement l'absentéisme mais aussi les défaillances en cours de scolarité puisque le temps pris pour la ferme et l'énergie investie ne peuvent être remplacés pour faire le travail scolaire ou être tout à fait présent en classe. C'est d'ailleurs parmi les enfants de milieu rural et surtout de milieu agricole que les défections en cours de scolarité sont les plus nombreuses.

Aux raisons qui viennent d'être évoquées il faut en ajouter deux. La première tient au type de bagage que possède chacun à l'entrée dans la vie scolaire. Ici encore les plus défavorisés sont ceux qui ont à affronter en tout premier lieu des normes linguistiques qu'ils maîtrisent souvent mal. Or le type de bagage linguistique induit à lui tout seul toute une série de réussites ou d'échecs, selon que l'on butte ou non sur les règles linguistiques élémentaires qui donnent accès aux dictées, à la récitation, à la leçon d'histoire ou au cours de mathématiques.

Il faut dire enfin que l'attitude des parents face à l'école peut être très différente d'un milieu à l'autre. C'est déjà cette attitude des parents, mais aussi leurs conditions de vie, qui font que l'enfant débute ou non sa journée par du travail à la ferme. Nous voulons parler plus précisément ici de l'image que les parents peuvent se faire de la scolarisation. Cette image est bien sûr variable selon les milieux et elle dépend en partie de l'information que détiennent les parents sur toutes ces questions éminemment complexes et importantes que sont les filières, les débouchés, la notation, les conseils de classe, l'orientation, les rôles respectifs des enseignants et des parents. De nos observations directes il ressort que certains milieux sont très informés. A l'opposé le milieu agricole en particulier, mais souvent en général le milieu rural dans son ensemble, sont dans l'ignorance des règles du jeu scolaire et des enjeux que ces règles sous-tendent. Cette ignorance a comme conséquence directe que les parents peuvent rarement aider leurs enfants dans le cheminement scolaire. Bien plus, ils le freinent même souvent, à leur insu et à l'insu de l'enfant.

Parmi les moyens, il faut maintenant évoquer une situation qui, encore à l'heure actuelle, garde toute son importance dans les deux départements qui nous intéressent: il s'agit de la présence conjointe de l'enseignement public et de l'enseignement privé. Quand on analyse le nombre d'établissements privés ecclésiastiques congréganistes en Mayenne et en Sarthe en 1870 et en 1914 on constate une nette différence dans l'importance de ces établissements selon qu'il s'agit du premier degré ou du second degré. Pour le premier degré ces établissements privés ont une importance ancienne en Mayenne, en 1870; en 1914 ils sont encore en progression par rapport à la situation de 1870. En Sarthe initialement, les établissements privés sont peu importants. En 1914 ils sont en forte progression par rapport à la situation de 1870. Pour le second degré, l'importance des établissements privés est beaucoup moindre dans les deux départements entre 1850 et le début du XXe siècle. Tout près de nous on constate toujours une relative divergence entre Sarthe et Mayenne.

Pour l'année 1971-1972 la Sarthe compte 63 000 élèves dans l'enseignement public, et seulement 10 500 dans l'enseignement privé. Les proportions sont tout à fait autres en Mayenne. Dans ce dernier département l'enseignement public compte en 1971-1972, 24 000 élèves contre 14 500 dans l'enseignement privé. Il s'agit là des effectifs scolaires du premier degré.

Les statistiques disponibles pour les deux départements montrent que derrière la coexistence de ces deux enseignements il y a une répartition différentielle des effectifs scolarisables, ce aussi bien au XIXe siècle qu'au XXe. En Sarthe, en 1821, 58 % des communes sont pourvues d'écoles communales de garçons. A la même époque 44 % des communes sont pourvues d'écoles communales de filles. Soixante ans plus tard toutes les communes de la Sarthe sont pourvues d'écoles de garçons mais 76 % seulement possèdent une école de filles. En 1906-1907, dans l'arrondissement de Château-Gontier, au sud de la Mayenne, on recense soixante filles dans l'enseignement public contre 528 dans l'enseignement privé.

Après avoir considéré les moyens de l'Instruction, voyons brièvement les résultats. Les statistiques relatives aux pourcentages des recrues sachant lire et écrire en Sarthe et Mayenne en 1830-1833 montrent que ces deux départements, à l'instar de tout l'Ouest français connaissent les pourcentages les plus faibles de

France après les trois départements bretons du Finistère, des Côtes-du-Nord et du Morbihan. Comment cette situation a-t-elle évolué par la suite? De 1888 à 1934 Sarthe et Mayenne se retrouvent à égalité parmi les départements français où le nombre des conscrits bacheliers est faible. Ces taux faibles restent inchangés pour la Sarthe entre 1934 et 1963. En Mayenne on constate une régression puisque ce département atteint le seuil minimum, situation dans laquelle se trouvent seulement cinq autres départements français.

Ces dernières indications confirment bien que malgré l'ampleur qu'a prise l'instruction tout au cours du XXe siècle dans les moyens qu'elle s'est donnée pour asseoir les lois officielles relatives à l'instruction obligatoire, il reste des départements largement dépourvus. Les taux faibles que l'on vient d'évoquer pour la Mayenne rejoignent les indications relatives au nombre des établissements d'enseignement public en Mayenne voilà seulement vingt ans.

Là encore une étude de détail révèle des comportements différents d'un point d'un département à l'autre. Les statistiques disponibles pour la Sarthe indiquent qu'en 1868 les pourcentages les plus faibles d'illettrés sont attestés au nord-est (cantons de Mamers, le Fresnaye), au sud-est (cantons de Château-du-Loir, La Chartre-sur-Loir, cantons de faible natalité), au Mans et dans le canton de Bouloire au centre-est. Les taux les plus importants d'illettrés peuvent être relevés dans le canton de Marolles-les-Braults et à l'est et au sud-est. Tout l'ouest de la Sarthe correspond à des pourcentages intermédiaires plus importants au sud, moins importants au nord.

C'est en fait l'évolution de ces pourcentages qui est intéressante. Le Mans et les cantons de Mamers, au nord-est et la Chartre-sur-Loir (au sud-est) maintiennent en 1898 leurs taux initiaux faibles de 1868. Les pourcentages élevés d'illettrés de 1868 sont en forte diminution dans l'ouest: au sud-ouest avec les cantons de Loué, Brûlon, Pontvallain, Malicorne, La Flèche, au nord-ouest avec les cantons de Beaumont, Saint-Paterne et Fresnay. A part l'ouest quelques rares cantons de l'est connaissent encore de fortes diminutions dans les pourcentages d'illettrés: au nord-est le canton de la Ferté-Bernard, au sud-est ceux de Saint-Calais et du Grand-Lucé.

Au-delà des résultats strictement statistiques, il faut terminer en précisant les impacts qualitatifs des «progrès» de l'instruction en Sarthe et Mayenne.

Quant à l'influence politique ou idéologique de l'instruction on peut faire référence à ce que disent les historiens du Maine. Pour F. Dornic «la domination de l'aristocratie sur la société rurale se trouvait généralement appuyée par le clergé, qui bénéficiait d'une forte emprise religieuse et scolaire, particulièrement dans le bocage» (Dornic F., 1968, p. 79). Avec P. Bois on peut dire qu'en Sarthe (mais on a vu comment l'ouest sarthois exprime une bonne partie des mentalités mayennaises) l'influence «politique» de l'instruction ne s'est pas exercée spécifiquement au bénéfice d'un courant politique donné. Elle s'est plutôt exercée dans le sens d'une capacité à réfléchir, à s'informer, c'est-à-dire le contraire de l'obéissance aveugle, quelqu'en soit le contenu. Concrètement les blocs politiques dont on a vu précédemment contours et contenus se fissurent graduellement, et surtout au XXe siècle. Dans cette détérioration du paysage politique autrefois beaucoup plus monolithique la scolarisation n'est d'ailleurs pas le seul élément moteur; il faut y adjoindre tout ce qui a été dit à propos de l'urbanisation et de l'industrialisation.

On ne saurait terminer cette analyse de l'impact que connut l'instruction obligatoire sans évoquer l'impact proprement linguistique.

Pour la période révolutionnaire et celle qui suit immédiatement la Révolution de 1789 on peut déjà se faire une idée des conditions générales dans lesquelles se répand le français par la lecture d'études telles que celles, très différentes dans leurs présupposés, de R. Balibar et D. Laporte (1974) d'une part et de M. de Certeau, D. Julia et J. Revel (1975) d'autre part. Pour une période plus proche on doit faire référence à la minutieuse étude que S. Branca consacre aux moyens mis en œuvre pour l'apprentissage du français à partir du moment (1833) où les lois Guizot ont été promulguées (lois par lesquelles fut admis le principe de la liberté de l'enseignement primaire; lois auxquelles succédèrent les lois Ferry ouvrant la voie à la gratuité, la laïcité et l'obligation de l'instruction primaire). Dans son étude S. Branca montre que le nivellement linguistique instauré à la Révolution et continué depuis, avait pris, dans la première moitié du XIXe siècle, diverses formes complémentaires: apprentissage du français en tant que tel, corrections des régionalismes. Ceci dit, diverses tendances se manifestaient lors de la confection des manuels, tendances contemporaines entre elles ou qui se succédèrent, elles-mêmes plus ou moins tributaires de l'évolution que connut la linguistique de son côté (voir Branca S., 1979).

Ce que l'on retiendra tout particulièrement de cette étude est ce qui permet de répondre à la question suivante: qu'apprenaient, en matière de français, les enfants qui allaient à l'école dans la période qui suit la promulgation de la loi Guizot? «... On peut se demander si les caractéristiques du français d'école primaire, cette langue qui ne ressemble ni aux français parlés, ni à la langue des collèges et des thèses universitaires, on peut se demander si cette langue n'a pas été conçue comme une sorte de «français fondamental», une sorte de langue élémentaire «simple», à l'usage des petits locuteurs étrangers des campagnes: elle est constituée de phrases courtes, grammaticalement simples, des indépendantes ou des principales à une subordonnée, donc avec des structures rigides et restreintes. Elle contient un vocabulaire concret.

La forme si marquée socialement, de ce français scolaire, rappelle les formes réduites des manuels de français pour étrangers» (Branca S., 1979, p. 43).

Ce diagnostic, déjà extrêmement utile, prend toute sa valeur si l'on y ajoute les remarques suivantes. La première, que fait S. Branca, est que le français scolaire dont il est question ici est le français écrit. L'expression orale des élèves devait juxtaposer le français parlé (pas nécessairement homogène, et différent du français écrit) et des parlers locaux plus ou moins homogènes, plus ou moins préservés ; le français écrit dont elle donne les caractères étant la marque de l'excellence, et le seuil de l'exclusion pour qui ne le maîtriserait pas. A juste titre, S. Branca indique qu'à l'heure actuelle, alors que le français écrit est en gros maîtrisé par la majorité des locuteurs français, le seuil d'exclusion, ou le critère de jugement linguistique, n'est plus le français écrit mais la maîtrise d'un français riche, c'est-à-dire la maîtrise de plusieurs niveaux de langue.

Nos propres recherches permettent de nuancer et de compléter les conclusions et commentaires de S. Branca. En Sarthe et en Mayenne, mais peut-être bien sûr une plus grande échelle, le français écrit constitue encore le seuil d'exclusion pour nombre de locuteurs qui ne le maîtrisent pas. Nos recherches dans la zone d'enquêtes directes le prouvent abondamment. A l'heure actuelle, et que les enseignants le veuillent ou non, nombre d'élèves ne maîtrisent — et à grand-peine souvent — que le «français fondamental» dont parle S. Branca. Cette difficile maîtrise d'un français écrit simple signifie qu'on est loin d'une maîtrise des différents niveaux de langue (à l'oral ou à l'écrit). Par ailleurs cette maîtrise partielle d'un français écrit se fait parallèlement à la maîtrise d'un français parlé plus ou moins imprégné de traces des parlers locaux, quand ce français parlé n'est pas en fait en compétition avec des parlers locaux que ne maîtrisent plus du tout les jeunes générations pourtant, en tant que système linguistique homogène.

A l'issue de tout cela on peut constater que «l'incompétence» linguistique relative d'une partie des locuteurs mayennais et sarthois eu égard aux nouveaux impératifs du développement économique, intellectuel et culturel constitue à l'heure actuelle un facteur qui conforte l'image traditionnelle qui s'attache à ces deux départements. Sous cet aspect l'opposition entre Sarthe et Mayenne est une opposition de degré si l'on compare les milieux agricole et rural de ces deux départements. Si l'on compare les deux départements tous milieux confondus, on devra relever moins une opposition franche entre Sarthe et Mayenne qu'une distorsion, au sein du département de la Sarthe, entre des compétences linguistiques quelquefois différentes à l'extrême.

Conclusion générale

De tout cet aperçu non linguistique relatif aux départements de la Sarthe et de la Mayenne que retire-t-on quant à leur identité respective, leurs ressemblances et leurs différences ?

Il faut d'abord redire que leur spécificité éventuelle peut aussi bien tenir à des traits nettement différenciés (par exemple leurs caractères géologiques) qu'à la définition de moyennes départementales dont il ne faudrait pas exagérer la portée: ainsi on a opposé un département plutôt voué à l'élevage et un autre plutôt voué à la culture, sans que l'on puisse parler d'exclusivité loin de là. Chaque département juxtapose par ailleurs différentes parties dont les contours peuvent varier selon les traits retenus.

Par bien des facteurs Sarthe et Mayenne s'opposent et la Mayenne apparaît toujours plus homogène. Ce sont les caractères géologiques et les reliefs mais aussi l'histoire économique et sociale et les mentalités qui permettent d'opposer deux départements qui ont été très longtemps intégrés solidairement dans le tissu de la France rurale: bien des zones ou villages mayennais ou sarthois gardent des traces de cette ruralité plus vite entamée en Sarthe, dès la fin de la Seconde Guerre mondiale.

Tout ce qui a été dit du développement de l'Instruction montre combien ces départements sont encore le souvenir vivant d'un autre monde. Si par ailleurs la révolution industrielle n'a pas épargné ces départements — entraînant alors la disparition des industries traditionnelles —, elle a eu surtout des conséquences sur le développement des activités agricoles soumises à deux forces distinctes mais convergentes dans leurs résultats. L'industrialisation nouvelle du XIXe siècle a fait partir une large partie de la population agricole de départements où cette population avait par ailleurs des revenus insuffisants. Ce n'est que tout à fait récemment que la Sarthe dans son ensemble paraît concernée par une industrialisation qui trouve là des terrains souvent vierges alors qu'elle doit battre en retraite ailleurs. Les débuts de cette industrialisation en Mayenne sont fort discrets. Parallèlement à ce qui se passe pour l'industrialisation, le côtoiement de la civilisation urbaine est très récent si on le considère dans toute son ampleur. Les phénomènes urbains, les modèles d'une autre société n'étaient certes pas ignorés au XIXe siècle et dans la première moitié du XXe: mais leur présence était plus sélective, plus partielle.

Dans cette situation, attitudes politiques et religieuses ont été extrêmement affirmées, en tout premier lieu en Mayenne, selon une ligne de force bien différente de ce qu'ont connu non seulement des départements très fortement industrialisés mais aussi d'autres départements ruraux français. Sous cet angle la Sarthe a toujours paru plus complexe. Cette réalité moins homogène, la Sarthe la doit à une accumulation de ses diversités géologiques, naturelles, économiques et sociales. Beaucoup plus que la Mayenne, la Sarthe juxtapose en effet des zones à la personnalité différenciée qui de ce fait ont pu connaître des évolutions plus systématiquement divergentes. Au-delà d'une accumulation des régions naturelles on a pu, pour ce département, noter une opposition entre parties orientale et occidentale ou plutôt entre deux ensembles — ouest et nord d'une part, est et sud d'autre part définis par une diagonale qui couperait le département du nord-est au sud-ouest. De fait l'ouest sarthois est bien souvent tout à fait parallèle à la Mayenne prise dans son ensemble, ou quelquefois à la partie orientale de celle-ci quand cette dernière s'oppose à la partie occidentale (cette dernière, plus tardivement défrichée et exploitée est encore très à l'abri des nouveautés sauf à l'extrême sud-ouest).

Les différences intérieures à la Mayenne se font plutôt selon un axe horizontal et de larges nuances permettent de distinguer respectivement le nord, le centre et le sud de ce département. Dans ce département c'est le sud-ouest et encore plus le sud-est qui constituent les zones à la richesse la plus permanente et aux contacts plus systématiques avec le monde extérieur. A l'opposé nord-est et nord-ouest sont plus systématiquement le lieu d'une certaine pauvreté sur des terres ingrates et dans un climat moins propice. C'est le centre du département qui connaît depuis quelques dizaines d'années les mutations les plus significatives eu égard aux définitions plus traditionnelles de chacune des parties.

La présence de ces deux départements aux confins de plusieurs régions géographiques fortement différenciées (Bretagne, Normandie, Perche, Bassin Parisien, Pays de Loire) conduit pourtant à une situation tout à fait originale. Un même point de l'un des deux départements peut être doublement défini : d'une part en fonction de la zone plus vaste à laquelle il appartient, d'autre part en fonction d'une région naturelle souvent très nettement individualisée, en Sarthe en particulier. Ainsi tout le nord mayennais connaît solidairement quelques-uns des caractères spécifiques du bocage normand. Pourtant le nord-ouest subit aussi les influences de la Bretagne intérieure, alors que le nord-est se situe au contact précis des terrains primaires et secondaires aux destinées économiques et sociales si différentes. Il en va de même, par exemple, pour le nord de la Sarthe où l'on ne peut confondre nord-ouest, nord et nord-est. La richesse et le dynamisme plus permanents de cet ensemble n'ont pas toujours eu les mêmes sources. L'individualité sociale et culturelle n'a jamais été identique non plus. Ce genre de démonstration pourrait être fait pour l'ensemble des deux départements et on verra en quoi cela permet de retrouver certains traits dominants de la situation linguistique.

Si l'on a pu différencier assez nettement les deux départements, il ne faut pas oublier au moins deux caractères qui les font se rapprocher de façon assez significative. Nous voulons parler de l'activité agricole, prépondérante et très permanente pour ces deux départements pendant très longtemps, ce jusqu'au milieu du XXe siècle. Quoique ayant connu des nuances d'un point à l'autre du département, cette activité, avec tout ce qu'elle sous-entend quant aux préoccupations, moyens, organisation et vie sociale, a accumulé des types de comportement souvent convergents au niveau de la vie quotidienne. Au-delà des évolutions techniques, des mouvements idéologiques et de leurs nombreuses justifications, il y a cette vie quotidienne qui, à l'opposé, peut expliquer cette communauté effective entre les populations des deux départements. Cette communauté, ce sont des études beaucoup plus ethnologiques qui permettent en fait de la retrouver, comme on a pu le constater directement ou par comparaison avec des études effectuées dans la même zone (cf. Alvarez-Pereyre F., 1979; Favret-Saada J., 1977).

L'autre ressemblance que l'on doit invoquer, en fait très liée au contexte que l'on vient d'évoquer, tient à la situation sociolinguistique générale. On a relevé une commune indigence dans les moyens et les résultats de l'Instruction Publique, indigence toujours plus nette pourtant pour la Mayenne. Cette commune indigence est toujours très actuelle. En même temps qu'elle rassemble ici ces deux départements, elle permet, par parenthèse, de se faire une image moins idyllique et surtout moins homogène des compétences linguistiques pour les différentes régions et catégories sociales de France. Les causes de cette indigence sont doubles. Elles tiennent à ce que les principes officiels n'ont pas été systématiquement suivis d'effet quant aux moyens; elles tiennent aussi au rapport des populations à l'Instruction. Il ne faut pas oublier pour un diagnostic complet, qu'à cette double convergence, s'ajoute la situation linguistique proprement dite, c'est-à-dire l'état des systèmes linguistiques en vigueur, leur ancrage historique, géographique et sociologique.

CHAPITRE V

IDENTITÉ ET DIVERSITÉ LINGUISTIQUE ET CULTURELLE EN PROVINCE DU MAINE

Préliminaires

Dans un premier temps il est nécessaire de regrouper ce qui a été vu sous les deux chapitres intitulés respectivement: «Etat du français oral en Sarthe et Mayenne: indicateurs lexico-sémantiques»; et «Etat du français oral en Sarthe et Mayenne: indicateurs phonétiques». Sur la base des matériaux que livre le Tome I de l'*Atlas linguistique de la Bretagne romane, de l'Anjou et du Maine*, ces deux chapitres permettent de se faire une certaine idée de l'identité linguistique pour les deux départements qui constituent le cadre géographique maximum de notre travail. Ces deux chapitres livrent ensemble un diagnostic relatif à l'identité linguistique sous son triple caractère historique, géolinguistique et sociolinguistique. On va voir que ces deux chapitres apportent des conclusions concordantes, chacun nuançant l'autre autour d'axes convergents.

Dans un deuxième temps les résultats de l'étude linguistique seront confrontés aux éléments généraux livrés par le chapitre dit sociologique qui englobe en réalité les différents aspects que sont géographie physique et humaine, histoire, démographie, vie économique et sociale, mentalités enfin. On verra alors, à nouveau, de larges convergences se manifester.

Il nous semble que si cette synthèse devait s'arrêter là, elle serait incomplète. En effet il est possible de l'éclairer et de l'approfondir par le recours à des travaux récents ou plus anciens effectués par des linguistes ou dialectologues. Ces travaux portent ou bien sur les deux départements en tant que tels, ou bien sur l'un des deux seulement. Il y a encore des études qui, sans s'appesantir spécialement sur cette ancienne province l'incluent dans une histoire linguistique des parlers romans de France ou dans une histoire linguistique des territoires métropolitains.

A travers tous ces travaux, à prétention synchronique ou diachronique selon les cas, on retrouvera bien des axes généraux énoncés dans les différents chapitres linguistiques ou sociologiques. Mais chaque étude recensée complétera judicieusement l'image globale des deux départements.

En tout dernier lieu il faudra revenir sur une question essentielle, posée régulièrement en particulier à propos des études linguistiques auxquelles on a procédé à partir de l'*Atlas linguistique*: cette question est celle de la validité exacte de nos résultats, celle des limites exactes de leur utilisation possible.

Identités linguistiques et culturelles

1

Les indicateurs lexico-sémantiques

Quels résultats a livré l'étude lexico-sémantique des vocabulaires de la flore et des céréales?

Parmi les 443 termes étudiés on avait initialement distingué trois séries sur la base d'un critère sociolinguistique d'un certain type, à savoir l'attestation ou l'absence de chaque terme dans les dictionnaires ou glossaires:
— les dénominations (86 sur 443) attestées en tant que telles dans les dictionnaires du français contemporain (série 1);
— les dénominations (99 sur 443) attestées dans les mêmes dictionnaires mais seulement sur la base du signifiant (série 2);
— les dénominations (258 sur 443) non attestées dans les dictionnaires du français contemporain (dénominations par ailleurs ou bien attestées dans les glossaires, ou bien anciennement attestées dans les dictionnaires, ou bien pas du tout attestées — série 3).

Jusqu'au bout cette distinction en trois séries a été maintenue; mais des analyses sociolinguistiques, géolinguistiques puis linguistiques ont permis d'en cerner de plus près le comportement effectif.

Il a fallu d'une part déterminer, au-delà des quantités absolues relevées pour chaque série, la fréquence d'attestation pour chaque terme à l'intérieur des deux départements puis dans les départements limitrophes (à l'ouest et au sud de la Sarthe et de la Mayenne). On a pu identifier ainsi de façon plus sérieuse ceux des termes que l'on pouvait effectivement qualifier de locaux. Près de la moitié des termes du français contemporain se retrouvent à l'ouest et au sud des deux départements. Par ailleurs ce sont bien les termes de série 3 (termes non attestés ou anciennement attestés) ainsi que de nombreux termes de série 2 (signifiants du français contemporain) qui sont bien plus spécifiques de la Sarthe et de la Mayenne. Tout de même, de nombreux termes dits locaux — parce que non inscrits dans les dictionnaires du français contemporain — sont aussi bien attestés en Province du Maine qu'à l'ouest et au sud de celle-ci. Sur tout ce territoire leur fréquence d'apparition est faible, sauf pour une vingtaine de termes. Enfin, on ne trouve que très rarement des termes absolument spécifiques des deux départements et ce quelle qu'en soit la série.

Après avoir distingué les trois séries initiales on avait pu relever l'importance de ce qu'on a appelé des créations lexicales: cette étiquette rendant compte aussi bien des signifiants du français contemporain attribués, en Sarthe et en Mayenne, à un autre référent que celui qui est indiqué dans les dictionnaires du français contemporain, qu'aux très nombreux termes non attestés dans les glossaires, anciens ou nouveaux dictionnaires.

Après ce qui vient d'être dit de la répartition des termes en Sarthe et en Mayenne mais aussi à l'ouest et au sud de ces deux départements, on peut apporter deux précisions à propos des créations lexicales: d'une part, pour nombre d'entre elles, on ne les relève pas seulement dans les deux départements; d'autre part, que ce soit en Province du Maine ou bien au sud ou à l'ouest de celle-ci, la fréquence d'attestation de ces très nombreuses dénominations est faible, voire très faible.

On aboutirait donc à la cohabitation:

— d'une série de termes du français contemporain, relativement peu nombreux mais, souvent, aussi bien représentée en Province du Maine que dans les départements voisins, au sud et à l'ouest et ayant en général une fréquence d'attestation assez élevée;

— et d'un gros ensemble de termes qui apparaissent comme autant de créations lexicales locales (en Province du Maine et dans les départements limitrophes au sud et à l'ouest), à la fréquence d'attestation peu élevée.

A ce stade du travail lexico-sémantique il faut faire le point sur l'analyse proprement linguistique à laquelle les 443 termes ont donné lieu. Cette analyse linguistique a été effectuée en deux temps.

Une étude formelle des dénominations a permis de recenser les moules selon lesquels elles sont construites. On peut en retrouver l'essentiel dans le tableau ci-après et constater que d'une série à l'autre on trouve en partie des moules formellement identiques et en partie des moules différenciés. La lecture du tableau permet de constater en même temps une relative convergence formelle des trois séries, mais aussi une nette spécificité des séries 2 et 3 et surtout celle de la dernière nommée.

Si l'on s'attache maintenant à l'aspect conceptuel de la dénomination on constate que les signifiants (ou signes) se ramènent à une petite série de thèmes conceptuels (les phénomènes naturels, le rapport au temps, le rapport à l'espace, le monde végétal, le monde animal, le monde humain) où prédomine le thème du monde végétal. Les motifs conceptuels du signifié sont en nombre plus réduit (la

TABLEAU 12

Les dénominations de la flore et des céréales: les principales constructions formelles

Fréquence statistique	Construction formelle	Série de référence
élevée	-substantif ni composé ni dérivé -substantif dérivé	1 - 2 - 3 1 - 2 - 3
moyenne	-substantif composé -participe passé -adjectif -substantif qualificatif -verbe conjugué	1 - 3 - 2- 3 2- 3 2- 3 2 - 3
élevée	-substantif + adjectif -2 substantifs + unité de liaison (du, à...)	3 3
moyenne	-2 substantifs juxtaposés -substantif + verbe qualifiant	3 3

plante en soi; les relations de la plante; jugement porté sur la plante) et c'est la plante en elle-même qui en constitue résolument le thème dominant.

Il semble tout à fait important de redire ici qu'il existe un rapport étroit entre les motifs du signifié et chacune des trois séries de termes: «Les termes français qui entrent dans les dictionnaires du français contemporain (série 1) sont utilisés avant tout pour distinguer les genres végétaux entre eux: serait dictionnarisé ce qui permet de distinguer des genres spécifiques. Dans une moindre mesure, les termes de cette même série portent sur les attributs (couleur et odeur) ou l'effet de la plante.

Les signifiants du français contemporain attestés dans les dictionnaires actuels mais pour d'autres signifiés que ceux auxquels ils sont assignés en Sarthe et Mayenne (série 2) sont parfaitement absents quand il s'agit de distinguer genres ou variétés. Par contre ils portent témoignage de la morphologie de la plante. Ils sont descriptifs mais non dans le sens distinctif.

Les termes non attestés ou anciennement attestés (série 3) sont relatifs aux variétés à l'intérieur de chaque genre, à la morphologie de la plante et à l'indication de relations au monde animal. On le voit, les termes non attestés ou anciennement attestés sont pratiquement les seuls à considérer les relations de la plante et bien souvent aussi les variétés pour chaque genre.» (voir supra pp. 51-54).

Similitudes mais aussi différences historiques, sociolinguistiques, formelles et sémantiques caractérisent donc trois séries qui, au-delà d'une opposition effective entre vocabulaire français et vocabulaire local rendent compte également de registres différents du français.

On doit cependant voir que cette notion de registre peut être comprise de deux façons. D'un côté celle, non normative, qui fait référence à autant d'étapes, stades ou niveaux de l'histoire de la langue, des enjeux sociolinguistiques et des processus de signification; ici, rien de normatif, mais plutôt du descriptif. Un même terme, ou un groupe de termes est identifiable selon les multiples facettes qui en constituent l'épaisseur: terme ancien, ou récent; attesté ou non dans des types différents de dictionnaire aux présupposés sociolinguistiques toujours précis; rare ou répandu, quelle qu'en soit la valeur sociolinguistique ou l'ancienneté historique; rendant compte de l'une des multiples faces de la signification sur la base d'une définition formelle et d'un rapport toujours précis au référent. Rien d'étonnant alors que l'on relève entre les trois séries initiales en même temps des convergences mais aussi des divergences.

La distinction initiale de ces trois séries tenait pourtant de la façon la plus spontanée et la plus répandue de concevoir la notion de registre; façon plus normative par laquelle s'instaure une hiérarchie à partir du moment où l'on privilégie parmi les critères possibles de la description l'un de ceux-ci. On passe alors à une attitude qui sous couvert de description devient prescriptive. A l'issue de toute l'analyse on a bien vu pourtant que la hiérarchie initiale traduisait une distinction d'ordre géographique (l'opposition local - français) qui passait en fait par une référence sociolinguistique (l'inscription ou l'absence d'inscription dans les dictionnaires ou glossaires où l'attitude normative, et en tout cas la notion de choix, ne sont jamais absents).

A l'usage il s'est avéré que cette hiérarchie rendait donc compte autant d'une opposition entre termes strictement locaux (en nombre finalement très réduit) et termes français, que d'une distinction entre registres du français: français dictionnarisé et français commun, opposition vécue souvent sur le mode normatif et prescriptif. Il faut pourtant dire tout de suite qu'un dictionnaire dit usuel ne peut intégrer l'ensemble d'un vocabulaire spécialisé (celui de la flore et des céréales en l'occurrence); mais que justement, en choisissant les quelques termes à retenir, le dictionnaire retient les dénominations dont l'homogénéité et la spécificité formelles et sémantiques sont grandes. Mais les raisons de ce choix ne sont pas explicitées de même que, plus généralement, l'inscription d'un terme dans le dictionnaire ne s'accompagne pas systématiquement d'indications sur le registre auquel appartient ce terme (les mentions populaire, familier, régional ou dialectal n'étant pas univoque tant du point de vue formel que sémantique ou sociolinguistique).

En tout état de cause la conséquence de ceci est que tout le lot restant des dénominations est renvoyé dans un ensemble considéré comme différent alors même qu'on retrouve des types formels et des processus sémantiques en partie communs avec les termes dictionnarisés. Et en l'absence d'études très systématiques sur le français dit commun cet ensemble dont on dit qu'il est différent est aussi considéré comme homogène; ce qui n'est absolument pas le cas, comme on a pu le constater finalement.

Si l'on a tant développé la synthèse relative aux indicateurs lexico-sémantiques c'est que l'on ne pouvait faire une simple description sans tenir compte du fait qu'en matière de sémantique et de sociolinguistique beaucoup reste à faire; et qu'à chaque étape il faut aussi expliciter les multiples présupposés qui trop souvent tiennent lieu de théorie linguistique, faisant basculer ainsi fréquemment le travail de description vers une entreprise partielle ou prescriptive selon les cas.

Plus concrètement, il apparaîtra peut-être nécessaire de développer de façon urgente des études linguistiques systématiques et complexes sur le territoire français, sur des matériaux très diversifiés.

Avant de laisser l'analyse lexico-sémantique pour la confronter aux résultats de l'analyse phonétique il faut rappeler brièvement les contours géolinguistiques que connaissent les faits dont on vient de rendre compte.

Il faut tout d'abord rappeler que parmi les 443 termes étudiés 341 connaissent, en Sarthe et en Mayenne, une fréquence d'attestation faible voire très faible. Parmi ceux-ci les termes de la série 3 sont très largement majoritaires. A l'opposé, 34 termes seulement connaissent une distribution maximum; six d'entre eux appartiennent à la série 3, deux à la série 2 et le reste est inclus dans la série 1. Cinquante-huit termes connaissent une fréquence d'attestation moyenne (21 de la série 3, 22 de la série 1 et 15 de la série 2). Pour un même référent, à côté d'un terme de fréquence élevée ou moyenne, il n'est pas rare de trouver plusieurs termes à fréquence d'attestation faible.

Si l'on se rappelle que les 443 termes ont été relevés pour un total de 79 référents, on relèvera donc une énorme abondance de termes. Cette grande quantité de termes s'accompagne d'une très forte fragmentation géographique. Celle-ci vaut aussi bien pour les termes à faible ou très faible fréquence d'attestation — disséminés au maximum —, que pour les termes à moyenne fréquence d'attestation. C'est donc une grande diversité qui apparaît d'abord de façon persistante sur des départements dont les limites administratives correspondent rarement à des contourages géolinguistiques.

Ce n'est qu'après un recoupement minutieux de toutes les informations et analyses que l'on arrive à dégager des tendances un peu plus générales, des dominantes, dans cette situation initiale très peu homogène.

La première tendance générale est qu'aucun point des deux départements ne semble exclure les termes de l'une ou l'autre des trois séries.

Pourtant, sans que l'on puisse cependant parler de distribution trop nettement différentielle, chacune des séries semble un peu plus représentée sur certaines zones que sur d'autres. De cette situation rendent compte trois croquis déjà présentés (voir page 85).

Bien entendu, une évaluation cohérente de ces trois schémas doit tenir compte de tout ce qui a été dit de chacune des trois séries lors de leur analyse sociolinguistique et linguistique. Elle doit tenir compte enfin du recoupement de ces trois schémas, c'est-à-dire de leur superposition. On constate ainsi d'emblée comment d'une partie à l'autre des deux départements se superposent et cohabitent l'une et l'autre série; ou au contraire comment une seule d'entre elles est plus spécialement attestée à tel ou tel endroit (voir croquis 4).

Ce schéma permet bien de constater ce que l'on retrouve tant à l'analyse des indicateurs phonétiques et encore des analyses sociologiques: c'est que des portions assez vastes des deux départements — à l'intérieur de ceux-ci ou à cheval sur les deux départements —, présentent des traits communs; en même temps pourtant elles sont subdivisées en plus petites parties.

L'est sarthois et l'est mayennais privilégient de façon convergente les termes du français contemporain. Leur similitude ne va pas beaucoup plus loin, à part leur découpage en trois parties plus petites. En effet seuls l'est et le nord-est sarthois

CROQUIS 4

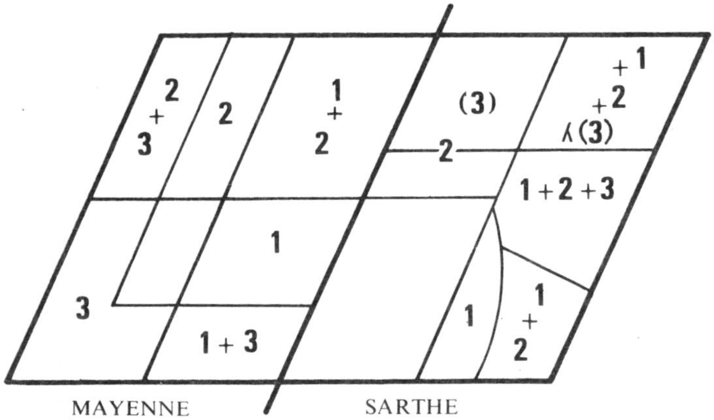

juxtaposent tous les registres recensés (seuls des deux départements aussi). Très proches mais sensiblement différents, est et nord-est sarthois sont plus proches du sud que de l'ouest du même département.

Une longue bande horizontale s'étend sur le nord des deux départements; il s'agit d'une zone homogène où se regroupent par prédilection — avec l'est sarthois —, les signifiants du français contemporain mais où on relève pourtant des particularismes. On a vu le nord sarthois présenter deux facettes. Le nord mayennais lui, oppose une portion nord-est et une portion nord-ouest autour d'un centre qui leur est proche par ailleurs, par d'autres aspects. On retrouve ici, en Mayenne, une relative distinction entre partie orientale et partie occidentale. Mais, on l'a déjà vu, ces deux parties, comme en Sarthe, sont elles-mêmes subdivisées sur l'axe horizontal entre nord et sud ou nord, centre et sud.

C'est en Mayenne que l'on relève surtout les termes de série 3 (termes anciennement ou non attestés) sans que ceux-ci soient absents en Sarthe où ils sont plus particulièrement présents dans l'est et, dans une moindre mesure, au nord. C'est le sud mayennais et une portion de l'ouest qui se singularisent avec une prédilection pour ce type de terme que l'on retrouve aussi au nord-ouest et au sud-est de ce même département. A l'inverse, le centre-est de la Mayenne et une portion du sud-est sarthois voient s'affirmer la prépondérance des termes de série 1, par l'absence relative des termes des deux autres séries.

Ce schéma synthétique ne doit pas faire oublier que des traits abrupts ne peuvent rendre compte de tous les détails relevés sur le terrain, ni de toutes les nuances (il faut en signaler une au moins: nous voulons parler de ces recoupements qui reviennent, à intervalles réguliers, entre nord-est mayennais et nord-ouest sarthois). Pourtant les tendances et zones que l'on a établies et que l'on a résumées ici semblent pertinentes et l'on devra voir si on les retrouve, et pourquoi, sur la base d'autres indicateurs. Il faudra voir aussi si ce qui les justifie ou ce dont elles rendent compte d'un double point de vue linguistique et sociolinguistique correspond à des données du même ordre en passant d'un type d'indicateur à un autre. Concrètement on essaiera de voir:

— si au relatif fractionnement lexical correspond un fractionnement phonétique;

— si les limites linguistiques et la limite interdépartementale se recouvrent toujours aussi peu;

— si les zones intra-départementales et interdépartementales sont, au plan phonétique, les mêmes que celles qui ont été dégagées lors de l'analyse lexico-sémantique ou si elles sont différentes;

— sur quels critère linguistiques et sociolinguistiques s'établissent les zones phonétiques;

— dans quelle mesure il y a ou non un parallélisme dans l'identité linguistique de chacun des deux départements ou des parties de ceux-ci quand on passe d'un type d'indicateur à un autre.

2

Identité phonétique et identité lexico-sémantique

Parmi ses résultats, l'analyse phonétique a livré les deux constatations suivantes :

— l'étude des phénomènes de diphtongaison a abouti à la confection d'une carte synthétique où s'organisent de façon nette des zones aux caractères linguistiques bien définis ;

— l'étude des phénomènes de palatalisation a livré deux résultats divergents, jusqu'à un certain point. Pour ce qui est de la palatalisation des consonnes dentales et vélaires on a constaté que ce phénomène est largement répandu sur les deux départements. Il y a là une certaine homogénéité entre les deux départements de ce point de vue là. A l'opposé l'analyse du statut et du rôle de la semi-voyelle **y** a permis de nouveau de confectionner une carte synthétique où apparaissent des zones assez nettement différenciées et aux caractères linguistiques bien définis. On peut alors répondre à la première des questions que l'on vient de poser.

Au plan lexical le fractionnement lexical s'est imposé d'emblée et pendant une grande partie de l'analyse il a semblé devoir constituer l'image exclusive. Il s'est avéré finalement que l'on pouvait établir des tendances un peu plus générales qui, sans remettre en cause la réalité du fractionnement indiquent une répartition géographique quelque peu préférentielle pour des termes aux caractères linguistiques et sociolinguistiques complexes. Pour ce qui est des faits phonétiques étudiés on trouve d'un côté une certaine homogénéité des deux départements pris ensemble mais aussi une organisation nettement différentielle de certains autres matériaux linguistiques.

Deux commentaires doivent compléter cette première conclusion. Les résultats auxquels on vient d'aboutir tiennent bien sûr au type de vocabulaire étudié d'un point de vue lexico-sémantique; ils tiennent aussi aux phénomènes phonétiques retenus. Cela signifie-t-il que l'on aurait abouti à des résultats différents si l'on avait retenu d'autres types de vocabulaire et d'autres phénomènes phonétiques ?

En réalité si d'autres études avaient été faites et si elles avaient livré des résultats différents, elles auraient accentué le deuxième commentaire que nos analyses introduisent. D'un point de vue géolinguistique celles-ci livrent quatre tendances, qui ne sont pas du même ordre : une homogénéité très relative des deux départements pris ensemble ; une fragmentation réelle ; des distributions géographiques préferentielles selon des modèles récurents ; enfin, à un autre niveau, l'existence de degrés, de paliers dans la fragmentation et dans l'opposition entre zones géolinguistiques. Tout cela est-il le symptôme d'une situation linguistique complexe, peu homogène ?

Anciennement réunis dans une même province mais avec des spécificités respectives réelles, les deux départements tiennent-ils chacun de zones linguistiques plus vastes et différentes? Ou bien ces zones linguistiques plus vastes s'imbriquent-elles ici, faisant largement fi des limites administratives? La complexité géolinguistique tient-elle seulement à l'imbrication de zones linguistiques différentes? Pour expliquer cette complexité apparente doit-on aussi évoquer des phénomènes d'ordre sociolinguistique? Car en un même point, le même locuteur peut avoir le choix entre ce que lui offre un système linguistique aux registres différenciés et un ou des systèmes eux-mêmes plus ou moins différenciés attestés ailleurs en termes géographiques mais dont le même locuteur aurait une connaissance réelle (par transmission familiale sur une ou plusieurs générations; acquisition lors de déplacements hors de la zone d'origine; acquisition livresque...).

Toutes ces questions trouveront des débuts de réponse dans la suite de l'actuelle synthèse; mais elles justifieraient largement des études linguistiques et sociolinguistiques exhaustives et très minutieuses dans une zone qui, historiquement a toujours été largement délaissée par les études linguistiques (cf. infra).

A ce stade de notre synthèse et pour continuer à répondre aux questions que nous avons posées comme guide de cette synthèse, il est temps de confronter le schéma synthétique relatif aux analyses lexico-sémantiques (cf. croquis 4, supra) et les cartes synthétiques relatives aux phénomènes de diphtongaison et au statut et au rôle de la semi-voyelle **y** (cf. cartes 15 et 18, supra).

On voit d'emblée que les limites administratives qui distinguent les deux départements n'ont qu'un faible rapport avec les contourages géolinguistiques. Une superposition de ces deux types de contours n'est cependant pas totalement absente et on essaiera d'en préciser les cas.

C'est dans le sud-est de la Sarthe que l'on relève le moins de formes locales et que sont attestées par prédilection les formes les plus proches du français «standard» ou normatif. Il faut ajouter que cette portion du territoire sarthois s'oppose par là à deux autres types de zones qui présentent chacune des caractères linguistiques très différents.

Le premier type de zone correspond en gros à ce qu'on a nommé la bande centrale, relevée à propos des analyses phonétiques: bande qui traverse les deux départements horizontalement et qui peut s'étendre plus ou moins selon la série de faits linguistiques envisagée. Sa limite orientale est l'est sarthois, qu'elle ne semble jamais englober. A l'ouest, elle ne semble pas connaître de limitation en Mayenne et doit se prolonger au-delà de la frontière occidentale du département. Au sud, cette bande semble respecter une portion méridionale qui, autant en Mayenne qu'en Sarthe, occupe un tiers de chaque département. C'est au nord que les limites de cette bande centrale sont les plus difficiles à cerner et ce aussi bien en Sarthe qu'en Mayenne. Quelquefois elles sont en deçà des frontières départementales, quelquefois elles semblent bien pouvoir aller au-delà. Contrairement à ce qui semble se passer au sud, il y a au nord une juxtaposition de situations. Nord mayennais et nord sarthois peuvent être l'un inclus l'autre exclu de la bande centrale ou vice et versa; ou encore telle portion du nord mayennais peut être exclue alors que les autres portions septentrionales des deux départements peuvent être incluses dans cette bande centrale.

La description que l'on fait ici de cette bande centrale est plus le reflet de la situation phonétique que celui de la situation lexicale et sémantique. D'un type d'indicateur à l'autre on retrouve d'une part une organisation horizontale des faits linguistiques mais aussi un fractionnement de ces mêmes bandes horizontales par l'existence de découpages verticaux tout aussi réels. Par ailleurs, du point de vue lexical et sémantique la bande centrale semble moins s'étendre vers le nord.

Du point de vue strictement linguistique, on retrouve bien un léger décalage à propos de cette même bande qui, au plan phonétique sera définie comme le lieu par excellence des formes locales quelles qu'en soient les sources historiques et sociolinguistiques. Il ne faut pas comprendre pourtant que les formes françaises en soient absentes, ni du point de vue phonétique, ni, surtout, du point de vue lexical et sémantique: l'est mayennais, dans sa partie centrale est une des portions où l'on relève plus particulièrement des termes de la série du français contemporain.

En dehors du sud-est sarthois et de la bande centrale on trouve un troisième type de situation, on devrait dire un ensemble de solutions intermédiaires entre les images offertes par le sud-est sarthois et la bande centrale.

Au sud et à l'est de la bande centrale, de part et d'autre donc du sud-est sarthois il semble qu'on se trouve face à des zones plutôt proches du sud-est sarthois. Cette situation est plus nette pour l'est et le sud-ouest sarthois, le sud mayennais (sud-est puis sud-ouest) proposant un autre degré, plus atténué, dans cette convergence avec le sud-est sarthois. Il n'est pourtant pas certain qu'à cette relative progression géographique corresponde une parfaite progression dans les degrés linguistiques, si l'on prend comme point de référence le français «standard» ou normatif. L'est sarthois semble juxtaposer tous les registres lexico-sémantiques et se rapprocher du sud-est sarthois du point de vue phonétique. Sud mayennais et sud-ouest sarthois sont plus hétérogènes dans leurs références phonétiques et plus sélectifs du point de vue lexico-sémantique.

De son côté le nord de la Mayenne est quelquefois homogène, quelquefois différencié. Pour la Mayenne c'est là qu'on trouve les termes répertoriés dans la série 2, celle des signifiants du français contemporain. C'est là aussi qu'on trouve une forte concentration de diphtongues décroissantes de nature et d'origine diverses. Dans le cas de ce dernier critère pourtant, la partie centrale dé cette bande nord se trouve dans la situation du sud-est sarthois alors même que pour ce qui est d'une partie des phénomènes de palatalisation elle s'intègre dans la bande centrale.

En fait au-delà des cas réels d'homogénéité, on relève pour le nord de la Mayenne des distinctions nord-est, centre-nord et nord-ouest. Du point de vue linguistique on se trouve là dans une zone qui se rapprocherait plus des caractères de la bande centrale que de ce qu'offre le sud-est sarthois. Mais si les trois portions sont loin d'avoir le même comportement, elles ont chacune pour elle-même des comportements assez régulièrement contradictoires dans leurs références linguistiques et sociolinguistiques.

C'est cette même situation que l'on trouve au nord de la Sarthe et tout particulièrement au nord-est. On ne peut que reprendre pour cette zone ce qui a été dit à propos des indicateurs phonétiques: il s'agit d'une zone de tensions linguistiques importantes car on y trouve attestées avec la même vigueur formes locales et formes françaises. Plus que d'une zone de transition simple (ce que semblent être sud mayennais et sarthois — à part le sud-est de ce dernier département — et, peut-être, nord mayennais) on pourrait parler d'une zone d'affrontements entre des enjeux linguistiques multipliés et relevant d'origines linguistiques, géolinguistiques et donc vraisemblablement socio-culturelles différentes.

Comme pour le nord mayennais, en Sarthe on doit distinguer entre trois petites zones qui, dans leurs principes se comportent comme leurs équivalents mayennais. Il faut ajouter que, quelquefois, le nord-est mayennais se trouve intégré dans la partie septentrionale de la Sarthe.

Voilà donc la configuration générale, linguistique et géolinguistique des deux départements telle qu'on peut la dégager de nos propres études. A tout ce qui vient d'être dit il faut ajouter trois précisions. Il faut dire d'une part que chaque point de contact entre les trois types de zones est susceptible de constituer un point transitoire. En fait on a relevé une zone de transition nettement différenciée sur tout le pourtour sarthois de la zone centrale.

Le deuxième point concerne les oppositions éventuelles entre parties orientale et occidentale de chaque département. D'un point de vue lexico-sémantique ces oppositions sont réelles quoique relativement neutralisées par une fragmentation interne à chacune des parties. D'un point de vue phonétique la seule opposition à relever est entre l'est sarthois et l'ouest du même département prolongé souvent par une portion plus ou moins grande de la Mayenne.

Enfin il faut évoquer de nouveau le problème de la superposition des contours linguistiques et des limites interdépartementales. A ce sujet on relève autant de cas de superpositions que de non superpositions. Et dans les deux types de situations ce peut être l'ensemble de la frontière départementale qui est concernée aussi bien qu'une partie de celle-ci. De façon plus systématique on trouve une différence de comportement entre le nord et le sud communs aux deux départements.

3

Identité linguistique et identité non linguistique

A la recherche de l'identité non linguistique des deux départements on a pu relever les tendances générales suivantes.

Globalement Sarthe et Mayenne s'opposent et pas seulement par le fait que la première est moins homogène que la seconde. Par bien des traits en effet elles semblent tenir de deux mondes sociologiques et culturels différents alors qu'elles s'opposent déjà nettement de par leur constitution géologique, leurs reliefs et, dans une moindre mesure, par leur histoire économique.

La plus grande unité on la trouverait peut-être au niveau ethnologique qui fait référence à des types de préoccupations, d'attitudes et de modèles qui sont d'un autre ordre que ceux dont traite la sociologie (cf. ALVAREZ-PEREYRE F., 1979; FAVRET-SAADA J., 1977). Non pas qu'il n'y ait pas de lien entre ce dont rendent compte les deux disciplines. Prenons par exemple le cas des phénomènes de sorcellerie. On peut dire que celle-ci est la constitution d'une sphère sociale déterminée qui vise à résoudre des problèmes vécus sur le mode individuel bien que partagés par un grand nombre d'acteurs du monde rural et agricole. Un sociologue peut très bien rendre compte du cadre dans lequel s'insère le phénomène sorcellerie. Il doit vraisemblablement passer le relais à l'ethnologue pour ce qui est de reconstituer la façon dont l'individu concerné recourt à la sorcellerie, la vit, l'explique et la perpétue.

Plus grande homogénéité ethnologique donc, liée au poids extrêmement important de la population agricole au cours des âges; la disparition de cette population agricole à l'heure actuelle semble plus rapide que celle des valeurs et des modèles qui lui étaient constitutifs.

On peut donc, à l'analyse géographique, économique, historique et sociologique opposer des ensembles différents; il s'avère vite pourtant que c'est sur la base de moyennes générales établies dans le cadre implicite des limites départementales que ceci se fait. Le détail de l'analyse non linguistique conduit justement à distinguer des zones plus ou moins importantes à l'intérieur de chaque département et des zones qui peuvent être communes aux deux départements. La personnalité de ces zones semble beaucoup plus affirmée que l'existence des hypothétiques ensembles cohérents que seraient Sarthe et Mayenne dans leurs limites administratives. Si cohérence départementale il peut y avoir, c'est beaucoup plus systématiquement en Mayenne. La Sarthe est résolument hétérogène dans tous les aspects non linguistiques par lesquels on a pu en rendre compte.

A ce stade il est important de noter un parallélisme net: d'un point de vue non linguistique c'est l'image d'un fractionnement qui semble de loin la plus pertinente. Il en va exactement de même d'un point de vue linguistique au-delà des quelques cas (une cinquantaine sur un total de 443 termes) où un même terme est répandu sur l'ensemble des deux départements.

Si l'on s'en tient au critère géologique et à une série d'éléments historiques relatifs aux comportements politiques et religieux et aux mentalités, on constate en première approximation une nette distinction entre l'est sarthois (républicain, non pratiquant, plus tôt lié au monde des villes, plus pauvre économiquement) et toute une zone qui englobe l'ouest sarthois et la Mayenne: zone conservatrice, longtemps fermée sur elle-même, très agricole, plus riche par endroits et beaucoup plus liée aux valeurs religieuses. Il est frappant de constater, d'un point de vue linguistique un parallélisme partiel mais assez cohérent avec ce qui vient d'être dit. On a relevé l'existence d'une bande centrale où se retrouvent par prédilection les formes phonétiques locales (quelles qu'en soient les sources linguistiques ou sociolinguistiques). Cette bande centrale s'étend sur les deux départements d'ouest en est et, selon les cas elle est plus ou moins épaisse au nord et au sud; mais en aucun cas elle n'englobe l'est sarthois (portion elle-même très typée sur le plan lexico-sémantique), alors qu'elle va facilement jusqu'aux limites occidentales de la Mayenne et peut-être au-delà. L'est sarthois, déjà singularisé d'un point de vue non linguistique se distingue face à cette bande centrale plus conservatrice linguistiquement: selon les endroits il est le lieu — le seul pour les deux départements — de la plus grande maîtrise des différents registres du français oral et des formes locales et de la plus grande «pureté» phonétique.

Dans cette zone est, les historiens ont relevé que c'est le sud-est qui en exprime le plus la spécificité socio-économique et culturelle. Il est frappant de constater que d'un point de vue linguistique ce sud-est se singularise tout à fait comme le lieu où le nombre des formes locales est le plus réduit possible; où ce sont les formes «standard» ou normatives du français oral qui prévalent. Est-ce que, face à l'enquêteur de l'*Atlas*, les locuteurs du sud-est sarthois ont refoulé un savoir plus hétérogène voulant passer pour des puristes? Ont-ils au contraire intériorisé cette attitude depuis longtemps pour intégrer les formes linguistiques «dominantes»?

Les oppositions géographiques que l'on vient de relever et leurs raisons d'être linguistiques et non linguistiques sont peut-être les plus flagrantes parmi toutes celles que l'on peut établir. Les parallélismes entre identité linguistique et non linguistique y sont particulièrement notables. Avant d'aller plus loin il faut essayer de reprendre une question laissée en suspens à propos de la bande centrale commune à la Mayenne et à l'ouest sarthois. On s'est demandé si cette bande avait ses racines en Province du Maine ou à l'ouest de celle-ci. Sans pouvoir trancher complètement on doit relever la forte individualité historique de la Mayenne dans la sphère socio-politique, individualité toujours fortement liée à la notable implantation du métayage dans ce département. C'est dans ce département qu'est née la chouannerie; c'est là qu'elle s'y est perpétué au maximum, englobant toujours l'est sarthois. Faut-il voir une simple coïncidence entre la spécificité socio-politique et la spécificité linguistique? Pourrait-on aller plus loin? Il n'est pas possible, pour le moment, de répondre à cette question.

On a parlé, au niveau linguistique, d'une bande centrale qui s'oppose au moins à l'est sarthois d'une part et au sud-est sarthois d'autre part. On a noté un fort parallélisme entre cette bande centrale et une zone qui engloberait l'ouest sarthois et la Mayenne. On le voit, l'étendue de la zone linguistique est moindre que celle attribuée à la zone non linguistique.

A y regarder de plus près on constate d'abord que la Mayenne juxtapose trois bandes horizontales: au nord, une bande qui, se prolongeant souvent au nord de la Sarthe, présente plusieurs traits communs avec la Normandie; au sud, une bande qui, s'étendant souvent aussi dans le sud de la Sarthe (sans englober le sud-est sarthois, dans la majorité des cas) est tournée vers les Pays de Loire dont elle subit les influences. Nord mayennais plus ingrat, plus pauvre de ressources, très longtemps surpeuplé; nord mayennais qui représente une étape linguistique intermédiaire entre ce qu'offrent respectivement de ce point de vue là sud-est ou est sarthois d'une part et bande centrale de l'autre; zone de transition plus tentée pourtant par les formes locales, mais aussi zone de tensions linguistiques annonçant le nord sarthois. Les tensions s'expliquent en partie par les influences multiples qui concernent cette zone liée, à l'ouest, à la Bretagne, située aux confins de la Normandie et connaissant au nord-est bien des tensions linguistiques qui sont le lot du nord sarthois.

Au sud mayennais (prolongé du sud-ouest sarthois) on trouve un autre type de transition: c'est la situation linguistique du sud-est sarthois qui en constituerait plutôt le modèle, dans une zone qui correspond plus ou moins nettement à la partie septentrionale de l'ancienne Province d'Anjou. Zone plus clémente dans ses reliefs et son climat, plus prospère aussi tout au long de l'histoire du département, plus ouverte aussi aux contacts avec l'extérieur.

Entre nord et sud, il reste donc bien une bande centrale: zone tampon entre un nord et un sud qui terminent respectivement des régions géographiques, historiques et culturelles à forte identité et où se font sentir à l'ouest, les influences bretones. Dans cette bande centrale, horizontale, on peut pourtant, en affinant, distinguer d'une part l'ouest sarthois par rapport à la Mayenne et, d'autre part, les parties orientale et occidentale de ce dernier département.

Il reste à rendre compte d'une dernière zone. Il s'agit du nord sarthois, toujours nettement individualisé tant sous l'angle linguistique que non linguistique. Nord sarthois toujours riche mais lui-même fractionné: les influences normandes s'y font sentir à l'ouest, celles du Bassin Parisien à l'est et le Perche, qui vient mourir dans cette zone, ajoute à la complexité socio-économique et culturelle.

Nord-ouest conservateur rattaché par bien des aspects essentiels à la France de l'ouest. La scolarisation y fut tardive mais la «progression», de ce côté-là, fut rapide à la fin du XIXe siècle. Le nord et le nord-est: moins stables dans leur identité; aux votes plus fluctuants, mois systématiquement orientés qu'ailleurs en Sarthe, ou en Mayenne; au niveau de scolarisation très vite élevé. Nord resté agricole alors que le nord-est bénéficie des facilités que lui procure le passage obligé de la route et du rail.

Toute cette zone semble, à des degré divers, représenter une aire de tensions linguistiques fortes, où sont attestées formes locales et formes françaises d'origines linguistiques et sociolinguistiques divergentes, dans des proportions assez différentes cependant selon qu'il s'agit des indicateurs phonétiques ou des indicateurs lexico-sémantiques.

Au-delà des fractionnements, au-delà des recoupements, on doit cependant rappeler que, globalement, la Sarthe offre l'image d'un département plus dynamique, si l'on entend par là qu'il se tourne plus résolument vers les activités et modèles économiques et culturels actuellement dominants. Cela signifie aussi qu'il offre une image plus complexe et contradictoire car ces activités et modèles ne se développent pas uniformément et avec la même ampleur. Tout ce qui a été dit de l'identité linguistique de ce département confirme bien cette situation de fortes oppositions entre des tendances divergentes.

Economiquement et culturellement la Mayenne a été et reste encore plus homogène et on constate bien que les oppositions linguistiques sont moins tranchées qu'en Sarthe. Modèles et activités commencent juste, globalement, à prendre un nouveau cours. Parallèlement, la Mayenne semble toujours un peu «défavorisée»par rapport à la Sarthe. Ce qu'on a relevé à propos de l'Instruction Publique dans les deux départements a confirmé cela. Bien que généralement mieux lotie à ce sujet, la Sarthe se retrouve pourtant avec la Mayenne parmi les départements les plus défavorisés de France. Est-ce là le sort obligé des départements à forte emprise agricole et rurale? Il est un fait que les moyens et résultats de l'Instruction Publique — de ses débuts à l'époque actuelle —, furent différents en fonction des spécificités socio-économiques et culturelles des départements français (cf. FURET F. et OZOUF J., 1977).

LA SARTHE ET LA MAYENNE DANS L'HISTOIRE LINGUISTIQUE DES PARLERS ROMANS

Comment se situe l'ancienne Province du Maine dans la géographie des parlers romans de France? S'agit-il d'une zone spécifique, différenciée? Tient-elle dans son ensemble ou par ses différentes parties de zones plus vastes? En bref, que trouve-t-on à confronter les résultats de nos analyses avec ce qu'on peut savoir de la place occupée par les deux départements qui nous intéressent, dans l'ensemble des parlers romans et dans l'histoire linguistique de la France?

A première vue il pourrait sembler que cette ancienne province ne présente pas une nette individualité linguistique. Ainsi, d'un auteur à l'autre, est-elle englobée successivement dans des ensembles linguistiques différents, ou bien n'est-elle pas nommée en tant que telle bien qu'individualisée.

Pour A. Dauzat (1927, p. 67) qui donne la «répartition approximative des types dialectaux au XIIe siècle», Sarthe et Mayenne font partie d'une zone sans nom, située entre les aires linguistiques du normand, du breton, de l'angevin et du francien. Si sa cartographie donne des limites claires pour les domaines normand et breton, il n'y a pas de frontière nette qui dise la place exacte de l'angevin et du francien.

Si l'on s'attache maintenant à ce que le même auteur dit de la «répartition actuelle des principaux groupes de dialectes» on constate que pour le début du XXe siècle, seules les limites du normand n'auraient pas évolué. L'aire du breton s'est réduite et surtout, Mayenne et Sarthe font maintenant partie de l'Angevin. La notion de francien a disparu; et à part pour ses parties ouest et sud-ouest — intégrées dans l'Angevin —, la Sarthe fait partie d'une «aire de désagrégation maxima ou de disparition des patois» (cf. Dauzat A., p. 139).

Un autre auteur propose une autre façon de voir les choses. Pour R. Caratini (1972), l'aire du normand inclut toute la moitié nord de la Mayenne et une portion septentrionale de la Sarthe. L'est et le sud-ouest sarthois font partie de l'Orléanais. Quant au sud mayennais et au sud-ouest sarthois ils sont inclus dans une zone sans nom comprise entre breton, normand, orléanais, poitevin et saintongeais: autant dire la zone de l'ouest continental.

Avec M. Cohen, on retrouve les deux départements situés dans une zone sans nom entre normand, breton, angevin et francien. De fait l'est sarthois est inclus dans la zone du francien, sans que les aires du normand et de l'angevin soient nettement définies (cf. Cohen M., 1950).

En fait, si la différenciation linguistique ne pose pas de problèmes par rapport au breton, il n'en va pas de même, selon les auteurs, pour caractériser la situation linguistique des deux départements, en elle-même et par relation à des ensembles limitrophes. Au nord, le normand connaît ou bien une extension méridionale réduite (qui suit une ligne Granville-Lisieux); c'est le cas chez des auteurs comme M. Cohen et B. Pottier (cf. Pottier B., 1968). Ou bien il connaît une extension maximale où toute la moitié nord de la Mayenne et le nord sarthois se trouvent concernés (cf. Caratini R.). Il existe des solutions moyennes: Sarthe et Mayenne étant alors exactement au bord de la limite méridionale du normand. Cette solution est celle adoptée par J. Monfrin (1972) qui insère le nord-est mayennais dans le normand, et par les *Atlas Linguistiques de France par Régions* (cf. Tuaillon G., 1980).

En tout état de cause l'absence de consensus permet de dire que les zones de conflit relevées dans nos recherches pour le nord de la Mayenne et de la Sarthe ne sont peut-être pas fortuites.

A l'est de nos deux départements maintenant, on trouve une zone dont les limites, sans ambiguïtés d'un auteur à l'autre, tendent à progresser vers l'ouest, incluant de plus en plus le département de la Sarthe. Zone du francien, anciennement, ou orléanais — pour l'époque actuelle, l'est sarthois est couvert par deux Atlas linguistiques par régions, l'*Atlas de la Bretagne romane, de l'Anjou et du Maine* d'une part, l'*Atlas de l'Ile de France et de l'Orléanais* d'autre part (cf. GUILLAUME G. et CHAUVEAU J. P., 1975; SIMONI-AUREMBOU M. R., 1973, 1978).

Enfin, pour ce qui est du sud, Sarthe et Mayenne se trouvent alternativement différenciées (mais non nommées linguistiquement) ou englobées dans l'Angevin ou dans un ensemble de parlers qu'on a appelé de «l'ouest continental». Comme pour le normand, les limites d'extension de l'Angevin sont fluctuantes d'un auteur à l'autre; quelquefois elles englobent complètement les deux départements qui nous intéressent.

Il est clair en somme que les deux départements ne définissent pas à eux seuls une zone linguistiquement homogène et qu'ils sont au moins en contact étroit avec plusieurs zones linguistiques elles, nettement différenciées. Est-ce à dire pour autant que ces deux départements se trouvent insérés dans une zone linguistique sans caractère saillant? Par contamination, ou par essence, seraient-ils en même temps un lieu vierge de parlers locaux et un lieu d'affrontements entre parlers plus éloignés géographiquement mais qui viendraient mourir dans cette zone indifférenciée?

«Au bout de la Normandie, nous trouvons Paris et les Provinces moyennes de la France, c'est-à-dire: Isle de France, le Maine, la Touraine et l'Orléanais. Nous avons déjà dit pourquoi ces provinces n'ont pas de patois bien caractéristique» (SCHNAKENBURG J. F., 1840, p. 37). Nous trouvons des formulations à peu près identiques à plus d'un siècle d'intervalle, chez W. VON WARTBURG (1967) et chez J. MONFRIN: «Au sud de la Normandie, entre la Bretagne et l'Ile de France, s'étend une vaste région (Ille-et-Vilaine, Mayenne, Sarthe, Loire-Atlantique, Maine-et-Loire, Indre-et-Loire) dont les parlers faiblement caractérisés sont assez voisins. On les distingue en général des parlers du Centre, Berry et Bourbonnais (Indre, Cher, Nièvre, Allier) qui s'en rapprochent à plusieurs égards» (MONFRIN J., 1972).

Spécificité peu marquée, caractères peu affirmés, mais bilinguisme quand même: bilinguisme dont A. DAUZAT d'une part, B. POTTIER d'autre part donnent les limites (cf. DAUZAT A., 1927, p. 139; POTTIER B., 1968, pp. 150-151). Selon les indications de B. POTTIER la Sarthe serait exclue de la zone de bilinguisme; en Mayenne il y serait sporadique.

C'est en fait vers des études beaucoup plus détaillées qu'il faut se tourner si l'on veut, dans ce contexte, tenter d'évaluer la spécificité linguistique globale des deux départements, en même temps que leur relation à des ensembles plus ou moins vastes.

Sur la base des *Atlas linguistiques de la Bretagne romane, de l'Anjou et du Maine* et de ceux *l'Ile de France et de l'Orléanais*, des études plus ou moins exhaustives permettent de se faire une idée de l'unité en même temps que de la diversité des ensembles géolinguistiques concernés. Ces études sont loin d'avoir épuisé les matériaux rassemblés par les dialectologues mais leurs résultats initiaux nous permettent de retrouver les grandes lignes et le détail de ce que nous avons nous-même dégagé pour la Sarthe et la Mayenne; d'autre part d'évaluer la place des deux départements dans l'ensemble occidental des parlers romans. En tout état de cause ces travaux, bien que fragmentaires, permettent d'aller plus loin que ce qu'indiquent les synthèses de A. DAUZAT ou de F. BRUNOT (cf. DAUZAT A., 1927, p. 140 ss.; BRUNOT F., 1966, p. 320 ss.).

L'étude minutieuse que J. P. CHAUVEAU consacre aux dénominations du Rumex permet de considérer qu'une unité réelle rassemble les territoires regroupés dans l'*Atlas linguistique de la Bretagne romane, de l'Anjou et du Maine*, et que ces territoires tiennent de l'ensemble plus vaste des Pays d'Ouest (cf. CHAUVEAU J. P., 1980a). Concrètement: la patience est dénommée la «parelle» sur tout le domaine; l'oseille est, partout, dénommée la «vinette». Pour la première pourtant on trouve le terme «doche», attesté en Normandie et jusque sur une mince frange au nord de la Mayenne. Pour la seconde on trouve, à côté de la «vinette»: «surelle», à l'extrême nord-ouest et nord-est de la Mayenne, terme attesté en Normandie; «oseille», à l'extrême nord et à l'extrême nord-est de la Sarthe, au contact du Perche inclus, lui, dans l'Ile de France.

Une attention aux formes phonétiques permet de retrouver quelques-uns des axes de fragmentation relevés dans non propres études: métathèse des consonnes **l** et **r** (**pàlèr, pàlér**) au nord de la Mayenne, formes **paréz** et **parèz** en Mayenne et en Anjou, voyelle initiale d'arrière différente selon les parties du domaine (**párel** dans le Maine et l'Anjou, **pòrel** en Sarthe, en Ille-et-Vilaine et dans les Côtes-du-Nord, **pórel** dans la Sarthe). Dans ces indications on retrouve et l'influence des modèles normands, au nord de la Mayenne en particulier, et l'affinité linguistique entre le Maine et l'Anjou qu'indiquait par exemple A. DAUZAT (1927, p. 139).

Une autre étude récente du même auteur permet de préciser les quelques indications données ci-dessus, et de valider de façon plus nette nos propres recherches, tout en indiquant les liens linguistiques qui existent entre la Province du Maine et des ensembles plus vastes. Cette étude (cf. CHAUVEAU J. P., 1980b) porte sur une vingtaine de cartes d'*Atlas*, traitées selon les principes de l'analyse factorielle des correspondances.

A travers cette étude, l'auteur présente d'abord trois ensembles que l'analyse lui permet de dégager: ensemble I, à l'ouest du domaine, formé des Côtes-du-nord, du Morbihan et de l'ouest de l'Ille-et-Vilaine; ensemble II qui regroupe, à l'est du domaine, la Sarthe, la Mayenne et l'est de l'Ille-et-Vilaine; l'ensemble III enfin, formé par le Maine-et-Loire et la Loire-Atlantique, au sud. Par rapport à ces trois ensembles, l'auteur relève d'abord un premier groupe de termes «communs à l'ensemble ou à la majeure partie des parlers étudiés» (p. 5): groupe constitué de «mots du français central, avec leur acception ordinaire... ou bien qu'on retrouve dans l'ensemble des parlers d'oïl,... ou encore dont l'aire d'extension couvre tout l'Ouest de la France... C'est donc que la différenciation opérée par l'analyse se fait en fonction du point de référence que constituent le français central et, à l'intérieur de celui-ci, le sous-ensemble des parlers de l'Ouest» (p. 5).

Au-delà de cette communauté linguistique relative, la différenciation des trois ensembles relevés plus haut semble réelle. A propos de la partie occidentale du domaine, J. P. CHAUVEAU dit ceci: «L'étude des types lexicaux caractéristiques de cette division met en évidence l'autonomie de l'Ouest par rapport aux influences venues du français ou des parlers centraux. Cette autonomie se manifeste par le refus des mots français... ou bien des termes dominants de l'Ouest... Elle se manifeste positivement par le maintien d'archaïsmes que la partie orientale a abandonnés» (p. 5). «A l'opposé le Maine se caractérise par l'adoption de mots français... ou de mots qui l'apparentent à une région linguistique centrale» (p. 8). «Quant au vocabulaire typique du groupe III, il manifeste les affinités entre les parlers de ces points et ceux du Sud-Ouest» (p. 8). «Une analyse fine met pourtant en évidence une opposition entre d'une part le 'sud du Nantais et de l'Anjou', qui se rattacheraient 'aux parlers du Poitou' et le nord de la zone III, qui constitue une partie 'centrée sur la Mayenne'» (p. 9). Sans faire oublier les nuances déjà citées dans ce travail et dans le précédent (cf. CHAUVEAU J. P, 1980a), J. P. CHAUVEAU peut dire en résumé: «Les trois groupes délimités par l'analyse factorielle manifestent donc les orientations de chacun: le Sud pour le groupe III, le Centre pour le groupe II et l'Ouest pour le groupe I» (p. 9).

A ce stade on peut donc dire que dans l'ensemble des parlers d'Ouest couvert par l'*Atlas linguistique de la Bretagne romane, de l'Anjou et du Maine*, ce dernier se tourne vers le Centre, tout en étant lié au domaine normand et aux parlers du sud du domaine, par la Mayenne en particulier.

Dans un deuxième temps l'étude de J. P. CHAUVEAU permet de s'intéresser à la fragmentation géolinguistique du Maine. Les indications qu'il donne, sur la base de son étude lexicale, permettent de retrouver celles relevées par lui dans la précédente étude sur le Rumex; mais aussi elles permettent de retrouver et l'essentiel des indications fragmentaires données en 1973 par G. GUILLAUME (1973) pour l'ensemble du domaine et pour le Maine, et nos propres résultats sur les plans lexico-sémantique et phonétique pour la Sarthe et la Mayenne.

D'abord, une première cartographie de détail montre l'existence d'une bande centrale qui traverse la Mayenne et la Sarthe de l'ouest à l'est et qui englobe, en Mayenne, le centre-nord du département et, en Sarthe, une portion est de ce département. De part et d'autre de cette bande on trouve le sud mayennais, le sud et le sud-est sarthois et, à l'opposé, nord-ouest et nord-est mayennais et nord sarthois, toutes régions qui se distinguent de la bande centrale par une même valeur statistique.

Une deuxième cartographie de détail montre qu'une différenciation linguistique nette existe par ailleurs, d'après cette étude de J. P. Chauveau, d'une part entre une frange sud-ouest de la Mayenne et une bonne portion sud-est de la Sarthe et d'autre part tout le reste du Maine. Au-delà de cette nouvelle convergence avec notre travail on retrouve, pour la Sarthe, une fragmentation par lignes diagonales selon un axe nord-est sud-ouest familier aux historiens, géographes et économistes de la Sarthe. Ces lignes diagonales définissent successivement une portion sud-est, puis une zone qui correspond aux vallées de l'Huisne et de la Sarthe, et enfin une zone nord-ouest où l'extrême nord-ouest se singularise encore.

Ce type de fragmentation est aussi celui qu'indique fréquemment R. Verdier dans sa *Grammaire du dialecte du Haut-Maine*.

Face à un sud-est dont il dit qu'on «n'y patoise plus depuis longtemps» (p. 2) R. Verdier oppose les Vallées de l'Huisne et de la Sarthe au nord-ouest de la Sarthe: alternativement par la conservation de traits phonétiques ou morphologiques locaux ou par la référence au français «standard» ou normatif. En règle générale pourtant il note que par rapport au parler attesté dans la Vallée de l'Huisne «les principales variantes portent sur la chute des consonnes finales, sur la palatalisation, sur la diphtongaison, et sur le traitement de l'E particulièrement instable. C'est l'ouest et surtout le nord-ouest, longtemps isolés par la proximité des contreforts du Massif armoricain (Charnie, Coëvrons, Déserts de Pail et de Mont-Saint-Jean) qui présentent les différences les plus sensibles» (Verdier R., s.d., p. 5). On complètera ce diagnostic relatif à la Sarthe par cette mention importante (cf. Verdier R., s.d., p. 13): «Tout se passe comme si l'évolution du langage, chez nous, se faisait du sud-est vers le nord-ouest, suivant ainsi toutes les évolutions locales depuis les origines, telles que je les ai démontrées dans d'autres travaux. Dottin observe que c'est par le sud qu'évolue le parler du Bas-Maine» (c'est-à-dire de la Mayenne).

Pour ce dernier département les indications données par J. P. Chauveau (1980b) permettent d'opposer, au-delà du sud-ouest mayennais plusieurs zones d'inégales importances, orientées grossièrement selon l'axe ouest-est. Mais toute la moitié nord de la Mayenne se trouve correspondre, dans ses types de comportements linguistiques, à l'extrême nord-ouest de la Sarthe. Et dans cette moitié nord, le centre nord, encore une fois, se singularise, fractionnant alors le nord mayennais en trois petites zones.

S'attachant à quelques traits lexicaux et phonétiques pour tout le domaine couvert par l'*Atlas linguistique de la Bretagne romane, de l'Anjou et du Maine*, G. Guillaume avait aussi noté une opposition entre parties ouest et est du domaine (cf. Guillaume G., 1973). Mais il avait aussi noté une multitude de cas intermédiaires.

Pour les termes correspondant à «aujourd'hui», on trouve, à part quelques rares **ójurdi** au nord-est de la Sarthe, une opposition entre Maine et Anjou d'une part et le reste du domaine (type **ànẅi** dans la première zone, **anė** dans la seconde). Les réalisations données pour le terme «lombric» permettent d'opposer une partie méridionale de l'ouest (type **beẅitc**), une partie septentrionale (type **ver, vé/véi**) et toute une partie est qui s'étend jusqu'à la Loire (type **ácéi̯, ácé, ácè**). Mais ajoute G. Guillaume (pp. 413-414), «le type **esca**, ou ses dérivés, demeure vivace en Anjou, dans le Maine et aussi en Haute-Bretagne». S'intéressant aussi aux finales de termes tels que couteau(x), copeau(x), oiseau(x), G. Guillaume relève qu'à l'est et au sud-est de la Sarthe on a des formes en **yó** au singulier et au pluriel; dans le Maine-et-Loire, sous la Mayenne et la Sarthe, on a **ó** et **yó**, chacun pour le singulier et le pluriel. Au nord et à l'ouest de la Sarthe et dans l'est mayennais on a la forme **you**; enfin le nord-ouest mayennais présente des formes **yà** au singulier et au pluriel, ou au singulier seul, opposé alors au pluriel **yòu**. En cela le nord-ouest mayennais se rattache à l'Ille-et-Vilaine où on relève une opposition singulier/pluriel marquée phonétiquement.

Si l'on s'intéresse enfin aux relations de la Sarthe à l'Orléanais on relève, d'après les indications données par M. R. Simoni-Aurembou (1973, 1980) que l'est sarthois constitue la limite occidentale d'une zone assez homogène qui correspond au domaine de l'*Atlas linguistique de l'Ile de France et de l'Orléanais*. «Les vestiges que nous apercevons en 1971 laissent entrevoir que le parler de nos régions françaises serait un français teinté de conservatisme; il a choisi, très tôt peut-être, une évolution en **-è** de **e** long latin; à partir du XVIe, XVIIe siècles, il n'a pas accepté certaines évolutions venues de Paris (**wa/wè, u/œ, ó/yó**), certaines réfections savantes (**o/u**); il s'est laissé envahir par une évolution **eu** venue du nord, par certaines régressions, ou réfections savantes» (Simoni-Aurembou M. R., 1973, pp. 395-396).

Dans le détail pourtant, il semble bien que l'est sarthois — dont on a vu qu'il pouvait être subdivisé en nord-est, est et sud-est — répondait, par cette subdivision à des comportements quelque peu différenciés, notables selon les faits linguistiques, du Perche, du nord-ouest du Loir-et-Cher ou encore du nord-ouest de l'Indre-et-Loire.

En résumé on peut dire donc que si linguistiquement Sarthe et Mayenne font partie des pays d'Ouest, ils constituent la zone qui est la plus tournée vers le Centre. Si l'influence normande se fait sentir au nord des deux départements, et tout spécialement en Mayenne, ce ne semble jamais être au point qu'on puisse parler d'affinités linguistiques plus profondes entre ce qu'on relève en Maine et les traits à attribuer à la zone normande. Par contre les parallélismes du Maine avec l'Anjou ne sont pas rares. Ils ne sont pas rares non plus avec l'Orléanais, pour ce qui est de la partie orientale de la Sarthe. Enfin, à côté d'une bande centrale, relevée sur la base de faits lexicaux, et qui traverse d'ouest en est Mayenne et Sarthe, on retrouve un fractionnement horizontal de la Mayenne où l'on peut isoler successivement le sud, le centre et le nord du département, recoupés chacun, et le nord en particulier, par un fractionnement vertical. En Sarthe, au-delà de la singularité du sud-est — que prolonge souvent le sud mayennais — on retrouve l'opposition globale entre est et ouest, ou entre sud-est et nord-ouest : zones plus ou moins importantes qui peuvent se subdiviser elles-mêmes.

La confrontation avec des travaux extérieurs aux nôtres permet de retrouver l'essentiel des conclusions auxquelles nous avions abouti quant à l'identité linguistique et géolinguistique de la Sarthe et de la Mayenne, du moins sur la base des matériaux de l'*Atlas* et en fonction des indicateurs retenus. Il faut ajouter, ceci dit, qu'au-delà des tendances générales il existe des séries entières de particularités linguistiques et géolinguistiques qui atténuent le caractère par trop tranché que l'on serait peut-être tenté d'attribuer aux caractères généraux. Est-ce à dire que c'est à la loi du fractionnement maximum qu'il faudrait revenir pour mieux caractériser la spécificité linguistique et géolinguistique de ces deux départements ? Ou encore ce fractionnement n'est-il que récent, et serait-il la trace d'une période courte, précédée d'une époque où ces territoires auraient connu une belle homogénéité ?

On peut d'abord répondre que cette difficulté à trancher correspond bien au caractère flou des mentions relevées à propos des deux départements, chez des auteurs qui traitent aussi bien de la période actuelle ou du moins récente que d'une période beaucoup plus reculée. En deuxième lieu il n'est pas sans intérêt de relever ce que dit une étude déjà ancienne sur la situation des dialectes du nord-ouest au XIIIe siècle : on y constate d'une part une communauté certaine des parlers du nord-ouest ; en même temps on y voit une très relative caractérisation du Maine, proche d'autres zones au sud et à l'est en particulier (cf. GÖRLICH E., 1886).

De cette étude déjà ancienne et qui porte sur l'état des dialectes aux XIIIe et XIVe siècles tel qu'on peut le déterminer à partir de sources écrites, on s'attachera à ce qui est dit de la phonétique ; en constatant tout de suite que le système consonnantique apparaît beaucoup plus homogène, sur l'ensemble du domaine nord-ouest, que ne peut l'être le système vocalique.

Par bien des traits le système consonnantique est identique dans les quatre régions (Bretagne, Anjou, Maine, Touraine) comprises dans l'ensemble étudié par E. GÖRLICH sous le titre *Die nordwestlichen Dialekte der Langue d'Oïl*. Des matériaux étudiés par E. GÖRLICH on relèvera qu'en général :

— **m** permute souvent avec **n** (**ne leverom, ne feron**);
— **n** mouillé est rendu en général par **ign**;
— les nasales en fin de syllabe présentent une expression gutturale (**n, ng, gn, g**);
— dans le cas de la consonne **r**, on a métathèse («fourment»), chute devant consonne («maicredi»), introduction du **r** après consonne **d** («ordrener») ou devant consonne («aumorne»). E. Görlich note que tous ces cas se retrouvent, plus développés encore, dans les patois de son époque, le XIXe siècle, en citant les vocabulaires de C. de Montesson pour le Haut-Maine et de M.C. Menière pour l'Anjou, en particulier; de même pour l'élimination de **r** à la finale («lou» pour leur, «pou» pour peur);
— à propos des dentales E. Görlich note l'alternance **t/d** à l'écrit;
— à propos des palatales il note quelquefois l'alternance entre palatale voisée et palatale non voisée, à l'initiale ou à la tonique, cela aussi bien aux XIIIe, XIVe siècles qu'au XIXe;
— dans le groupe **sr**, introduction générale de **t** («promistrent), et, dans les cas où **t** n'est pas introduit, la chute du **s** (à côté de «compromisrent», on trouve «promirent»);
— enfin, au chapitre des labiales, E. Görlich relève des cas où **f** devient **v** à l'initiale ou à la tonique, et où **v** tombe après «consonne absolue»; le **v** final est maintenu en **f** dans la majorité des cas mais au pluriel marqué par **s**, il tombe («neus»); le **b** se maintient dans «libres» au lieu de passer à **v** et le **v**, développé en français (Gemeinfranzösischen) entre deux voyelles, tombe («aperceoire»; au XIXe on a encore «moais» pour mauvais, «trouer» pour trouver).

A côté de ces traits communs au domaine qu'il étudie, E. Görlich note une série de traits communs au domaine et à des origines limitrophes de celui-ci. Avec l'Ile de France, les dialectes du nord-ouest ont en commun un **n** mouillé au présent du verbe *manēre* («remaignent»), et l'introduction d'un **d** dans le groupe **nr**, à côté de formes sans **d** («prindrent», «tinrent»). Les dialectes du nord-ouest, comme le reste du domaine français septentrional, font alterner **s** et **ss**. Enfin on trouve dans les dialectes du nord-ouest quelques **ch** mis pour **ss**: il s'agit d'une solution attestée dans les dialectes du sud-ouest. E. Görlich précise d'ailleurs que ces cas ne sont pas attestés aux XIIIe et XIVe siècles mais qu'on les relève par exemple chez C. de Montesson, au XIXe siècle («equerviche»).

Indépendamment de cette longue série de traits communs, E. Görlich note que certains autres traits sont plus spécifiques de l'une ou l'autre portion du domaine. Des éléments analysés par E. Görlich il ressort que dans de tels cas le Maine adopte des solutions attestées également en Bretagne:
— chute de **l** explosif dans certains cas («souleil»);
— remplacement de **n** mouillé par **n** dental simple;
— au XIXe siècle remplacement de **n** simple par **n** mouillé;

— vocalisation de **l** après **ī**. Dans ce dernier cas le Berry s'ajoute à la Bretagne et au Maine et E. Görlich note que ces dialectes du nord-ouest s'opposent alors aux dialectes normands et français mais sont parallèles au Picard. Après **a**, **ẹ**, **ę**, **ọ** et **ǫ** on note la chute de **l** et sa vocalisation quand **l** est suivi d'une consonne.

C'est E. Görlich qui résume ce qui peut être dit du système des consonnes en notant que:

> «... in Bezug auf die Entwickelung der Konsonanten stehen die nordwestlichen Dialekte ganz auf nordfranzösischen Standpunkt. Ankläge an das Provenzalische finden sich kaum mehr. In der Verdoppelung ursprünglich einfacher Konsonnanten stimmen unsere Dialekte mit den übrigen Mundarten Nordfrankreichs überein; doch sind einige Eigenthümlichkeiten zu beachten, wodurch sie sich von den südlichen und nördlichen Nachbardialekten unterscheiden, worin sie aber mit den östlichen Dialekten übereinstimmen.»[19]
>
> (Görlich E., 1886, p. 58)

La forte homogénéité du domaine, en matière de consonnes, ne se retrouve pas absolument quand on s'attache à ce que dit E. Görlich du système des voyelles. Au-delà d'une série de traits convergents pour tout le domaine, le Maine adopte des solutions que l'on retrouve souvent par ailleurs en Anjou et Touraine; les plus fortes différences étant alors avec la Bretagne d'une part, le Berry d'autre part.

Dans tout le domaine des dialectes du nord-ouest, au XIIIe siècle: **a** suivi de **m** ou **n** aboutit à **ę** par **ai** et **ęi**;

— le suffixe *-aticum* aboutit à **ai** et à **a**, le Maine étant semble-t-il le seul à juxtaposer les deux solutions (au XIXe siècle on trouve encore la forme **ai**);

— le suffixe *-alem* aboutit à **e** mais aussi à **a**, dans le Maine en particulier;

— **ę** précédé de **ğ** ne devient pas **ie**, sauf en Bretagne.

A l'opposé, dans le seul Maine le suffixe *-arium* devient **ier**, alors que dans le reste du domaine et en Ile-de-France il devient **er**.

Dans l'ensemble du domaine, on note encore de grandes convergences dans l'évolution des voyelles **ẹ**, **ǫ**, **ọ**, **ī** et **ū**. A propos de l'évolution du **ẹ** E. Görlich note pour les dialectes du nord-ouest, au milieu du XIIIe siècle, une grosse majorité de **ei**, **e** et la présence de **oi**: «présence récente mais qui s'affirme puisqu'à la fin du XIVe siècle, **ei** a pratiquement disparu. Ce **oi** (= **oę**) n'est pas d'extraction locale mais vient du français central qui s'introduit plus rapidement que dans les dialectes du sud-ouest». Pour E. Görlich, au milieu du XIIIe siècle **oę** est devenu **ę** et **oi** serait une graphie pour **ę**, la deuxième supposition impliquant d'après lui que **oi** rendait la diphtongue **oę́** dont le premier élément était sous-accentué (la règle était, dans cette région, que la deuxième partie de la diphtongue ou triphtongue était accentuée, d'où la chute de la première partie).

La voyelle latine **ǫ** connaît deux développements qui aboutissent au même résultat. L'aboutissement à **eu** par **ǫu** fut le plus répandu en Bretagne mais, dans cette zone, cette première évolution fut supplantée par celle qui passât par **œ** et **ue**, évolution beaucoup plus fortement attestée dès le début en Touraine, Anjou, Maine et Poitou, et dont le point d'arrivée (**ęu**) est effectif vers la fin du XIIIe siècle.

Du développement du latin vulgaire ọ, E. GÖRLICH dit que le passage à **eu** par **ou** aurait été étranger aux dialectes du nord-ouest, contrairement à ce qui s'est passé dans ceux du nord, de l'est et du Centre. Cela tiendrait «au caractère même de ces dialectes /du nord-ouest/ et au comportement des formes **o, ou** face aux formes **eu**, de plus en plus fréquentes et arrivant d'Ile-de-France». En tout état de cause, jusqu'en 1280 **o** aurait été très largement majoritaire, reculant systématiquement après 1300; **ou** (= **u**) devient alors majoritaire jusqu'après 1310 où **eu** progresse sans éliminer **ou**. On peut relever que dans le Maine (parallèle à l'Anjou, à la Touraine et au Berry, mais différent de la Bretagne) toute une série de sources ne présente que **o** ou **ou** (religious, lor, seignor, lours) alors que d'autres contiennent **eu** (successeurs, leur). Les premières viennent du Mans et de Sablé (centre et sud-ouest de la Sarthe) mais datent de 1300 ou d'avant; les secondes, de Brûlon (au nord de Sablé) et datent de 1325.

A propos du **ī** et du **ū** latins, E. GÖRLICH note enfin que **ū** est devenu **u** régulièrement. Quant à **ī** il est resté intact, comme dans tout le domaine français aux temps anciens, «alors que dans les patois actuels /XIXe siècle/ il devient **ei** devant **n**».

A côté de cette première série de traits convergents le système des voyelles propose de nombreux cas de fragmentation géolinguistique, à l'intérieur du domaine des parlers du nord-ouest. Avec la Bretagne, le Maine a à peu près autant de points communs que de points de différenciation. Il en va de même avec le Berry. C'est avec la Touraine et l'Anjou que le Maine présente le plus d'affinités sans que les oppositions avec ces deux provinces soient pourtant négligeables.

Avant de donner quelques détails qui illustreront cette présentation générale, il faut d'abord dire que les sources utilisées par E. GÖRLICH, ou disponibles à propos du Maine, sont pratiquement toutes issues des parties méridionales de la Sarthe et de la Mayenne (qui constituaient justement le nord de l'ancienne Province d'Anjou) ou du centre (géographique et politique) de ces deux départements (Laval, Le Mans).

Voyons maintenant de façon plus détaillée les affinités ou les différences linguistiques entre le Maine et les autres provinces, en matière de vocalisme.

En Maine et en Anjou, ọ en syllabe fermée est rendu alternativement par **o** et **ou**; le premier aurait pourtant prédominé jusqu'en 1290 environ pour être remplacé par **ou**.

En Maine et en Anjou, mais aussi en Touraine et dans le Berry **a** suivi de **č** devient **ai**.

En Maine et dans le Berry **a** prétonique suivi de **i** donne **oi**; **ę** du latin vulgaire évolue vers **ie** (fie). Ici, l'Anjou a beaucoup plus souvent fe.

L'évolution de **a** latin offre encore des exemples de ces discordances et cohérences simultanées. La voyelle **e** issue de **a** est rendue par **ei** devant **r, l, v** et au participe de la première conjugaison faible, cela en Bretagne, Anjou et Maine. La même voyelle est aussi rendue par **ie**, devant **r** et surtout **l**, en Bretagne, en Ile-de-France et en Touraine, mais pas dans le Berry, le Maine et l'Anjou. Posant la question de l'origine géographique du groupe **ei**, E. GÖRLICH note que d'après METZKE, il n'est pas attesté en Ile-de France et que FOERSTER se demande s'il ne s'est pas développé à travers la Picardie et la Normandie initialement ; cette dernière hypothèse permettant de retrouver d'autres cas de concordances entre picard et normand d'une part et les dialectes de l'ouest et du nord-ouest d'autre part (ainsi de l'introduction de **-i̯** après **ę** et **ọ**).

Les références explicites à l'Ile-de-France sont très peu nombreuses et, dans deux cas sur trois, les solutions adoptées dans cette zone divergent de celles du Maine (évolution du suffixe *-arium* et évolution de **ẹ** en syllabe fermée, dans *fémina*).

Les rares mentions pour le Poitou et la Normandie sont globalement convergentes avec ce qui se trouve en Maine. Le latin *femina* a abouti à «feme» en Maine, Bretagne et Normandie, ainsi que dans le Sud-Ouest. C'est «fame» qu'on trouve en Ile-de-France (et quelquefois en Normandie) alors qu'en Berry, Anjou et Touraine aucune forme ne semble l'emporter nettement.

Au-delà des nombreuses convergences entre Maine et Anjou on trouve des mentions particulières de divergences entre le Haut-Maine — c'est-à-dire la Sarthe —, et l'Anjou (en particulier **a** suivi de **n̯** ou **l̯** aboutit à **ẽn** en Haut- Maine et à **ãn** ou **aiñ** en Anjou ; de même au XIXe siècle aux **ben** (= **bã**), **ren** de l'Anjou, s'oppose le **bin** (= **bẽ**) du Haut-Maine).

On n'en finirait pas de relever les cas, plus ou moins fondamentaux de divergences et de convergences initiales relevées pour l'ensemble du domaine. Les multiples cas de figure relevés pour le système des voyelles peuvent expliquer que l'on ait, souvent, hésité à attribuer un nom à ce qui se parlait ou se parle dans deux départements qui présentent de nombreuses affinités avec différentes zones incluses ou non dans le même domaine linguistique. En fait, comme les autres zones, Sarthe et Mayenne tiennent indubitablement des parlers du nord-ouest. Mais à l'intérieur du domaine, ces deux départements accentuent la réalité de la fragmentation par le fait qu'ils ne sont pas nettement inclus dans un sous-ensemble différencié.

Conclusion

Plus qu'une conclusion c'est une série de questions qui s'impose maintenant. En effet les matériaux accumulés et confrontés, les analyses multipliées livrent ensemble des traits globalement convergents et des nuances qui s'interpénètrent pour mieux définir la personnalité linguistique et culturelle des deux départements. Une conclusion ne peut répéter traits convergents et nuances.

A l'inverse les questions qui s'imposent visent à évaluer la pertinence exacte des résultats accumulés jusqu'ici et ce, par rapport à trois types de préoccupations.

Ainsi on se demandera d'abord ce que reflètent exactement les analyses linguistiques qui ont porté sur des matériaux aux limites sociolinguistiques et historiques très précises. Cette question conduira à vérifier la validité globale des matériaux linguistiques utilisés dans l'ensemble du travail sur la situation linguistique en Province du Maine.

En deuxième lieu on devra alors situer les résultats accumulés, des indicateurs lexico-sémantiques au présent chapitre, par rapport aux deux axes esentiels qui charpentent notre entreprise: étude de la situation linguistique et étude des théories linguistiques locales.

En troisième lieu il faudra se demander comment se situe maintenant d'un point de vue géolinguistique, la zone d'enquête directe, à l'intérieur des deux départements. En effet toute une partie des matériaux et des analyses concernent cette seule zone, dont il faut pouvoir apprécier la spécificité relative.

Les matériaux d'un atlas linguistique du genre des atlas linguistiques par régions, sont d'un type très précis: ils sont un certain reflet du monde agricole, au moins, sinon du monde rural dans son ensemble, du moins sur la base des types de locuteurs interrogés. Mais de ces mondes, ils sont l'image d'activités et de préoccupations maintenant entamées, ce qui fait que l'âge des réalisations relevées n'est pas tout à fait contemporain de nous; en tout cas elles n'ont pratiquement plus la valeur quotidienne qu'elles pouvaient avoir quand nombre des activités agricoles étaient encore bien vivantes. De plus un atlas comme celui de la Bretagne romane, de l'Anjou et du Maine n'a pas systématiquement fait une distinction entre termes d'usage quotidien — au moment de l'enquête —, et termes plus ou moins rares. Il est difficile alors d'établir le rapport qui pourrait exister exactement entre des séries de termes issues du français central et des pans entiers de vocabulaire local. Si on a pu le faire jusqu'à un certain point c'est sur la base d'un recoupement entre des analyses minutieuses qui, alors, au-delà des questions posées sur la validité des matériaux, ont conduit à s'interroger sur une partie des outils théoriques et méthodologiques constamment employés dans toute description (ainsi des notions de français commun, de mots locaux, de registres).

De la définition que l'on vient de donner des matériaux recensés dans l'*Atlas* deux conclusions s'imposent. La première est en fait une hypothèse : si des activités agricoles ont vieilli ou disparu, donc si des séries entières de termes n'ont plus court, il n'en va pas de même, peut-être, des phénomènes phonétiques. L'image phonétique est peut-être de plus longue durée. On a pu le vérifier en constatant que dans l'ensemble, les traits généraux caractéristiques de la phonétique locale sont mieux connus — passivement — des jeunes générations que ne peuvent l'être les différents vocabulaires traditionnels. C'est du moins ce qui ressort de nos enquêtes.

La deuxième conclusion est que l'on ne peut prétendre vouloir rendre compte de la situation linguistique des deux départements et de la zone d'enquête directe sur la seule base des matériaux de l'*Atlas*. On relèvera tout de même des convergences très frappantes entre nos analyses linguistiques et celles faites à l'heure actuelle ou plus anciennement par les dialectologues et linguistes ; d'autre part il y a correspondance entre ce qu'on a vu respectivement des identités linguistique et non linguistique. Nos analyses sur les matériaux de l'*Atlas* proposent donc des éléments qui, confrontés à d'autres travaux ou à d'autres types de traits, livrent des symptômes convergents d'une identité plus globale.

Il faut pourtant compléter tout ceci — et cela est déjà fait en partie —, par des analyses sociolinguistiques systématiques et par des analyses linguistiques complémentaires. Ces dernières, déjà faites ou à faire, permettront tout particulièrement de combler une partie du vide défini par les limites même de l'atlas. Les études de syntaxe en particulier couvrent différents types de registres et différents types de locuteurs (en termes de génération et d'insertion socio-culturelle) : français écrit et français parlé, milieu agricole, milieu rural, milieu urbain, personnes âgées ou jeunes générations, c'est ce dont rendent compte successivement les termes d'adresse et de référence, les copies et textes d'élèves de classes et de recrutement différenciés, les pièces de littérature orale (chansons urbaines du début du siècle et récits patois) et les «corpus» relevés ou enregistrés auprès de différentes personnes. Les enseignements de tous ces témoignages linguistiques ne sont pas et ne seront pas que syntaxiques.

Si donc, en général, les matériaux ne manquent pas, s'il est possible d'en déterminer la liste à partir de critères sociolinguistiques classiques (âge, milieu, etc.), il n'en reste pas moins que l'appréciation finale des résultats linguistiques pose encore des problèmes. Proposition apparemment provocante quand on dispose par ailleurs d'un arsenal de termes d'usage courant : français commun, français populaire, français régional, dialectes et parlers, registres, etc. Bien que d'usage courant, ces termes sont en fait loin d'être univoques. A propos du dialecte, et sans faire la liste des points de vue et débat on renverra à l'article de L. Warnant (1973) qui traite également de la notion de français régional.

A ce sujet, il n'y a pas que des nuances, des questionnements de L. Warnant à la définition proposée par M. R. Simoni-Aurembou (1977). Pour L. Warnant (1973, pp. 118-119) «on ne s'est pas, à notre connaissance, préoccupé de l'évolution, en ces dernières décennies, de la réalité cachée sous la dénomination de *français régional*. Elle mérite pourtant d'être examinée. L'instruction obligatoire, l'accroissement des facilités de communication avec les villes, la radio, la télévision, la diffusion de la presse écrite, etc. joints à une disparition progressive des 'dialectes' et à leur altération dans le sens de la francisation, ont fait se raréfier et même disparaître les 'traits régionaux' chez certains usagers. Le niveau du *français régional* s'est élevé. La réalité qu'on dénomme aujourd'hui *français régional* diffère sans doute de celle qu'on désignait par le même nom il y a seulement cinquante ans. Par sa très mauvaise qualité, en face du 'bon usage', le *français régional* d'il y a cinquante ans serait aujourd'hui considéré comme du français dialectal. Et, en revanche, le *français régional* d'aujourd'hui, moins marqué, aurait pu être considéré, il y a cinquante ans, comme du français d'assez bon aloi.» De son côté M. R. Simoni-Aurembou (1977, P. 74) déclare: «De l'examen des variantes que nous avons isolées, qu'elles appartiennent au lexique de la vigne ou à celui de la rivière, se dégagent quatre traits caractéristiques du français régional. En premier lieu, il est, très souvent, 'ce qui reste du dialecte quand le dialecte a disparu' (G. Tuaillon, Compte Rendu de l'ALIFO, in R. Li. R. 38, p. 576); il peut également utiliser la langue centrale en l'aménageant et en l'adaptant aux réalités locales; dans le champ étroit d'un vocabulaire technique, il se montre très conservateur par rapport au français central; enfin, il fait une large place à l'expressivité.»

Par la juxtaposition de ces remarques à propos du français régional on veut indiquer combien est délicate l'appréciation exacte des matériaux linguistiques, quand cette appréciation se fait sur la base de notions plus globalisantes qu'il ne serait nécessaire (ainsi peut-on être sûr que si expressivité il y a, on ne la trouve que dans le français régional, quand par ailleurs des faits relevés comme expressifs se retrouvent, pour certains, dans l'ensemble dénommé «français commun»?).

Il faut bien le dire: entre les traits dialectaux, images d'une spécificité locale et le français central, «standard» ou normatif, il existe une foule de matériaux linguistiques pour lesquels la série des notions déjà indiquée semble peu adéquate. A cela, deux raisons essentielles: l'usage de chaque notion ne recouvre pas une analyse exhaustive de chaque type de matériau. Selon les cas on se dispensera d'une analyse sociolinguistique; ou bien celle-ci sera seulement à caractère sociologique. Dans d'autres cas, c'est une analyse linguistique fine qui fera défaut. Ainsi on définira des termes comme locaux parce que n'entrant pas dans les dictionnaires, sans s'apercevoir que leur construction formelle les fait s'apparenter à du français commun dont il n'est pas évident qu'il doive rimer avec français populaire. Car que sait-on exactement de l'un et de l'autre?

Le deuxième argument qui conduit à mal connaître tout ce qui existe entre le dialecte et le français dit central est que les descriptions linguistiques se font ou bien sur une série limitée de types de matériaux, ou bien sans égard pour les registres non seulement linguistiques mais culturels. Le flottement certain qui nous semble caractériser toute description linguistique quand celle-ci ne s'en tient pas à un recensement classique de traits dialectaux ou à ce qui se fait en général en matière de description d'une langue donnée peut être illustré par la comparaison entre des ouvrages qui parlent par ailleurs du même objet, en l'occurrence le français parlé (cf. par exemple FRANÇOIS D., 1974 et GARS, 1979). De l'un à l'autre ouvrage, les préliminaires sociolinguistiques explicites reposent sur des présupposés très différents, ainsi que les critères de validation des corpus. Par ailleurs, l'analyse des unités linguistiques ne se fait pas sur la base d'une acception identique des rapports entre syntaxe et sens. Enfin la catégorie du discours n'est pas du tout évaluée de la même façon au sein des théories de la description linguistique sur lesquelles repose chacune des études.

Pour résumer l'ensemble de la situation décrite on dira que les descriptions linguistiques — y compris celles du français — aboutissent vite à des impasses car elles usent de notions pour lesquelles des critères de discrimination n'ont pas été encore nettement définis; et aussi parce que les théories linguistiques qui sous-tendent les descriptions statuent de façon extrêmement restrictives sur les types de corpus auxquels elles ont recours pour de telles descriptions.

A notre niveau, nous avons éprouvé les difficultés de cette situation mouvante à travers la nécessité d'analyses répétées et croisées, à propos des indicateurs lexico-sémantiques par exemple; analyses qui laissent d'ailleurs encore de côté des éléments constitutifs du sens (à savoir les usages techniques des plantes), et donc aussi des éléments de qualification linguistique des unités.

Dans la progression des analyses c'est donc autant la description de la situation linguistique en Sarthe et Mayenne qui est en question qu'une réflexion explicite sur les notions de description et de situation linguistiques. Car jusqu'à un certain point ce qu'on peut dire d'une situation linguistique donnée est directement fonction de ce qu'on entend sous la notion de description linguistique. Concrètement, il nous semble impossible d'en rester à une phonétique, une syntaxe et à des études lexico-sémantiques qui ne tiendraient pas compte des différents registres d'une langue, de la différenciation linguistique infinie qui se fait jour à travers les différentes situations de communication. Et si généralisation il doit y avoir, autant qu'elle rende compte au mieux des diversités constitutives de l'appareil linguistique et des situations ethnosociologiques.

Par rapport au second axe général de notre travail — à savoir les théories linguistiques locales, on a déjà dit pourquoi il peut être utile d'avoir une image linguistique globale des deux départements. On ajoutera maintenant qu'une connaissance la plus différenciée de la situation linguistique est une deuxième nécessité, par rapport aux théories linguistiques locales elles-mêmes: en effet on pourra très certainement mieux apprécier les hiérarchies linguistiques et sociolinguistiques qu'établissent les locuteurs en ayant une connaissance nuancée des matériaux globalement disponibles, parmi lesquels ces locuteurs ont fait un choix toujours significatif; choix qu'ils expliquent d'ailleurs en partie, explicitement ou implicitement, justement à travers leurs théories linguistiques spontanées.

Par rapport à ces théories linguistiques il est alors important, également, de savoir quelle description préalable on aura fait de la situation linguistique: pour un locuteur donné, ou pour un groupe de locuteurs l'analyse de leurs théories linguistiques variera beaucoup selon que l'on aura par ailleurs défini le même groupe de termes comme local ou comme inclus dans le français commun, par exemple. On le voit, il y a dans le fond un double lien essentiel entre les deux axes de notre travail (description et théories linguistiques): double lien de validation réciproque au niveau des contenus concrets et au niveau des démarches.

Pour finir, que dire de la zone d'enquête directe, quant à sa situation dans l'ensemble des deux départements?

Il apparaît que la zone d'enquêtes directes, pour relativement restreinte qu'elle soit, présente en même temps qu'une réelle homogénéité, une petite série de traits qui permettent de différencier quelques sous-ensembles significatifs. On remarquera d'abord que l'ensemble de la zone s'inscrit dans ce qu'on a appelé la bande centrale, essentiellement sur la base de critères phonétiques (mais les travaux de J. P. Chauveau retracent les limites d'une bande identique sur des bases lexicales). Mais dans cette bande centrale il s'agit de la partie septentrionale dont on a dit que les limites pouvaient se déplacer quelque peu, jusqu'aux limites départementales ou un peu au-dessous.

Aussi, cette zone d'enquêtes directes se trouve bien incluse dans cette bande centrale tout en participant, par sa limite nord, à toute cette zone septentrionale, commune aux deux départements et dont on a dit qu'elle était un lieu de transition et de conflits.

En Sarthe, la zone d'enquêtes directes s'étend sur une partie du nord-ouest; elle se subdivise elle-même en nuances significatives. La région de Sillé-le-Guillaume fait partie de cette portion de la Sarthe où les traits du nord-ouest sont les plus accusés. Au sud et à l'est on se trouve dans des portions plus nuancées, surtout à l'est, puisque là, on est en même temps dans le nord de la Sarthe, toujours plus hétérogène que l'ouest et plus fluctuant dans ses références linguistiques et culturelles.

Un autre critère renforce les nuances que l'on peut relever à l'intérieur de cette zones d'enquêtes directes: il s'agit de la frontière administrative qui sépare les deux départements. On a déjà dit qu'elle intervient peu dans la définition de l'identité linguistique elle-même. On verra au contraire combien elle intervient dans les théories linguistiques locales exprimées du côté de Sillé-le-Guillaume alors même que du point de vue linguistique et du point de vue culturel on se trouve là justement dans l'ouest sarthois si semblable à la Mayenne et en tous cas à la portion mayennaise de notre zone d'enquêtes. Enfin, à l'extrêmité est de la zone d'enquêtes directes, si on se trouve le plus loin de la Mayenne, on touche à la zone de contact entre la bande centrale et le nord-est sarthois.

En Mayenne la zone d'enquête directe semble plus homogène linguistiquement parlant, bien que légèrement différenciée du point de vue socio-économique. Toute la portion mayennaise est incluse dans la moitié nord, globalement homogène, sans pour autant être englobée dans l'extrême nord-est toujours très particularisé. Cette portion mayennaise, par ailleurs tient de la partie orientale, plus proche de l'ouest sarthois souvent, et en tout cas largement moins parallèle de l'Ille-et-Vilaine que ne peut l'être l'ouest de la Mayenne.

La grande différence, en Mayenne, est entre notre zone d'enquête directe et le point isolé que constitue le village de Quelaines, visité également lors de nos enquêtes: point inclus donc dans l'ensemble de nos recherches de terrain mais situé au contact entre la bande centrale et le sud de la Mayenne si différent tant du point de vue linguistique que socio-économique.

NOTES

[1] GUILLAUME G., CHAUVEAU J. P., *Atlas linguistique et ethnographique de la Bretagne romane, de l'Anjou et du Maine*, La Flore, Volume I, Editions du CNRS, Paris, 1975, 282 pages.

[2] Pour une étude détaillée des systèmes d'adresse et de référence, voir ALVAREZ-PEREYRE F., 1977 et 1979.

[3] Pour le système de transcription utilisé, voir tableau 1.

[4] Le terme de fréquence d'usage renvoie dans notre esprit au nombre d'attestations relevées, pour une même forme linguistique, sur les cartes de l'*Atlas*. Il ne fait pas référence au caractère spontané, vieilli ou rare de chaque terme, caractère que les indications de l'*Atlas* ne permettent pas de déterminer d'ailleurs.

La notion de fréquence d'usage semble devoir compléter la proposition de M. R. SIMONI-AUREMBOU qui nous a permis de définir l'identité historique et sociolinguistique des trois séries: «nous appelons 'mots locaux' les mots qui ne semblent pas être entrés dans la langue commune et ne figurent pas dans les dictionnaires; leur existence est attestée par les glossaires et le FEW.» (Marie-Rose SIMONI-AUREMBOU, 1973).

Il peut se faire par exemple que des termes du français contemporain soient attestés une fois sur l'ensemble des deux départements et des termes dits locaux selon les critères de l'auteur cité, voire des termes non attestés dans les glossaires, aussi bien répandus en Sarthe et en Mayenne et dans les départements limitrophes.

Dans les années 1870, le linguiste roumain B. P. HAȘDEU avait insisté à juste titre sur l'importance de la valeur d'usage dans les recherches historiques et sociolinguistiques à propos de l'identité d'une langue ou d'un parler (voir à ce sujet, par exemple, A. ROSETTI, 1978).

[5] La définition linguistique des «créations lexicales» (Série 3, b) et l'appellation de ce groupe et de la Série 2 (signifiants du français contemporain) seront reprises à partir des analyses sur les structurations du signifiant et du signifié; voir infra, partie II.

[6] Ce paragraphe est développé conjointement pour les indicateurs lexico-sémantiques et les indicateurs phonétiques; voir le dernier chapitre du présent ouvrage.

[7] Soit par exemple les deux dénominations **milfœi** et **carpãye** relevées pour un même référent. La première est un terme composé, la deuxième un lexème dérivé: ceci concerne leur constitution formelle. La structuration conceptuelle du premier est la juxtaposition d'un élément végétal et d'un nombre; celle du second est la référence à un métier et à un type précis d'objet culturel. Le signifié commun de ces deux dénominations est pourtant la référence à la morphologie du référent, l'une plus analytique, l'autre plus indirecte et imagée.

Une partie des principes théoriques et méthodologiques qui sous-entendent nos analyses est exposée dans les ouvrages et articles suivants: GOUFFÉ Cl., 1975; CAPRILE J. P., 1971; CALAME-GRIAULE G., 1975 et THOMAS J. M C., 1977.

[8] Les paragraphes b) et c) de cette partie ne concernent que le vocabulaire de la flore (à l'exclusion de celui relatif aux céréales), soit 56 référents sur 79. On trouve une analyse conceptuelle des dénominations des céréales dans l'analyse de détail consacrée à quelques référents.

[9] On n'a pas pu établir avec certitude l'origine des termes **kõfe** (< latin *consolida*?), [**bõèɛ**] (< blesser < blecier?) et **javeyõ** (< latin *avēna*?).

[10] La diphtongue **œ** est très rarement attestée. Elle se trouve en position accentuée et concerne deux termes où la diphtongue prend la place d'une ancienne voyelle *ī* (dans poil < latin *pīlus*, point 117) ou *ī* (dans [**voẹ**] gros tas de foin dans la prairie, < latin *vītis*, 116).

[11] Au Moyen-Age le groupe latin a + l suivi de consonne aboutit à la diphtongue **au**. Au cours de la période du Moyen Français l'évolution aboutit à un **o** fermé après un passage supposé par **ao** puis **oo** (cf. E. et J. Bourciez, 1967).

[12] Avec la diphtongue [**oệ**] attestée (point 117) pour le terme dont l'origine latine est *pīlus* (→ poil) on retrouve, comme dans le cas du terme avoine, une forme d'abord attestée en Ile-de-France, dans l'évolution du **e** fermé long ou du **i** bref latins à **wa**.

[13] Il s'agit des termes **jerzo**; **jardo**; **veso**; **javeyõ**; **gripõ**; **pavo**; **buto**; **veseryo**; **bagoryo** (< bas-orge); **kakeryo**; **peteryo**; **jonyo**.

[14] On trouvera une synthèse sur la situation linguistique et sociolinguistique de l'ancienne Province du Maine dans l'Ouest français dans le chapitre intitulé: Identité et diversité linguistique et culturelle en Province du Maine (voir infra).

[15] On a tenu compte aussi du comportement de la dentale nasale **n** suivie de la semi voyelle **y**; et de la palatale **n̰** — ce dans les termes suivants: géranium, nielle, mignard et teigne.

[16] En distinguant les notions de standard et de normatif on a voulu lever l'ambiguïté du seul terme standard qui, employé seul comprend en même temps une nuance quantitative et la référence à la notion de norme.

[17] *Métayage*: «louage d'un domaine rural à un preneur qui s'engage à le cultiver sous condition d'en *partager* les fruits et les récoltes avec le propriétaire». *Fermage*: « convention par laquelle un propriétaire abandonne à quelqu'un pour un temps déterminé la jouissance d'un domaine agricole, moyennant une *redevance* en argent ou en nature» (Dictionnaire P. Robert, 1970).

[18] Voir ce que dit, sur le même type de problème, A. M. Houdebine, 1979.

[19] «Eu égard au développement des consonnes, les dialectes du nord-ouest sont tout à fait parallèles à ce qui se passe en français septentrional. On ne trouve presque plus de traces de Provençal. Dans le redoublement des consonnes simples d'origine les dialectes du nord-ouest sont tout à fait en accord avec ce qui se passe dans les parlers du nord de la France. Mais il faut noter quelques particularités par lesquelles les dialectes du nord-ouest se différencient des dialectes voisins au sud et au nord, se retrouvant alors tout à fait en accord avec les dialectes de l'Ouest.»

BIBLIOGRAPHIE

ALVAREZ-PEREYRE F., 1977, Eléments pour une syntaxe des termes d'adresse, in *Langue Française*, 35, Paris, Larousse, pp. 117-119.

— 1979, Termes d'adresse et espaces sociaux en Province du Maine, in ALVAREZ-PEREYRE F. (éd.), *Aspects de l'espace en Europe*, Etude interdisciplinaire, Paris, SELAF, TO 33, p. 105-128.

Atlas historique de la France contemporaine, 1800-1965, 1966, Paris, Armand Colin, Collection U, Série Histoire contemporaine, 234 p.

BALIBAR R. & LAPORTE D., 1974, *Le français national.* Politique et pratique de la langue nationale sous la Révolution, Paris, Hachette Littérature, Collection Analyse, Série Langue et Littérature, 224 p.

BARRETEAU R., 1966, L'atlas linguistique armoricain roman. Ebauche de cartes (mots, expressions, phrases); réflexions sur la psychologie des interlocuteurs patoisants, *Revue de Linguistique romane*, 30, n° 117-118, pp. 108-121.

BIANCHINI F. & CORBETTA F., 1976, *Atlas des plantes médicinales*, Paris, Fernand Nathan, 243 p.

BLOCH O. & WARTBURG W. VON, 1968, *Dictionnaire étymologique de la langue française*, Paris, PUF, XXXVI-683 p. (5e édition).

BOIS P., 1954, Dans l'Ouest. Politique et enseignement primaire, *Annales* (Economies, Sociétés, Civilisations), Paris, pp. 356-367.

— 1971, *Paysans de l'Ouest.* Des structures économiques et sociales aux options politiques depuis l'époque révolutionnaire dans la Sarthe, Paris, Flammarion, Collection Science, 384 p.

— 1980, La Vendée contre la République, *L'Histoire*, n° 27, Paris, pp. 10-17.

BONNARD H., 1968, *Langue française. Synopsis de phonétique historique*, Editions J. Touquet, 32 p.

BOURCIEZ E. & J., 1967, *Phonétique française.* Etude historique, Paris, Editions Klincksieck, Collection Tradition de l'humanisme III, 243 p.

BRANCA S., 1979, Patois, jargons, dialectes et institution scolaire dans la France du XIXe siècle, in G.A.R.S., *Recherches sur le français parlé*, n° 2, Aix-en-Provence, pp. 25-72.

BRASSEUR P., 1973, L'isoglosse de K issu de C + A latin dans le département du Calvados, in *Les dialectes romans de France à la lumière des atlas régionaux*, Paris, Editions du CNRS, pp. 311-318.

BREAU J., 1980, La Sarthe a pris de l'avance dans l'industrie agro-alimentaire, *Le Monde*, 11 Avril, p. 28.

BRUNOT F., 1966, *Histoire de la langue française des origines à nos jours*, Tome 1, Paris, Armand Colin, 597 p.

CALAME-GRIAULE G., 1975, *Les noms d'insectes dogon, essai d'analyse sémantique.* Communication présentée au Premier Colloque d'ethnoentomologie, Mars 1975, Muséum National d'Histoire Naturelle, Paris.

CALLON M., 1929-30, Le mouvement de la population dans le département de la Sarthe au cours de la période 1821-1920 et depuis la fin de cette période, *Bulletin de la Société d'Agriculture, Sciences et Arts de la Sarthe*, 3e série, Tome 3, Le Mans, pp. 213-252.
— 1932, Le mouvement de la population dans le département de la Mayenne au cours de la période 1821-1920 et depuis la fin de cette période, *Bulletin de la Commission historique et archéologique de la Mayenne*, 2e série, Tome 48, pp. 161-183.
CAPRILE J. P., 1971, *La dénomination des couleurs chez les Mbay de Moissala*, Paris, SELAF, Bibliothèque, 26, 66 p.
CARATINI R., *Sciences Sociales (2), Linguistique*, Paris, Bordas Encyclopédie, Bordas.
CERTEAU M. DE, JULIA D. & REVEL J., 1975, *Une politique de la langue*. La Révolution française et les patois, Paris, Gallimard, NRF, Bibliothèque des Histoires, 320 p.
CHAURAND J., 1972, *Introduction à la dialectologie française*, Paris, Bordas, Collection Etudes, Série Langue Française, 288 p.
— 1977, *Histoire de la Langue Française*, Paris, PUF, Collection Que sais-je?, n° 167, 128 p.
CHAUVEAU J. P., 1980a, Dénominations de Rumex dans l'Ouest, in DUMAS F., MULON M. & TAVERDET G., *Onomastique/Dialectologie*, Colloque de Loches (Mai 1978), Société française d'Onomastique, pp. 42-57.
— 1980b, *Etude de cartes linguistiques par l'analyse factorielle des correspondances*, Communication présentée devant le XVIe Congrès international de Linguistique et de Philologie romanes, Majorque, 7-12 Avril 1980.
COHEN M., 1950, *Histoire d'une langue. Le Français*, Les Editeurs français réunis, Collection Civilisation française, 388 p.
DAGNET A., 1891, *Le patois manceau* tel qu'il se parle entre Le Mans et Laval, Laval, 1891, 180 p.
DAUZAT A., 1927, *Les patois*. Evolution, classification, étude, Paris, 207 p.
DELATTRE P., 1966, Voyelles diphtonguées et voyelles pures, in DELATTRE P., *Studies in French and comparative phonetics*, Mouton, pp. 95-104.
Dictionnaire usuel par le texte et l'image, 1963, Paris, Quillet-Flammarion, 1663 p. + cartes.
DORNIC F., 1968, Histoire de l'Anjou et du Maine, in WAGRET P. et alii, *Visages de Maine-Anjou*, Les nouvelles Provinciales, Horizons de France, 26, pp. 50-83.
— 1973, *Histoire du Maine*, Paris, PUF, Collection Que sais-je?, n° 860, 128 p. (2e éd.).
DOTTIN G., 1899, *Glossaire des parlers du Bas-Maine*, Paris.
DUBY G. & WALLON A., 1976, *Histoire de la France rurale*, Paris, Editions du Seuil, Collection l'Univers historique, 4 vol.
DUFOUR J., Où vont les émigrants ruraux sarthois?, *Annales de Géographie*, Paris, Armand Colin.
DUMONT R. & RAVIGNAN F. DE, 1977, *Nouveaux voyages dans les campagnes françaises*, Paris, Seuil, Collection l'Histoire immédiate, 318 p.
DUPEUX G., 1964, *La société française, 1789-1960*, Paris, Armand Colin, Collection U, 296 p.
FAVRET-SAADA J., 1977, *Les Mots, la Mort, les Sorts*, La sorcellerie dans le bocage, Paris, Gallimard, NRF, Bibliothèque des Sciences humaines, 332 p.
FRANÇOIS D., 1974, *Français parlé*, Analyse des unités phoniques et significatives d'un corpus recueilli dans la région parisienne, Paris, SELAF, NS 2, 2 tomes, 842 p.
FRÉMONT A., 1972 (avec la collaboration de DUFOUR J. & GOUHIER J.), *Le Maine et la Normandie*, Paris, Larousse, 100 p.
FURET F. & OZOUF J., 1977, *Lire et Ecrire*, Paris, Editions de Minuit.
GAMILLSCHEG, 1928, *Die Sprachgeographie und ihre Ergebnisse für die allgemeine Sprachwissenschaft*, Bielefeld/Leipzig.

G.A.R.S., 1979, *Recherches sur le Français parlé*, n° 2, Aix-en-Provence, 252 p.

GÖRLICH E., 1886, Die nordwestlichen Dialekte der Langue d'Oïl, Bretagne, Anjou, Maine, Touraine, *Französische Studien*, V/3, Heidelberg, Gebrüder Henniger Verlag, 104 p.

GOUFFÉ C., 1975, Noms vernaculaires d'animaux et ethnozoologie, in *L'Homme et l'Animal*, Premier Colloque d'Ethnozoologie, Institut International d'Ethnosciences, Paris, pp. 273-282.

GUILLAUME G., 1973, Recherches d'aires dialectales en Haute-Bretagne, dans le Maine et l'Anjou, in *Les dialectes de France à la lumière des atlas régionaux*, Paris, Editions du CNRS, pp. 401-422.

— 1974, Méteil(s), mélange de grains: note d'analyse sémantique, essai de cartographie linguistique pour la Bretagne romane, le Maine et l'Anjou, *Impacts*, n° 1, Angers, pp. 38-68.

GUILLAUME G. & CHAUVEAU J. P., 1975, *Atlas linguistique et ethnographique de la Bretagne romane, de l'Anjou et du Maine*, Vol. 1, La Flore, Paris, Editions du CNRS, 282 p.

GUIRAUD P., 1978, *Patois et dialectes français*, Paris, PUF, Collection Que sais-je?, n° 1285, Paris, 128 p.

HOUDEBINE A. M., 1979, L'opposition d'aperture /e/ ~ /ɛ/ en français contemporain, *La Linguistique*, 15/1, Paris, PUF, pp. 100-125.

LIGNE A., *L'enseignement primaire dans la Sarthe au XIX*e *siècle* (1815-1914), Documents statistiques et interprétatifs, s.l., s.d., 51 p.

LITTRÉ M. P. E., 1863-72, *Dictionnaire de la langue française*, 4 tomes.

MC CLINTOCK D., FITTER R. S. R., FAVERGER S.& Cl., 1972, *Guide des plantes à fleurs de l'Europe occidentale*, Neuchâtel, Delachaux et Niestlé, 325 p.

MACE G., 1972, La propriété foncière dans le département de la Mayenne en 1970, *Norois*, n° 75.

— 1973, Les transformations récentes des structures foncières et les exploitations agricoles dans le département de la Mayenne, *Economie Rurale*, n° 98.

MARTINET C., 1953, *L'habitat rural des communes riveraines de la Mayenne supérieure et moyenne*, Diplôme d'Etudes Supérieures de Géographie, Université de Rennes.

MONFRIN J., 1972, Les parlers en France, in *La France et les Français* (sous la direction de M. FRANÇOIS), Paris, Encyclopédie de la Pléiade, Gallimard, NRF, pp. 745-775.

MONTESSON C. R. DE. 1899-1921, *Vocabulaire du Haut-Maine*, Paris, Paul et Guillemin, Vol. 1, 541 p., Vol. 2, 201 p.

MÜLLER B., 1974, Mots régionaux et système phonémique du français contemporain, le phonème ɲ en position initiale, *Revue de Linguistique Romane*, Tome 38, n° 149-152, pp. 374-390.

MUSSET R., 1917, *Le Bas-Maine*. Etude géographique, Paris, Armand Colin, 496 p.

PALAISEUL J., 1972, *Nos grand-mères savaient*... La vérité sur les plantes et la vie naturelle, Paris, Laffont R., pp. 49-325.

PANTI J. M., 1964, *La politique d'aménagement scolaire de la Sarthe dans le cadre de la réforme de l'enseignement du second degré*, Mémoire de stage, Ecole Nationale d'Administration.

POTTIER B., 1968, La situation linguistique en France, in *Le Langage* (sous la direction de A. MARTINET), Paris, Encyclopédie de la Pléaide, Gallimard, NRF, pp. 1144-1161.

ROBERT P., 1970, *Dictionnaire alphabétique et analogique de la langue française*, Paris, 1971 p.

ROSETTI A., 1978, General Linguistics, in ROSETTI A. & GOLOPENTIA-ERETESCU S. (eds.), *Current Trends in Romanian Linguistics*, Bucarest, E.A., pp. 615-625.

Sarthe (Pays de Loire), 1977, La Documentation Française, Notes et Etudes documentaires. Les départements français; n° 4384-4386, 105 p.

SCHNAKENBURG J.F., 1840, *Tableau synoptique et comparatif des idiomes populaires ou patois de la France*, Berlin, Foerstner A., 294 p.

SIMONI-AUREMBOU M. R., Aspects phonétiques de l'Atlas de l'Ile-de-France et de l'Orléanais: unité ou diversité?, in *Les dialectes romans de France à la lumière des atlas régionaux*, Paris, Editions du CNRS, pp. 379-396.

— 1973, Le français régional en Ile-de-France et dans l'Orléanais, in Les Parlers régionaux, *Langue Française*, 18, Paris, Larousse, pp. 126-136.

— 1974-1978, *Atlas linguistique et ethnographique de l'Ile-de-France et de l'Orléanais*, Paris, Editions du CNRS, 2 vol.

— 1977, Le français régional dans la Vallée de la Cisse, *Travaux de Linguistique et de Littérature*, XV/1, Strasbourg, pp. 71-87.

— 1980, Les cartes linguistiques: documents pour l'histoire de la langue. L'exemple des atlas du Centre et de l'Ile-de-France, *Le Courrier du CNRS*, n° 37, pp. 16-19.

TAVERDET G., 1969, Le système des diphtongues dans les parlers dijonnais, *Revue de Linguistique Romane*, Tome 33, n° 129-130, pp. 95-109.

THOMAS J. M. C., 1977, A propos de la structure du vocabulaire botanique ngbaka-ma'bo, in CALAME-GRIAULE G. (éd.), *Langage et cultures africaines*, Essais d'ethnolinguistique, Paris, F. Maspéro, Bibliothèque d'Anthropologie, pp. 37-51.

TUAILLON G., *Initiation à la phonétique diachronique du Français*, Grenoble, s.d., multicopié, 80 p.

— 1976, *Comportements de recherche en dialectologie française*, Paris, Editions du CNRS, 111 p.

— 1980, Les atlas linguistiques de la France, *Le Courrier du CNRS*, n° 37, pp. 10-11.

VERDIER R., *Grammaire du dialecte du Haut-Maine*, Phonétique, morphologie, syntaxe, Le Mans, Editions du «Racaud», 164 p.

WAGRET P., 1968, Géographie humaine du Maine et de l'Anjou, in P. WAGRET et alii, *Visages de Maine-Anjou*, Les nouvelles provinciales, Horizons de France, 26, pp. 6-47.

WAGRET et alii, 1968, *Visages de Maine-Anjou*, Les nouvelles provinciales, Horizons de France, 26, 253 p.

WARNANT L., 1973, Dialectes du français et français régionaux, *Langue Française*, 18, Paris, Larousse, pp. 100-125.

WARTBURG W. VON, 1922, *Französisches etymologisches Wörterbuch...*, Tübingen, puis Bâle-Paris, 1922, suiv.

— 1967, *Evolution et structure de la langue française*, Berne, A. Francke, 294 p. (8e éd.).

TABLE DES MATIÈRES

Achevé d'imprimer le 17 Mai 1984
sur les presses de la SELAF
5, rue de Marseille 75010 PARIS
(France)